学前儿童发展与教育　高瞻丛书

周兢◎主编

新疆学前民族儿童
双语发展与阅读教育研究

华东师范大学出版社

图书在版编目(CIP)数据

新疆学前民族儿童双语发展与阅读教育研究/周兢主编. —上海:华东师范大学出版社,2018
ISBN 978-7-5675-8218-7

Ⅰ.①新… Ⅱ.①周… Ⅲ.①学前儿童-双语教学-阅读教学-教学研究-新疆 Ⅳ.①G613.2

中国版本图书馆 CIP 数据核字(2018)第 191948 号

新疆学前民族儿童双语发展与阅读教育研究

主　　编　周　兢
项目编辑　沈　岚
审读编辑　郑　月
责任校对　张　雪
装帧设计　宋学宏

出版发行　华东师范大学出版社
社　　址　上海市中山北路 3663 号　邮编 200062
网　　址　www. ecnupress. com. cn
电　　话　021-60821666　行政传真 021-62572105
客服电话　021-62865537　门市(邮购)电话 021-62869887
地　　址　上海市中山北路 3663 号华东师范大学校内先锋路口
网　　店　http://hdsdcbs.tmall.com

印 刷 者　常熟高专印刷有限公司
开　　本　787×1092　16 开
印　　张　15.5
字　　数　278 千字
版　　次　2019 年 4 月第 1 版
印　　次　2019 年 4 月第 1 次
书　　号　ISBN 978-7-5675-8218-7/G·11418
定　　价　35.00 元

出 版 人　王　焰

前　言

　　2005年我第一次到新疆。儿子高考结束,去向基本确定之后,我们一家放松心情,参加了朋友们召集的新疆小团队旅游。第一次到新疆,在高速公路还没有贯通的新疆"搓板"路上,我们的小巴士颠簸了将近半个月,从乌鲁木齐昌吉—布尔津—奎屯—伊犁—阿勒泰—喀纳斯,看遍北疆大好山水之后,原路返回再去吐鲁番。这是我第一次领略新疆的大美壮美!也由此开启与新疆的一段美好缘分。

　　大约在2008年,国家公共财政开始重点关注对新疆双语教育的投入。2010年,我参与《国家中长期教育改革和发展规划纲要(2010—2020年)》的学前制定组工作,当我们还在苦苦琢磨如何争取学前教育公共经费投入的时候,新疆学前双语教育已经率先获得国家80亿经费投入,并被列入政府主管的教育工程。对我这样一个长期从事学前教育工作并重点研究儿童语言发展的人来说,新疆学前双语教育首先是新疆儿童的早期教育,特别是解决新疆民族儿童缺失早期教育机会问题的发展机遇,也是新疆学前教育事业大发展的好时机。于是,我积极响应新疆学前双语教育的工作需求,与时任新疆师范大学教科院院长的孟凡丽教授合作,主编新疆学前双语教育的教材,配合开展教育厅组织的新疆学前双语教育师资培训工作。那段时间,在上海和新疆之间频繁飞行往来,我认识了更多的新疆人、新疆事和新疆地,新疆一次又一次地让我感到动心和动情。比如说,我曾经在新疆师大的远程教育网站,一边现场给200位幼儿园教师上课,一边通过屏幕共享给全疆不同地点的近2万名教师在线观看;我也曾经跟随新疆教育厅送教下乡的团队,从库车—阿克苏—莎车—和田—喀什,一站一站地探访当地幼儿园,与幼儿园园长和教师们座谈,为他们做讲座、分析教学活动。那时候的新疆,无论南疆还是北疆都非常美,却都仍处于经济发展水平非常弱的阶段,学前教育的条件更是比内地差了许多。但是,我觉得自己很幸运,已经比后来很多人更早地看到了,中国学前教育的春天即将来临。

　　2012年的时候,在华东师范大学中国文字研究与应用中心主任臧克和教授的鼎力支持下,我们申报并获批了教育部人文社科重点研究基地重大课题,开始了有关新疆学前民族儿童双语发展与阅读教育的研究。为了解决已经发现的新疆学前民族儿童双语学习与发展的问题,为了提升新疆学前双语教育工作的质量,我们选择性地采用了国际学前教育效能研究的范式,通过对新疆乌鲁木齐和托克逊两地幼儿园的阅读教育干预计划,追踪两地幼儿园学前民族儿童的双语学习与发展。这是一个"小马拉大车"的课题研究,要在非常有限的课题经费范围里完成四次跟踪测查的任务,我不得不说,我们的团队实在是经历了非常非常不容易的工作过程,于我而言,也在指导博士生、硕士生的经历中留下了珍贵的记忆。

回顾当年,首先,我们应当是最早采用云端科研模式的团队,在上海和乌鲁木齐之间架起了云端视频,连接两地幼儿园开展远程的教师培训和教研活动;在两年的时间里,我们看到了新疆参与研究的幼儿园老师们一点又一点的成长变化。其次,新疆师大教科院的研究生和本科生参与了课题研究,有些同学不仅帮助收集了数据,还用这些数据完成了自己的论文,这个课题实际上是两个高校同行协同工作的成果。此外,这个课题也给了我们研究团队很大的历练,研究生们由博士生陈思领队,定期飞去新疆;在新疆师大教师、也是我们团队成员闵兰斌租借来的公寓里打地铺,白天大家一起出门测查观察,晚上一起坐车回来整理数据,他们获得了这一代年轻人难得的经历,一起住宿打通铺,一起做饭吃饭,偶有机会才外出打个牙祭;应当说,这个课题给了研究生们很大的锻炼,也让他们完成了一批有质量的博士论文和硕士论文。今天的他们,无论在美国还是在中国,无论在大学教书做研究,还是在教育机构从事相关工作,都已经有了足够的抵御困难、踏实前行的经验和能力。在新疆这个大美的地方完成的课题研究,应着一句心灵鸡汤:"天再高,又怎样,踮起脚尖就接近阳光。"我们要再补上一句:"地再远,又怎样,伸展臂膀就手握前方。"

在《新疆学前民族儿童双语发展与阅读教育研究》一书即将出版的时候,我要衷心感谢华东师范大学、新疆师范大学、新疆维吾尔自治区教育厅和上海文化发展基金的支持。特别感谢华东师大出版社的王焰社长、学前分社的周颖分社长、项目编辑沈岚。感谢所有的团队成员,他们为本书撰写的每一部分内容都已经署名在具体章节目录中。感谢我们大家拥有的共识:学前双语教育是新疆儿童早期发展的重要保障,学前双语教育是国家促进学前教育事业发展的重要措施,同时具有解决我国处境不利儿童早期教育公平机会、提高国家21世纪人力资源竞争力的重大战略意义。我们确信,实证研究可以为新疆学前双语教育提供切实可供参考的教育建议,为新疆学前儿童双语教育的国家战略管理提供准确有效的依据,同时还可以为国际多元文化背景下的少数民族学前双语教育提供有效的中国经验。因此,我们将坚定不移地向着这样的方向继续努力。

周　兢

目　录

第一章

国际视野下的学前儿童双语发展与教育

周　兢

　　有关儿童双语学习的问题,最近几年在国际范围内受到越来越多的研究关注。全球化经济和文化发展趋势,导致世界人口流动呈现越来越活跃和规模化的状态。除了因历史、地理原因形成的传统双语地区,近年来许多使用单一语言的国家和地区都面临着因人才流动、移居和移民带来的双语使用和双语教育的问题。越来越多的儿童,需要在习得母语之外学习新的语言,而第二语言的顺利使用又在很大程度上决定了这些儿童未来的学业成就和终身发展。因此,学前儿童双语发展与教育问题,成了国际早期教育和儿童语言教育的新课题。本章拟从文献综述的角度,探讨国际早期双语儿童发展的研究进展,特别关注早期儿童双语学习的脑科学研究新成果,同时分析早期双语教育中干预发展的趋向。

第一节　国际早期双语儿童语言发展的研究进展

　　双语者是指生活在两种语言环境中的语言使用者,双语儿童是指在日常生活和学校生活中有机会接触和学习两种语言的儿童。例如生活在我国新疆地区的维吾尔族,儿童在家庭和社区中使用维吾尔语,而在学校、媒体中则同时接触和使用汉语;生活在美国的中国移民,在家使用汉语,在社会交往中使用汉语和英语。

　　目前国际儿童语言研究,特别关注双语儿童的发展与教育。对这些儿童来说,双语能力是未来发展的钥匙。双语看似简单地学习"第二种语言",实际是一个非常复杂的社会系统问题,研究者们为此投注了大量的精力。从儿童个体的角度,双语涉及儿童语言的发展,包括语音、语义、语法等细微方面,也涉及认知发展、自我意识、群体意识等社会性发展;从学校的角度,双语课程和教学的设计、有效实施和效果评估,对原有的单一语言为主的教育系统提出了新的挑战;从家庭和社区的角度,在儿童课外接触到的小环境中如何有机融入双语元素,支持儿童课外双语发展的问题需要家长和成人思考;从社会的角度,双语不仅意味着儿童个体的发展,更与宏观的民族意识和社会形态问题息息相关。从微观的语言学和儿童个体发展到宏观的民族社会伦理,这些与儿童双语相关的话题,都在很大程度上引起了研究者们的兴趣。

从这种特别的关注出发,研究者针对儿童的双语发展,进行了非常深入的研究和探索。这种探索早在20世纪50年代就开始进行,随着研究问题的不断深入和研究方法的不断创新,研究者的思路逐渐从"发现双语的挑战"到"探索双语学习的过程"、"认同双语的机遇",然后"揭示双语学习的机制"。虽然目前对双语学习机制的了解还有待更深入的研究,但目前研究者探索的结果已经能够为未来的研究提供一些非常有益的启发。从了解双语儿童发展的现状到探索双语发展机制、帮助双语儿童进步的有效方法,最后以实证的研究为证据促进双语教育政策的改革和教育实践的提高,研究者近年来对儿童双语发展和教育的考察形成了清晰的逻辑脉络。

一、双语学习:是挑战也是机遇?

早在20世纪七八十年代,研究者就已经通过测量双语儿童的词汇发展,发现双语儿童与使用单一语言的同伴相比,第二语言的发展存在一定的滞后(Cummins,1979)。当时对双语儿童语言发展现状的研究多以个案和小样本的考察为主,研究发现双语儿童的第二语言发展和认知、学业准备状况与母语儿童存在明显的差距。研究者对这种差距的解释,主要是基于两种理论:第一种是"交互发展理论"(developmental interdependence theory),该理论认为第二语言的掌握和流畅,是基于在接触第二语言之前,能娴熟掌握第一语言的部分功能和特点,即认为第二语言的掌握,反映并借助了第一语言已经具备的水平,从第一语言开始,就了解了语言的一些普遍性的特点;第二种理论是"门槛理论"(threshold theory),该理论认为双语儿童必须具备一些具有"门槛"或"入门"性质的语言学能力,才能避免认知发展的不利处境并真正掌握和精通双语。

(一)研究逐渐发现了双语儿童的第二语言发展与母语儿童的异同

在越来越重视双语儿童教育的同时,大量对词汇发展的研究发现,双语儿童无论是母语还是第二语言词汇量都明显少于母语儿童,这一差距从学前时期即开始显著加大,在幼儿园进入小学时,这一差距已非常明显(Cheung, Chung, Wong, McBride-Chang,

Penney & Ho，2010；Perani et al.，2003；Portocarrero，Burright & Donovick，2007)。有研究指出，在家庭中只说西班牙语的儿童，比在家庭中同时说西班牙语和英语的儿童，平均接受性词汇得分减少 1 个标准差(Umbel，Pearson，Fernández & Oller，1992)，直到小学和中学早期，这一趋势都会持续存在。有研究发现在儿童的标准化词汇得分和年龄之间，并无交互效应，说明双语儿童和母语儿童的差距从童年早期到童年后期一直存在(Bialystok & Feng，2009)。如果儿童在童年后期没有获得正式的、适合的双语教育，这一趋势将会加大，甚至到了成人阶段，通过测试也能发现双语人群第二语言的词义理解、词汇广度等能力明显劣于母语人群(Bialystok，2009；Luk，Bialystok，Craik & Grady，2011)。关于双语儿童的第二语言叙事能力的研究，也发现了同样的情况，Uccelli 等人(2007)的研究指出，在对西班牙语学前儿童进入小学时英语叙事能力发展的跟踪考察中，发现他们的得分显著低于同龄英语儿童。在对双语儿童的词义通达研究中也发现，双语儿童对两种语言词义的理解深度都略差(Gollan et al.，2005)。

对这种在语言学范畴内出现的双语儿童两种语言的发展都滞后于单语儿童的情况，目前研究者普遍认同的一种解释是双语儿童可能使用任意一种语言的频率都低于同龄的单语儿童，这样就导致了双语儿童对客体和对应的语言表达之间的连结比较"弱"，这种较弱的连结可能是造成他们快速反应相应事物的命名、语音通达、词义理解等方面表现不佳的原因(Gollan et al.，2005)。这种解释认为，在语义网络之下，儿童需要对语言有更多的学习和练习机会，以达到熟练使用的程度。双语儿童在两种语言的使用中，可能都没有获得足够的练习机会，以至于流利程度受到影响(van Heuven & Di jkstra，2010)。

（二）在语言能力之外，研究者也观察到双语儿童具有一些普遍的认知领域的发展劣势

双语的加工和使用过程，对儿童提出的一个重要挑战是当使用某种语言时，儿童需要在这一语言内部，正确地选择意义和形式都符合语言学标准的某些用语，而不要和另一种语言混淆。这就要求儿童具备一种对注意力的控制能力，保证自己的注意力在某一目标语言内部，而非与之竞争的另一语言。这导致了双语儿童的语言输出往往与单语儿童有着很大的不同，也可能会造成认知方面的差距。

已有的研究发现，双语儿童和成人在经典的图画命名实验(Kaushanskaya & Marian，2007)、词义和字母认读、词汇流畅性测试(Gollan，Montoya & Werner，2002；Portocarrero et al.，2007)、语音语调测试(Gollan & Acenas，2004)、假字（词）实验(Rogers，Lister，Febo，Besing & Abrams，2006)、词义实验(Ransdell & Fischler，1987)中都比单语者表现得

差。仔细研究这些实验的过程发现,双语者表现略差的可能原因,都指向来自另一种语言的干扰,即双语儿童必须首先处理和控制来自另一种语言的干扰,这就意味着相对于单语儿童,他们需要多一些控制能力。这导致了在一些需要快速反应的项目中,双语儿童的表现较差。

这种对来自第二语言"干扰"的研究,是目前学术界对双语儿童语言和认知能力相对落后的另外一种主流解释,即强调来自两种语言的竞争,使得儿童的反应时常造成滞后,儿童需要一种控制注意力的机制,以专注于目标语言。普遍来讲,解决这种干扰,要求儿童具备对控制干扰的执行能力、专注力和转换能力(Green, Crinion & Price, 2007)。这三种能力在儿童的整个认知发展中也起着举足轻重的作用。一旦双语儿童在这三个方面的能力有所欠缺,不仅是语言发展方面,在认知发展方面,也会呈现明显落后的趋势。

(三) 研究发现了双语儿童的成长,存在着机遇与挑战并存的发展优势

在认识到双语学习对儿童带来的挑战的同时,研究者也在不懈地探索双语为儿童带来的机遇。如前所述,双语儿童在学习两种语言的过程中,虽然面临着每种语言的词义连接不紧密等问题,同时还需要儿童付出额外努力提高执行能力、专注力和转换能力,但研究者也在探究这种"额外付出"的努力,一旦产生效果,是否能够对儿童后期的其他发展产生助力?

早期的研究就已指出(Cummins, 1979),双语学习者与母语学习者相比并非毫无优势,相反地,双语学习者也常常有机会突破两种语言带来的障碍,在认知和学业上取得显著的优势。早期研究者发现,获得这一突破的关键点,在于双语者要先具有一定程度和基础的母语能力,才能在认知和学业上从双语背景中获益。这一研究结果也丰富了"门槛理论"的内容,这一理论模型提出,当儿童的双语能力突破一定的"门槛"水平后,使用两种语言对儿童认知和其他方面带来的挑战将转化为优势,会对儿童的发展产生积极的影响,双语者身份带来的潜在的认知水平和学业水平的优势才能得以展现。这一理论也被解释为,双语教育是一项综合性的任务,包括儿童的背景、儿童获得的语言输入、教育情境等因素都会对儿童双语发展及认知、学业发展产生影响。双语儿童在获得良好的教育支持后,有机会将语言转化为自身的优势,促进其学业水平的发展(Carlisle, Beeman, Davis & Spharim, 1999)。

理论模型的建立,需要实证研究的结果进行支持。近年来随着科技的进步,来自脑神经科学的研究发现,在学前阶段就精通双语的人群,其左顶叶皮质层的灰质明显增厚,双语学习导致脑部的功能发生了改变。Mechelli 等人(2004)发表于自然杂志的研究报

告指出,在5岁之前就学习双语并有较多机会练习双语的"早期双语者",较之10-15岁才接触双语的人群,大脑的可塑性更强,双语调节了脑部的相关功能,实现了脑功能的重塑和再组织。其他相关研究也发现,单一语言的词汇习得和双语词汇习得的不同,也会造成左顶叶皮层区域的变化,甚至双语者的语义和语音发展,也会影响脑功能结构的改变(Green,Crinion & Price,2007;Grogan,Green,Ali,Crinion & Price,2009)。

这些来自神经科学的证据,启示研究者重新思考双语对人群,特别是在早期就接触双语的儿童所产生的影响。早期的双语学习经验和熟练的双语能力对脑部结构和功能产生的客观变化,是不是也会在语言之外,更广泛、更普遍的认知领域给儿童带来机遇?

如前所述,相对于仅关注语言内部发展所发现的双语儿童在词汇广度、语义通达等方面的劣势,认知心理学家对于双语儿童在发展中体现出的在执行能力方面的充分训练和潜在优势投入了极大的关注,这种"控制干扰"的能力,很可能在更广泛的认知领域成为双语儿童发展的优势。执行功能的主要内容包括抑制能力、心理转换能力(任务转换或认知的灵活性)以及在工作记忆中更新信息的能力(Miyake,Friedman,Emerson,Witzki,Howerter & Wager,2000)。这些能力在儿童未来的学业发展和终身发展中,都能起到非常重要的积极作用。

目前越来越多的研究证实,熟练掌握双语的儿童确实具备执行能力方面的优势。有研究发现,需要调动选择性注意的元语言任务中,双语儿童表现明显优于单语儿童,例如,要求儿童忽略句子意思,需要选出不合常理但符合语法规则的句子时,双语儿童正确率更高(Cromdal,1999)。在非语言性的实验中也发现,双语儿童在解决问题时对具有误导作用线索的处理要优于单语儿童,如经典的玩牌实验中,双语儿童能够更好地调整"颜色"和"花色"冲突,正确率更高(Zelazo,Frye & Rapus,1996)。除了执行能力,其他与未来学业成功和终身成就密切相关的领域:心理理论(Goetz,2003)、容忍不确定性(Bialystok & Shapero,2005)等方面,研究者也发现双语儿童具有明显的优势。

但必须强调的一点是:所有体现出双语儿童优势的研究和实验,无不强调观察到的优势是来自"熟练/流利的双语使用者"。这些研究大都设置了不流利的双语儿童进行对照,发现这些儿童并未体现出执行能力或其他认知领域的优势。

二、双语习得:语言因素或家庭因素产生影响?

研究正在逐步揭示影响双语儿童第二语言习得的因素。来自第二语言习得的研究揭示了影响儿童第二语言习得的因素，为教育者思考如何帮助儿童提高双语能力提供了非常有益的启发。从个体发展的角度，心理语言学家在传统的研究中，一般使用"连接主义模型"(connectionist model)描绘儿童第二语言习得的过程，"连接主义模型"中强调，语言输入有利于搭建基本语义单元之间的连接(connection)；越多的语言输入，就能创造越坚实的连接，由此儿童可以有更好的第二语言表现(Seidenberg，2007)。虽然这一理论一直受到心理语言学界的重视，但很少得到来自实证研究的证据支持(VanPatten & Benati，2010)。近年来，研究者提出了新的"统一模型"(unified model)，强调第二语言的习得与第一语言的学习并无太大的不同，只是与第一语言相比，第二语言的习得开始时已具有很多"信息"，儿童学习第二语言，是在第一语言的基础上构建新的语音—意义图式。当儿童的第二语言逐渐流利，对第一语言的依赖就会逐渐减少(MacWhinney，2008)。然而目前支持"统一模型"解释第二语言习得的决定性证据仍未出现。两种理论为教育者提供了思考的框架，强调了在双语习得中，对"第二语言输入"和"第一语言影响"这两个决定性因素的思考。

从"第二语言输入"出发，研究者发现，影响儿童第二语言习得的重要因素，包括家庭环境中父母和祖辈的受教育水平(Carhill，Suárez-Orozco & Páez，2008)、非正式场合中使用第二语言的机会、与同伴一起时是否有机会使用第二语言(Jia & Aaronson，2003)、是否有较好的双语教育环境(Winsler，Diaz，Espinosa & Rodr Āguez，1999)等。这些因素包含情境、家庭、教育环境，都指向较好的第二语言输入和练习机会，能够为双语儿童带来直接、积极的第二语言学习效果(Dixon，Zhao，Shin，Wu，Su，Burgess-Brigham，Gezer & Snow，2012)。

当考虑到"第一语言的影响"，研究者特别关心的重要问题是：双语儿童需要多长时间才能克服来自第一语言的障碍，习得第二语言？Hakuta(2011)的研究发现，大约80%的第二语言学习者需要7年的时间，才能在听、说、读、写四个方面都达到流利的程度。这一结论在其他研究者(Carhill et al.，2008)的追踪调查中也获得证实。特别地，研究者发现儿童从学前阶段即开始在优质的教育机构中学习第二语言，能够显著地加快熟练掌握第二语言的速度。MacSwan 和 Pray(2005)的研究指出，在优质教育机构中，29%的双语儿童在第二年即达到双语流利程度，这一数字在4年后是69%，5年之后为92%，快于Hakuta(2011)所发现的7年。这些结论对学前双语研究者具有特别的价值：第二语言习得是一个需要较长时间、缓慢积累的过程，如果希望双语儿童在未来的学业挑战加剧时（如高中）具有流利的第二语言水平，不因为语言的障碍影响整体的学业成就，就应该慎重考虑在较早的教育阶段为儿童提供高质量的双语教育机会。同时,来自实证研究的证据也显示,在学前阶段即为儿童提供优质的第二语言学习条件,确实能够加快儿童流利掌握第二语言的速度。这为在 4 - 6 岁这一特定年龄阶段进行双语教育提供了理论的支持。

三、双语学业差距:是直接影响还是信号影响?

如前所述,研究者对双语儿童问题的考虑,并不仅仅局限于个体的语言和认知发展,他们将目光投向个体之外,发现家庭、学校、社区和整个社会对待双语群体的态度、方式,对双语儿童产生的影响非常深远。

首先,以社群影响观察双语儿童的学业问题。从社会的角度看,双语儿童群体往往和特定的民族关联,比如在美国的研究就特别关注不同种族群体儿童的发展,其实这也与双语问题息息相关。有研究指出,汉语等为第一语言的亚裔儿童,往往学业水平超过白人儿童(英语单语),白人儿童又优于西班牙裔(西班牙语为第一语言)儿童,其中学业成绩得分相差约为 0.5 - 1.0 个标准差(McKown,2013)。这种差距从学前阶段即产生,一直持续到几乎所有的教育阶段(Farkas,2003)。缩短这种差距,提高双语不流畅儿童的学业水平,不仅能够在学龄期帮助儿童获得更多的受教育机会,更能够在未来帮助这些儿童顺利走上社会、获得较好的社会经济地位,减少社会问题。这一群体的独特性,一直是教育研究者、实践者和政策制定者密切关注的。如何从现有的研究中,厘清双语儿童基于语言不熟练的问题,分析由此产生的一系列认知、学业水平落后结果,对研究者提出了挑战。同时,如何理解双语儿童落后问题产生的根源,也直接影响着教育政策决策者最后选用怎样的方式帮助这些儿童。迄今为止,有关双语儿童或有第二语言障碍的少数族裔的研究结论认为,造成儿童落后的原因是多种多样的。越来越多的社会因素,包括家庭环境不佳、养育者社会经济条件较差、文化价值不重视学业表现,甚至家庭和学校环境配合程度差等都能从相关研究中找到实证,来解释双语儿童的学业落后表现(Brooks-Gunn et al.,2003;Ogbu,2002)。

其次,从社会公平理论视角分析双语儿童学业问题。有研究者基于社会生态学理论(Bronfenbrenner,1977;Bronfenbrenner,2009)探索出解释双语/民族儿童学业成就落后的新理论:社会公平理论(Social Equity Theory,SET)(Mckown,2013)。这一理论将影响双语儿童学业表现的因素分为两类:直接影响和信号影响。直接影响(direct influences)指的是，双语儿童所受到来自个体、家庭、社会等对其未来学业发展产生不利影响的直接因素。这些因素包括了前文所讨论的语言运用、额外的认知投入、较差的学习环境等，这些因素直接造成了双语儿童群体与母语儿童客观上资源条件的差异。信号影响（signal influences），则指儿童由于生活在双语/民族群体，受到来自社会交往中的负面暗示或期望。这种负面的期望或暗示完全是由于外界对儿童所处群体形成的刻板印象，这种刻板印象一旦被儿童所察觉和接受，即会对儿童的学业发展产生不利影响。信号影响对儿童造成的负面效果，取决于儿童对信号所暗示的负面内容的觉察程度，这一能力在儿童进入小学之后开始迅速发展。研究者认为，直接影响和信号影响共同作用，可以解释很多双语儿童在发展中的滞后现象。持有这种观点的研究者认为，双语儿童所受到的直接影响，长久以来许多研究都给出了丰富的证据说明；从家庭环境、学校到同伴和社区，这种影响的存在对双语儿童的学业发展形成了毋庸置疑的作用（Scheele，Leseman & Mayo，2010；Hammer，Lawrence & Miccio，2007；Bialystok，2010）。

社会公平理论的创新点在于强调了"信号影响"的负面内容对儿童产生的深远影响。信号影响可能出现于直接的人际沟通中，如公开地表示对某种双语群体的贬低，或通过表情等暗示对于特定群体的负面情绪；也可能出现于非言语的环境，如双语儿童可能会通过阅读材料发现这种负面的信号。这种针对某一群体的偏见或刻板印象很可能使儿童产生自我价值的贬低。"信号影响"产生负面影响的一个直接例子是标准化测试。在许多研究中都发现，标准化测试存在的常模以及对特定人群的描述，往往会激发信号影响效应。双语儿童可能会因为预测自己属于某个表现不佳的群体，而导致成绩落后（Good，Aronson & Inzlicht，2003）。在一些团队的学业竞赛活动（Murphy，Steele & Gross，2007）和实验室情境中（Gottfredson，2001），"信号影响"对双语/民族/特定群体儿童学业或测试表现的负面影响都得到了体现。

社会公平理论对认识双语儿童的学业表现差距具有重要的启示。这一理论架构将社会刻板认识对双语儿童学业表现的潜在影响进行了细化，提示教育者思考，在促进双语儿童发展时，除了要针对性地对个体提供帮助，也需要对社会环境中的"负面信号"进行小心地干预。因为双语儿童受到的影响，不仅来自自身和客观环境造成的资源短缺，也受到来自社会的刻板印象、负面暗示等"信号影响"。这种信号造成的深远影响很可能造成儿童自我价值的贬低。

第二节　国际早期双语儿童认知神经科学的研究发现

有关儿童大脑发育与语言发展之间存在相关神经生理机制的研究,在最近若干年内有了突破性的进展。研究让我们看到了早期儿童大脑发育与儿童语言发展不可忽略的关系,也让我们认识到在早期儿童脑发育过程中,实际存在着不同的"机会窗口",大脑机会窗口期正是神经细胞快速连接和髓鞘化的过程(Schiller,2011)。机会窗口期对每一个孩子是公平存在的,是决定孩子发展水平的主要条件,在适当的机会窗口期给予儿童适当的某种发展需求的良性刺激,儿童就有可能在该方面获得良好发展。已有研究证明,儿童第二语言学习与语言发展关键期并不同步,即使过了第二语言学习的敏感期,大脑仍然具有一定的可塑性(Li,Legault & Litcofsky,2014)。但是更多研究揭示,早期儿童的双语学习会影响大脑的功能活动,甚至影响大脑的结构。因此,我们需要面对这个方面的问题,作出比较正面的回答。

一、回答问题：双语是否有利于儿童的脑发育？

"双语认知优势效应"背后的脑研究,近年来一直是儿童语言研究的热点问题。已有的许多行为实验研究发现,双语儿童在一些言语和非言语认知任务,尤其是执行功能任务上,表现优于单语儿童,这种现象被称之为"双语认知优势效应"(Sebastián & Costa,2014;Calvo & Bialystok,2014)。有关双语对儿童大脑发育产生影响具体表现的问题,近十多年来的研究发现,早期儿童双语能力对大脑的影响主要体现在执行功能脑区功能和结构的变化上。研究发现,双语的使用能够促进儿童执行功能脑区的不断激活,使得儿童执行功能脑区的认知控制和灵活性等功能得到强化。Kovelman等人(2008)在一项语义判断任务中发现,即使两组儿童在任务表现上没有差异,但双语儿童比单语儿童更多地激活了背外侧前额叶和额下回。而背外侧前额叶与工作记忆和抑制控制等认知功能有关,他们的研究表明双语经验强化了儿童大脑的认知控制和灵活性的功能。

许多研究还关注双语对儿童大脑结构产生的影响。有研究者采用高分辨率磁共振扫描技术,发现多语儿童在下顶叶脑区灰质密度上显著高于单语儿童(Della et al.,2013)。

此外,还有许多研究发现基底核尤其是尾状核也会受双语经验的影响,因为尾状核在语言转换中发挥着重要作用(Stocco et al.,2014)。有研究者发现双语者的左侧尾状核灰质密度显著高于单语者(Zou et al.,2012)。Hosoda 等人(2013)在报告中指出经过一段时间的第二语言词汇学习的训练干预,双语者的尾状核灰质容量比其他脑区显著增大。

二、回答问题:早期双语学习经验与儿童脑发育的关系

有关研究提出双语脑是否和单语脑相同的问题,探讨儿童语言和认知脑机制的关系,试图回应早期双语经验是否会改变大脑这一核心话题。研究从探讨初次习得二语年龄如何影响语言神经组织激活的问题入手,Jasińska 和 Petitto(2013)将 7 - 10 岁正常儿童分为双语和单语两组,相应地与正常成年人进行单语组和双语组比较,考察不同年龄不同语言经验组在语句处理上的脑区激活状况。研究对象中,双语儿童组又包括了早期双语儿童(出生接触二语环境)和晚期双语儿童(4 - 6 岁接触二语环境)。研究发现,双语儿童和双语成年人在左侧经典语言区的激活均显著增强。更重要的发现是,早期双语儿童通过调动经典语言区进行二语句子处理任务,而晚期双语儿童改变了大脑管理高级执行功能的脑区来处理句子任务,更强地激活了前额叶。

进一步的研究探讨了早期语言学习经验是否会影响儿童阅读神经系统的发育,试图说明单语儿童和双语儿童的阅读神经系统发育是否不同的问题。Jasińska 和 Petitto(2014)采用 fNIRS 脑成像技术对比了 6 - 8 岁儿童、8 - 10 岁儿童和成年人阅读时的大脑激活模式。他们发现了经典语言区,比如左侧额下回(LIFG)和颞上回(STG)随着年龄增长而发生的变化,双语者更多地激活了双侧 LIFG、STG 和认知脑区(背外侧前额叶等前额脑区)。这种双语"神经信号"(neural signature)表明,早期第二语言学习经验会改变儿童阅读神经系统,促进儿童阅读能力的发展。

最近的脑神经成像研究,不仅发现在语言任务上双语者的表现优于单语者,而且双语者在使用认知控制网络上更加有效,任务表现更好(Kroll,Bobb & Hoshino,2014)。Arredondo 等人(2015)发现早期双语经验可以改变儿童注意控制的前额脑区功能,单语儿童在解决注意控制的任务中更多地激活和使用右侧额叶,而双语儿童更多地激活左侧额叶,尤其是左侧前额下回,表明了双语儿童在处理一般注意控制任务中调动了语言脑区。他们认为双语经验和早期认知交互发展和影响,使得大脑左侧前额叶的功能有了变化。Abutalebi 等人(2012)比较了单语者和双语者在非言语冲突监控任务上的表现,发现

他们都激活了前扣带回这一参与认知控制的脑区，但是双语者更加有效，同等水平的冲突监控任务中使用更低程度的脑激活水平。

三、回答问题：双语学习为什么会有利于儿童的脑发育？

主流研究认为双语者在体现执行功能的行为任务上具有优势，主要得益于他们能够获得额外的或过度的抑制控制训练，不断抑制来自干扰语言的刺激和反应。这主要是因为许多心理学行为研究发现双语者在使用一种语言时，两种语言都会被激活并进行竞争。脑科学从内在神经机制解释"双语认知优势效应"，认为我们需要关注双语选择、控制机制和认知控制机制是否依赖类似的神经网络。研究发现，许多研究认为当个体在对两种语言进行转换和控制时，背外侧前额皮质会被激活（Buchweitz & Prat，2013）；而个体在解决执行功能任务时，背前额皮质也会被激活，它是执行功能的核心脑区（倪媛媛 & 李红，2010）。亦有研究证明，基底核在双语选择中发挥重要作用（Ullman，2001），而基底核在执行功能中同样扮演着重要角色（Stocco et al.，2014）。总之，研究者往往使用语言转换的范式来研究双语控制机制，发现左额下回、双侧前额叶背侧、前扣带回和尾状核等区域似乎与双语词汇竞争抑制功能有关（Abutalebi，2008）。而认知控制属于执行功能的一部分，有研究者认为它主要由五个重要脑区负责：左背外侧前额叶、前扣带回、尾状核、缘上回/顶下小叶（Abutalebi & Green，2016）。

因此，现有研究表明双语者具有的优势来源于语言学习给予他们大脑的超水平锻炼，在两种语言之间进行选择和竞争时，在个体完成执行控制任务时的脑区和神经网络产生出多重激活的运作经验（Abutalebi & Green，2016；Weissberger et al.，2015），促使人脑的执行功能积极参与。双语学习和使用者在两种语言之间的选择，不断激活他们的执行功能脑区，使得他们的执行功能控制能力得到增强，在神经生理学基础上为"双语者执行功能优势得益于双语选择和竞争机制"。

四、回答问题：什么时候开始双语学习最为有利？

回应这个问题，我们必须关注有关儿童语言发展关键期与脑发育机会窗口期的研究，也必须关注第二语言学习不一定存在关键期的研究结果。更多研究证明的是，初次接触第二语言的时间或者说暴露于双语环境的年龄影响着儿童的双语能力发展（Petitto，

2015)。有研究认为 5 岁以前接触双语学习,是保证双语发展的最佳时间。同时,必须考虑儿童双语学习的环境因素,社区和家庭是否具有大量的、系统的、多途径的双语因素存在,拥有这三大特点的语言环境是良好的第二语言学习环境的主要体现(Petitto & Kovelman, 2003; Petitto, Kovelman & Harasymowycz, 2003)。Kovelman 等人(2015)提出"一双手套并不适合所有人"的观点,强调全语言环境的教育策略更适合 3 岁以前接受第二语言的儿童,能够有效提高他们的语言和阅读能力;如果 3 - 4 岁儿童初次接触第二语言,可以考虑全语言教育环境的同时,结合使用自然拼读法教育策略,确保儿童的解码能力和阅读能力得到更好的发展。此外,还需要提及儿童可能通过学习掌握双语的熟练程度以及因此可能造成对儿童发展的影响。研究发现,双语熟练程度可以调节儿童执行控制任务的表现,第二语言越熟练,其执行控制的行为表现越好(Thomas-Sunesson, Hakuta & Bialystok, 2016); Mechelli 等人(2004)发现双语儿童二语熟练程度愈高,其大脑左下顶叶脑区的灰质密度愈高。这些研究从另一方面说明,双语学习对儿童大脑发育有利,何时学习以及如何学习,将更多地影响着儿童大脑功能的可塑性,值得我们深思。

五、回答问题:双语脑与社会脑的关系是什么?

在研究儿童语言发展与脑发育的时候,研究者发现,即使是非常小的婴儿,他们感知语言能力的变化,极大地受到周围语言中所含声音的频率分布的影响(Maye, Werker & Gerken, 2002)。婴儿学习语言时,能够神奇地运用从社会互动的经验中积累的分析模式,区分语言环境中的语音语调因素,并逐渐学习语音要素和语言词汇。因此,早期与婴儿进行语言互动的成人,如果能够给予他们充足的良性的语言刺激,就可以在帮助他们语言发展的同时,支持他们成长起一个社会脑(Kuhl, 2004)。

研究认为,6 个月之内的婴儿可以称之为"世界公民",因为他们能够辨别世界上所有语言的不同声音;而 10 - 14 个月的婴儿学习语言已经受到社会文化的影响。Kuhl 等人(2003)的一项研究聚焦 9 个月大的美国婴儿的社会互动与语言学习,研究对象被分为四组:一组婴儿的老师用汉语普通话与婴儿一起在地板上读书、玩玩具;另外两组婴儿分别看视频上的人说普通话和听普通话录音;第四组是对照组,这组婴儿不听普通话,而是由一个美国研究生用英语和婴儿一起读同样的书,玩同样的玩具。研究结果发现:(1)经过一个月共 12 次的活动,听真人说普通话的美国婴儿学会了识别普通话音位,这组婴儿的汉语普通话听力水平达到在中文环境中婴儿 11 个月的水平。(2)通过电视或录音接触普通话的婴儿,完全没有学会识别普通话音位,他们的音位分辨能力与对照组婴儿相当。(3)对照组婴儿未接触汉语普通话语音,正如预期的一样,他们对汉语普通话音位分辨能力在研究前后没有差异。这个实验充分说明了只有在自然情境下的语言互动才能促进婴幼儿语言的产生与学习,成人与婴儿的母语互动,决定了婴儿对母语的敏感度。

社会互动学习决定着孩子的社会脑成长,也决定着孩子的语言发展。那么,在儿童的社会脑和语言同步发展过程中,社会互动的哪些成分可以更好地支持儿童语言学习(Meltzoff et al.,2009),这是目前研究的新方向。能够给读者提供有效建议的研究,包括了以下几点:

第一,给儿童提供良性的社会互动经验,利用语言来构造积极的互动过程。

一些研究者发现,父母需要为儿童构建有效的社会互动环境,与婴儿一起读图画书、看玩具的时候,婴儿会跟随父母的言语所指而改变眼神轨迹,而且也会跟随父母的眼神轨迹而改变自己的表现(Brooks R & Meltzoff,2002,2015)。Brooks 和 Meltzoff(2005)的研究表明,出生后头两年中,儿童如能跟随成人目光的指向,那么他们所掌握的词汇比不能跟踪目光移动的儿童更多。研究据此认为社会互动中的注视与说话之间存在的联系具有特别的意义,亲子之间需要亲密接触的互动,而不是电子媒体这种被动的互动方式。Hutton 等人(2015)研究证明,父母经常与孩子一起阅读,为孩子大声朗读故事能够有效促进儿童大脑和语言的发展:父母在家经常给孩子朗读故事,亲子阅读的频率较高,或者说在家经常接触阅读的儿童,其大脑负责语义处理的脑区更加活跃,这一区域对于发展语言文字乃至自主阅读都极其关键。这项研究还发现,与图像有关的大脑区域也被激活,这使儿童能够"看到故事",同时也支持了此前的理论:视觉化对于理解故事和发展阅读技能至关重要。因此,在父母与儿童的社会互动中,亲子阅读被视为有效建立社会脑和语言关系的一种方式。

第二,儿童的社会性游戏是儿童语言与社会脑同步发展的最佳实践区。

近年的研究告诉我们,游戏活动所产生的作用,在于激活儿童大脑神经元,帮助儿童大脑在发育关键窗口期建立神经元之间的联系,构建起良好的大脑发展地图。新的游戏理论将儿童游戏与脑发展连接起来,探讨基于游戏的儿童活动与脑的发育关系,即儿童游戏过程受到大脑活动影响以及游戏能否促进大脑发展的问题(McFadden & Train,2000)。研究证明,儿童积极参与游戏活动,形成一种互为促进的大脑活动过程,会出现类似于自我引导地进行大脑重塑的现象(Konner,2010)。游戏专家们认定,儿童游戏、脑的发展和丰富的环境之间存在着一种互益的关系。游戏是一种神奇灵活的、不可预知的,并且具有创造性反应的进化潜质的力量,可以通过丰富环境的因素,产生促进儿童大脑可塑性及其与现实连接的作用(Sutton-Smith，1997)。因此，游戏是儿童学习的重要方式，通过脑科学的研究，这进一步得到了确认。当我们关注儿童的语言发展和社会脑发育的时候，我们知道儿童所参与的社会性游戏中，需要实践体验成人通过"搭建鹰架"教给他们的种种能力。儿童需要在玩娃娃游戏时遵守游戏规则，需要与同伴商量娃娃家的游戏计划，需要记住各自所扮演的角色。在游戏进程中，他们需要关注每个角色都做了什么，并加入一段每个人都感兴趣的剧情。这些看似玩耍的游戏，却在寓教于乐中要求儿童有效运用语言和积累社会脑的经验。

第三，为儿童创建有效学习的语言发展和社会脑发育环境。

儿童社会脑的概念，还包括社会、学校和家庭环境，以及社会经济状况对儿童脑发育乃至全面发展的影响因素。迄今为止，所有研究都认同的一点是，儿童社会脑成长的不良环境，将有害于儿童脑发育和全面发展。这个不良环境有可能由经济因素决定但并非绝对。美国国家儿童发展科学咨询委员会对影响儿童脑发育提出三种压力经验(Shonkoff，Boyce & McEwen，2009)。研究指出，现实社会生活中存在着三种影响儿童发展的压力经验：积极的(positive)，可忍受的(tolerable)和毒性的(toxic)。在这一分类框架中，"压力"是指压力反应系统的生理学表现，而不是指刺激物的自然属性或客观测量和获得的压力。虽然诸多研究仍在探讨压力发生的机制，已有概念已经在生物学的基础上建立起来。积极的压力是指适度的、短暂的心律、血压和压力荷尔蒙水平的加强。可忍受的压力是指这样一种生理状态：它可能对大脑结构产生潜在的损害，但能从支持性的环境、促进性的、可适应的相互关系中获得缓冲。毒性压力是指强烈的、频繁的或延长的缺乏成人支持和缓冲保护的对儿童神经反应系统的不良影响(周竞 & 陈思，2011)。就语言发展与社会脑成长而言，我们希望对中国的读者说，仔细检查儿童生长的环境因素，规避毒性压力，提供良性压力，真正为儿童创建积极有效的学习和发展环境。

总之，我们需要支持儿童的语言发展，我们也需要支持儿童的大脑健康发展，这是儿童教育最重要的任务和挑战。

第三节　国际处境不利双语儿童的早期教育干预研究

在国际双语教育话题大热的形势下，近年来一个值得所有教育研究者关注的问题是：如何帮助那些双语不流利的儿童,减少因为双语带来的负面影响,获得双语带来的益处？ 从语言本身可能对双语儿童短期发展造成不利影响的角度来看,研究者认为,通过教育干预的手段,给处境不利的双语儿童提供特别支持的双语发展的教育环境和教育资源,是帮助他们发展的一个主流思路(Cummins, 1986)。

一、双语儿童发展与教育干预研究

教育干预(educational intervention)是在教育情境下,对某种教育产品、教育项目、教育材料、教育过程等进行实证考察的一种研究方法(Van den Akker, 1999；Cohen, Manion & Morrison, 2013),是教育"从科学到实践"的转化过程。 它能够为我们提供两个层次的含义：首先是提供如何开发"理想化"教育教学的证据；其次是归纳、总结和测试已有教育项目或过程、产品的水平(Bero, Grilli, Grimshaw, Harvey, Oxman & Thomson, 1998)。 一般来说,教育干预的研究,是由研究者根据理论框架,提出某种教育构想,通过在实际的教育情境中操作和实施这一教育构想,并分析实施的效果。

对教育研究者来说,如何帮助双语儿童提高语言水平、获得未来发展,最好的方法莫过于进行理论指导下的教育干预,并验证教育干预的效果。 教育干预是教育研究中的"实验",在干预的基础上发现效果,并说明教育干预产生效果的机制,对未来大范围的教育改革具有里程碑式的意义。 那么,怎样的教育干预能够有效地改变双语带来的不利处境？

在教育干预的研究中,两个关键性的问题是对"因果推论"和"有效性"的解释。 如图1-1所示,在教育干预的研究中,研究者首先必须回答教育干预是否是使双语儿童产生

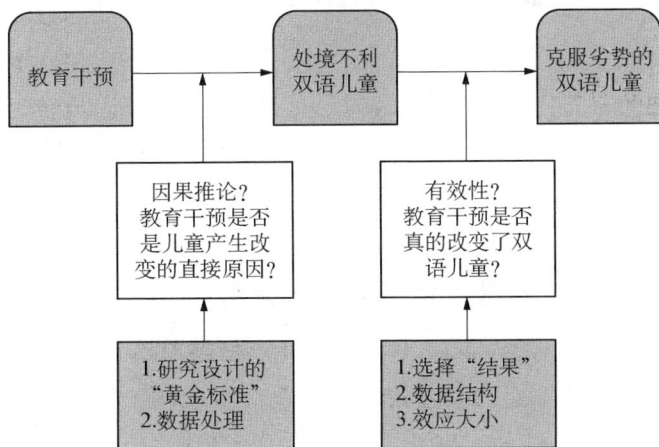

图1-1　教育干预研究如何回答对双语儿童发展产生的影响

变化的根本和直接的原因,即教育干预与儿童的变化之间是否存在必然的联系(因果推论);其次,研究者需要报告教育干预的有效性问题,即研究者需要说明教育干预对双语儿童产生了多大的影响,这种影响的量化程度如何。对已有的针对双语儿童的教育干预研究进行综述发现,目前高质量的教育干预研究对这两个问题的解答,形成了固定的研究范式。

早在20世纪初,教育研究者就已经意识到在教育研究中探索理论和实践之间因果联系的重要性。1913年,哈佛教授 Paul Hanus 在全美教育学会的演讲中指出,教育的改革和实践应该充分基于科学研究的基础上(Hanus,1920,引自 Murnane & Willett,2011)。自此,教育学、统计学、经济学等领域的研究者们密切合作,寻找在教育研究中,使用严格设计,能够回答因果关系的研究方法。研究者通过两种主要的方法:改良研究设计制定"黄金标准"和使用新方式处理数据,实现教育研究中的因果推论。

教育干预项目最终需要回答的问题是"有没有改变儿童",即有效性的问题。对有效性的解答,与因果联系推论不同。因果推论保证了效果的产生是由教育干预引起的,但并非有因果推论产生的研究设计,就能保证教育干预的有效性。事实上,大量采用随机抽样控制实验设计的教育干预研究,往往被证实没有产生显著的主效应。在因果推论得到保证的情况下,教育干预到底能不能对儿童的发展产生影响,将产生怎样的影响,影响程度多大,是研究者最关心的问题。

探讨"儿童到底有没有因为教育干预产生改变"的第一个要素,是选择合适的"发展结果"进行探讨。例如,在对双语儿童的干预研究中,一般选择儿童的语言发展指标:词汇、阅读理解等测试成绩作为"结果"进行考察(Thordardottir,Weismer & Smith,1997;Hammer,Lawrence & Miccio,2007)。研究者对发展结果的选择,一般都依据已有的理论框架进行。如在学校环境中对双语儿童第二语言进行干预,即选择儿童的第二语言发展指标作为结果;也有研究将儿童的学习动机、认知发展作为双语教育干预之后的结果进行考察(Camilli,Vargas,Ryan & Barnett,2010)。基于发展结果的变化,研究者才有实证的依据,说明教育干预的效果。

二、教育干预研究对教育发展的促进作用

目前很多国际著名的早期教育干预研究,对各国儿童发展和教育政策的制定起到了决定性作用,几乎都采用了教育干预寻求因果推论的方式方法,对整体教育研究和改革

具有十分关键的意义（Baker，2011；Dickinson & Neuman，2007；Farver，Lonigan & Eppe，2009；Hoff，2013）。对教育者来说，提供具有因果推论意义的教育干预研究结果，说明改进教育、提高教育质量、促进儿童发展的影响因素，是将教育理论、教育政策和教育实践结合在一起的基础。从教育政策制定者的角度看，教育研究中因果关系的揭示，是真正对政策制定具有决定作用的参考。目前，发达国家的教育政策制定者，已经将因果联系研究作为具有决定因素的政策参考（Menzies，Mahdavi & Lewis，2008）。对于我国等发展中国家来说，教育中因果联系的研究更具有意义。有限的教育公共经费投入，如何发挥最大的效用，严格谨慎的研究结论显然更具有指导价值。应该说，目前国际发展的趋势，是将教育政策的制定建立在严格的科学研究的基础上，保证有限的投入发挥最大的效用，真正促进儿童的发展。

教育干预的研究，一般试图回答某种特定的教育方法，能否对特定的儿童群体产生效果的问题。研究者须根据已有的理论框架，首先考虑是否能够从研究设计的角度保证因果推论的实现，包括是否可以使用随机抽样控制，预先控制一些影响研究准确程度的变量等；如不能实现随机抽样，则考虑在数据收集中使用较为复杂和成熟的数据模型，如计算倾向分数、设置工具变量、设计间断点回归模型等方式，尽量剥离内生因素的影响，说明教育干预与儿童发展之间的因果关系。在确定了研究设计之后，研究者根据收集到的数据情况，依据已有研究的成果，根据已经选定的发展结果，确定数据处理方式，根据需要选择适合的方式计算效应大小，最终说明干预项目的效果。

三、国际早期阅读教育干预研究及发展趋势

长期大量的研究都证明，早期阅读的教育对儿童来说至关重要，能够为儿童提供坚实的发展基础，为儿童未来的语言和学业的发展提供助力（Whitehurst & Lonigan，2001）。儿童在早期阅读得越多，阅读能力越强，与儿童丰富的其他领域知识相关联，能够直接预测儿童未来的学业表现。在早期阅读水平较差和较少接触早期阅读的儿童，直接导致与早期阅读经验丰富、能力强的儿童，在语言发展水平、其他学业测试得分、小学及中学的毕业率、大学入学率以及成人之后的社会经济条件间存在较大差距（Entwisle & Alexander，1999；Kraus，1973）。研究者指出，在后期的学校和社会中，许多发展不公平现象和儿童早期的阅读发展都有着直接的联系（Ensminger & Slusarcick，1992）。对双语儿童来说，尽量多地接触早期阅读，获得早期阅读的核心经验，是在正式的学校学习开始

之前,提高语言能力和学习能力,做好早期入学准备的关键一步。

第一,研究发现国际阅读教育干预对双语处境不利的儿童发展产生了积极影响。

如前所述,理论证实了早期阅读对儿童特别是处境不利的双语儿童发展具有重要作用,因而迫切需要教育研究探索早期阅读的理论框架是否适用于教育实践,是否能够切实地通过教师早期阅读教育行为的改变,最终发现儿童发展结果的变化。教育研究者有这样的迫切需要,教育政策制定者也对此提出了要求。美国 2001 年颁布的《不让一个孩子掉队》的法案中,超过 100 次提及需要来自教育研究的"科学证据"指导政策的走向和实施,并将"科学证据"定义为"随机抽样控制的教育实验研究"(Borman,Slavin,Cheung,Chamberlain,Madden & Chambers,2007;Slavin,2002),即将干预内容随机分配给干预组和对照组的儿童,最后观察两组儿童的发展是否有差异。目前,已有一些研究者们使用随机抽样的方法进行早期阅读教育干预研究,证实了早期阅读项目能够为处境不利的双语儿童带来语言发展水平的提高。

处境不利儿童是目前大量教育干预项目的首选目标人群。在美国的研究中,面对少数族裔群体如黑人、西班牙裔(Deming,2009;Reynolds,Temple,Robertson & Mann,2001)等设计的早期阅读教育干预项目开始逐年增加。此外,面对来自经济条件落后家庭的学前儿童、双语儿童的教育干预项目也开始有所增加(Anderson,2008;Walker et al.,2011;Wasik,Bond & Hindman,2006)。研究者们近年来特别重视阅读对于处境不利儿童的语言、认知和社会性发展带来的改善作用,在早期为儿童提供阅读的机会成为未来儿童发展的宝贵机遇。

Borman 等人(2007)进行的大型阅读干预项目"Success for All"(简称 SFA),是一项针对 5 岁到小学 5 年级儿童进行的早期阅读干预项目,旨在为整个学校提供整体的阅读材料,对教师进行持续的培训和专业化发展支持。这一项目希望通过尽早发现儿童的阅读困难,并在早期对儿童进行适当的干预,帮助他们在正式学习开始前解决阅读方面存在的问题,为他们未来的发展奠定基础。这一项目在美国的 35 所学校进行了抽样和实施,并根据 3 年的长期跟踪发现,早期阅读干预项目"SFA"有效地促进了儿童的词汇测试、词汇认读和阅读理解测试的成绩,与对照组相比,干预的效应大小约为三分之一个标准差。

在 Snow 等人为小学低年级儿童设计的早期阅读干预项目"Word Generation"也同样在长期调查中发现了早期阅读干预对处境不利儿童以及双语儿童的发展产生的积极影响(Lawrence,Capotosto,Branum-Martin,White & Snow,2012;Snow,Lawrence &

White, 2009）。在这项教育干预中, 每周为儿童介绍 4-6 个"目标词汇", 这些词汇一般语义都比较抽象和复杂。研究者每周围绕目标词汇为儿童提供 15 分钟的阅读、写作、讨论等活动, 并鼓励儿童尽量多地使用这些目标词汇。这种对目标词汇的反复接触和使用, 最后结果显示, 无论是长期还是短期, 都有效地提高了儿童的词汇发展水平, 与对照组相比, 干预组的儿童掌握了更多有复杂含义的词汇, 语言水平得到了提高。

第二, 研究发现通过教师培训可以对处境不利儿童阅读发展产生有效作用。

由 Leyva, Yoshikawa 和 Snow 等研究者领衔, 在智利进行的教育干预项目"良好开端", 目标是提高整个智利的早期教育质量, 特别是提高语言和早期阅读教育的质量。这个项目借助早期双语教育和阅读理论, 使用扩大儿童语言输入、加强基于阅读的词汇学习和教师进行词汇教学的方式方法, 以专家团队的形式提供了大量针对教师的培训课程。从 60 多所学校进行的随机抽样控制的干预效果研究中发现, 经过培训的教师, 在课堂互动质量和词汇教学水平方面, 都有了非常明显的提高（Moreno et al., 2011）。目前研究者还在继续分析来自儿童的跟踪数据, 探索这一教育干预项目对智利学前儿童产生的影响。

Weiland 和 Yoshikawa（2013）在美国波士顿地区进行的大型早期教育干预项目, 涵盖了 2018 名 4-5 岁公立系统内的学前儿童, 在教师培训和课程实施层面进行了包括语言、读写、数学部分的教育干预。这一干预项目为幼儿园提供了全新的课程, 取代原有的教学方式, 并为教师提供了完善的培训, 帮助教师了解课程理念, 学习如何实施课程。干预的有效性研究显示, 这一项目获得了显著的效果, 这一干预项目显著地提高了公立系统儿童的数学、语言、读写和执行功能以及情绪情感的发展。这一结果揭示出对教师培训和课程进行双重的干预对儿童发展的重要提升作用。

因此, 我们需要关注的是, 对教师培训的重视成为目前教育干预项目发展的重要趋势。以往的教育干预项目从研究的便捷等角度, 往往省略了教师培训和教师干预的环节, 很多都直接面对儿童进行。然而, 近年来从研究者总结的干预有效性经验中发现, 在教育实践中, 教师的作用是不可或缺的, 对教师的帮助和提高, 能够起到最直接的帮助儿童的效果, 这是包括研究者直接辅导儿童或仅通过家庭对儿童产生影响等方式所无法取代的。对教师的培训, 并在长期支持教师的专业性发展, 已被证实是教育干预项目获得良好效果的重要步骤（Wasik, Bond & Hindman, 2006）。

第三, 研究逐步证实了课程改革在教育干预项目中的重要作用。

和以往仅仅依靠家庭、社区或在学校中改变硬性环境的干预项目相比, 从课程入手,改变教师真实的每日教学行为,从课程的角度整体地思考教育环境和对儿童产生的影响,对儿童发展产生的影响更大。以整体课程的思路进行教育干预,包括从上层架构和设计课程实施的整体思路,从理论上找到课程设计的科学依据;根据目标儿童的需求,设计合理的课程目标和走向;根据教师专业发展的情况,设计课程实施的梯度,帮助教师顺利完成教学;同时还需要考虑对课程实施情况的评估、教师对课程的反思和改良等。这些步骤的设计和完善,其作用是最终在整体上改变了教育机构的面貌,实现了真正的教育改革,对儿童的发展产生了至深的影响(Magnuson & Waldfogel,2005;Weiland & Yoshikawa,2013)。

第四,研究者们越来越重视运用科学的研究方法,以高质量研究设计对干预项目的效果进行评估。

如前所述,随机抽样控制的研究设计是干预效果研究的"黄金标准",目前国际领先的教育学学术杂志发表的一系列干预项目,都是采用这种方法进行的有效性评估,为教育研究者、实践者和教育政策决策者都提供了具有很强说服力的研究证据(Love et al.,2005;Raver et al.,2008)。同时,除了对研究的取样设计进行严格要求,研究者们还特别重视对研究数据的处理,一些以往容易被忽略的问题如儿童测试得分的地板效应、天花板效应等,目前研究者都倾向于寻找更为成熟的数据处理方法降低对干预有效性评估中的不确定性(Murnane & Willett,2010;Shadish,Cook & Campbell,2002)。研究方法的精进提高了教育干预研究的可靠性,为下一步研究改变教育政策和教育实践提供了坚实基础。

纵观这些对教育实践产生了深刻影响的早期干预项目,不难发现目前针对学前双语儿童的教育干预项目的发展趋势主要有:关注处境不利儿童、强调对教师培训的重视、着重对课程实施的落实、注重科学研究方法的运用。

国际儿童双语发展与教育的研究为我们揭示了双语儿童挑战与机遇共存的发展图景。作为教育者的我们,首先应该承认,同时学习两种语言确实需要儿童付出额外的努力,也需要教育者投注更大的精力。但双语的学习会给儿童带来优势:儿童的脑功能结构随着双语的学习有所改变,在早期精通双语的儿童,将具有更好的执行能力,这一能力将会帮助儿童在未来的认知发展和学业发展。对教育者来说,目前的研究描绘了非常积极的图景:儿童在克服早期双语带来的障碍后,能够获得额外的发展优势。教育者在早期对双语儿童进行及时、适宜、有效的干预显得特别重要。需要特别指出的是,国际儿童双语发展与教育的理论,也需要来自我国民族地区的实证研究数据进行补充和扩展。

本章主要参考文献

1. Abutalebi J. & Green D. W. (2016). Neuroimaging of language control in bilinguals：neural adaptation and reserve. Bilingualism：Language and cognition，19(4),689 - 698.

2. Abutalebi J. (2008). Neural aspects of second language representation and language control. Acta psychologica，128(3),466 - 478.

3. Abutalebi J., Della Rosa P. A., Green D. W., Hernandez M., Scifo P., Keim R. & Costa A. (2011). Bilingualism tunes the anterior cingulate cortex for conflict monitoring. Cerebral cortex，bhr287.

4. Anderson M. L. (2008). Multiple inference and gender differences in the effects of early intervention：A reevaluation of the Abecedarian，Perry Preschool，and Early Training Projects. Journal of the American statistical Association，103(484),1481 - 1495.

5. Arredondo M. M., Hu X. S., Satterfield T. & Kovelman I. (2015). Bilingualism alters children's frontal lobe functioning for attentional control. Developmental science.

6. Baker C. (2011). Foundations of Bilingual Education and Bilingualism. Multilingual Matters.

7. Bero L. A., Grilli R., Grimshaw J. M., Harvey E., Oxman A. D. & Thomson M. A. (1998). Closing the gap between research and practice：an overview of systematic reviews of interventions to promote the implementation of research findings. BMJ：British Medical Journal，317(7156),465.

8. Bialystok E. & Feng X. (2009). Language proficiency and executive control in proactive interference：Evidence from monolingual and bilingual children and adults. Brain and language，109(2),93 - 100.

9. Bialystok E. & Shapero D. (2005). Ambiguous benefits：The effect of bilingualism on reversing ambiguous figures. Developmental Science，8(6),595 - 604.

10. Bialystok E. (2009). Bilingualism：The good, the bad, and the indifferent. Bilingualism：

Language and cognition, 12(1), 3 - 11.

11. Borman G. D., Slavin R. E., Cheung A. C., Chamberlain A. M., Madden N. A. & Chambers B. (2007). Final reading outcomes of the national randomized field trial of Success for All. American Educational Research Journal, 44(3), 701 - 731.

12. Bronfenbrenner U. (2009). The ecology of human development. Harvard university press.

13. Bronfenbrenner U. (1977). Toward an experimental ecology of human development. American psychologist, 32(7), 513.

14. Brooks-Gunn J., Klebanov P. K., Smith J., Duncan G. J. & Lee K. (2003). The Black-White test score gap in young children: Contributions of test and family characteristics. Applied Developmental Science, 7(4), 239 - 252.

15. Brooks R. & Meltzoff A. N. (2002). The importance of eyes: how infants interpret adult looking behavior. Developmental psychology, 38(6), 958.

16. Brooks R. & Meltzoff A. N. (2005). The development of gaze following and its relation to language. Developmental science, 8(6), 535 - 543.

17. Brooks R. & Meltzoff A. N. (2015). Connecting the dots from infancy to childhood: A longitudinal study connecting gaze following, language, and explicit theory of mind. Journal of Experimental Child Psychology, 130, 67 - 78.

18. Buchweitz A. & Prat C. (2013). The bilingual brain: Flexibility and control in the human cortex. Physics of life reviews, 10(4), 428 - 443.

19. Calvo A. & Bialystok E. (2014). Independent effects of bilingualism and socioeconomic status on language ability and executive functioning. Cognition, 130(3), 278 - 288.

20. Camilli G., Vargas S., Ryan S. & Barnett W. S. (2010). Meta-analysis of the effects of early education interventions on cognitive and social development. Teachers College Record, 112(3), 579 - 620.

21. Carhill A., Suárez-Orozco C. & Páez M. (2008). Explaining English language proficiency among adolescent immigrant students. American Educational Research Journal, 45(4), 1155 - 1179.

22. Carlisle J. F., Beeman M., Davis L. H. & Spharim G. (1999). Relationship of metalinguistic capabilities and reading achievement for children who are becoming bilingual. Applied Psycholinguistics, 20(4), 459 - 478.

23. Cheung H., Chung K. K. H., Wong S. W. L., McBride-Chang C., Penney T. B. & Ho C.

S. H. (2010). Speech perception, metalinguistic awareness, reading, and vocabulary in Chinese-English bilingual children. Journal of Educational Psychology, 102(2),367.

24. Cohen L., Manion L. & Morrison K. (2013). Research methods in education. Routledge.

25. Cromdal J. (1999). Childhood bilingualism and metalinguistic skills: Analysis and control in young Swedish-English bilinguals. Applied Psycholinguistics, 20(1),1 – 20.

26. Cummins J. (1979). Linguistic interdependence and the educational development of bilingual children. Review of educational research, 49(2),222 – 251.

27. Cummins J. (1986). Empowering minority students: A framework for intervention. Harvard educational review, 56(1),18 – 37.

28. Della Rosa P. A., Videsott G., Borsa V. M., Canini M., Weekes B. S., Franceschini R. & Abutalebi J. (2013). A neural interactive location for multilingual talent. Cortex, 49(2), 605 – 608.

29. Deming D. (2009). Early childhood intervention and life-cycle skill development: Evidence from Head Start. American Economic Journal: Applied Economics, 1(3),111 – 134.

30. Dickinson D. K. & Neuman S. B. (Eds.). (2007). Handbook of early literacy research. Guilford Press.

31. Dixon L. Q., Zhao J., Shin J. Y., Wu S., Su J. H., Burgess-Brigham R., ... & Snow C. (2012). What We Know About Second Language Acquisition A Synthesis From Four Perspectives. Review of Educational Research, 82(1),5 – 60.

32. Ensminger M. E. & Slusarcick A. L. (1992). Paths to high school graduation or dropout: A longitudinal study of a first-grade cohort. Sociology of education, 95 – 113.

33. Entwisle D. R. & Alexander K. L. (1999). Early schooling and social stratification. The transition to kindergarten, 13 – 38.

34. Farkas G. (2003). Racial disparities and discrimination in education: What do we know, how do we know it, and what do we need to know? Teachers College Record, 105(6),1119 – 1146.

35. Farver J. A. M., Lonigan C. J. & Eppe S. (2009). Effective early literacy skill development for young Spanish-speaking English language learners: An experimental study of two methods. Child development, 80(3),703 – 719.

36. Goetz P. J. (2003). The effects of bilingualism on theory of mind development. Bilingualism: Language and Cognition, 6(1),1 – 15.

37. Gollan T. H. & Acenas L. A. R. (2004). What is a TOT? Cognate and translation effects on

tip-of-the-tongue states in Spanish-English and tagalog-English bilinguals. Journal of Experimental Psychology: Learning, Memory, and Cognition, 30(1),246.

38. Gollan T. H., Montoya R. I. & Werner G. A. (2002). Semantic and letter fluency in Spanish-English bilinguals. Neuropsychology, 16(4),562.

39. Gollan T. H., Montoya R. I., Fennema-Notestine C. & Morris S. K. (2005). Bilingualism affects picture naming but not picture classification. Memory & cognition, 33 (7), 1220 – 1234.

40. Good C., Aronson J. & Inzlicht M. (2003). Improving adolescents' standardized test performance: An intervention to reduce the effects of stereotype threat. Journal of Applied Developmental Psychology, 24(6),645 – 662.

41. Gottfredson D. C. (2001). Schools and delinquency. Cambridge University Press.

42. Green D. W., Crinion J. & Price C. J. (2007). Exploring cross-linguistic vocabulary effects on brain structures using voxel-based morphometry. Bilingualism: Language and Cognition, 10(2),189 – 199.

43. Grogan A., Green D. W., Ali N., Crinion J. T. & Price C. J. (2009). Structural correlates of semantic and phonemic fluency ability in first and second languages. Cerebral Cortex, 19 (11),2690 – 2698.

44. Hakuta K. (2011). Educating Language Minority Students and Affirming Their Equal Rights Research and Practical Perspectives. Educational Researcher, 40(4),163 – 174.

45. Hammer C. S., Lawrence F. R. & Miccio A. W. (2007). Bilingual children's language abilities and early reading outcomes in Head Start and kindergarten. Language, Speech, and Hearing Services in Schools, 38(3),237 – 248.

46. Hoff E. (2013). Interpreting the early language trajectories of children from low-SES and language minority homes: Implications for closing achievement gaps. Developmental psychology, 49(1),4.

47. Hosoda C., Tanaka K., Nariai T., Honda M. & Hanakawa T. (2013). Dynamic neural network reorganization associated with second language vocabulary acquisition: A multimodal imaging study. Journal of Neuroscience, 33(34),13663 – 13672.

48. Hutton J. S., Horowitz-Kraus T., De Witt T. & Holland S. (2015). Parent-child reading increases activation of brain networks supporting emergent literacy in 3 – 5 year-old children: an fMRI study. Presentation at Pediatric Academic Societies.

49. Jasińska K. K. & Petitto L. A. (2013). Age of bilingual exposure predicts distinct contributions of phonological and semantic knowledge to successful reading development. Society for Research in Child Development Seattle, WA.

50. Jasińska K. K. & Petitto L. A. (2014). Development of neural systems for reading in the monolingual and bilingual brain: New insights from functional near infrared spectroscopy neuroimaging. Developmental Neuropsychology, 39(6),421–439.

51. Jia G. & Aaronson D. (2003). A longitudinal study of Chinese children and adolescents learning English in the United States. Applied Psycholinguistics, 24(1),131–161.

52. Kaushanskaya M. & Marian V. (2007). Bilingual language processing and interference in bilinguals: Evidence from eye tracking and picture naming. Language Learning, 57(1),119–163.

53. Konner M. (2010). The evolution of childhood: relationships, emotion, mind. Harvard University Press.

54. Kovelman I., Baker S. A. & Petitto L. A. (2008). Bilingual and monolingual brains compared: a functional magnetic resonance imaging investigation of syntactic processing and a possible "neural signature" of bilingualism. Journal of cognitive neuroscience, 20(1),153–169.

55. Kovelman I., Salah-Ud-Din M., Berens M. S. & Petitto L. A. (2015). "One glove does not fit all" in bilingual reading acquisition: Using the age of first bilingual language exposure to understand optimal contexts for reading success. Cogent Education, 2(1).

56. Kroll J. F., Bobb S. C. & Hoshino N. (2014). Two languages in mind: Bilingualism as a tool to investigate language, cognition, and the brain. Current directions in psychological science, 23(3),159–163.

57. Kuhl P. K. (2014, January). Early language learning and the social brain. InCold Spring Harbor symposia on quantitative biology (Vol. 79, pp. 211–220). Cold Spring Harbor Laboratory Press.

58. Kuhl P. K., Tsao F. M. & Liu H. M. (2003). Foreign-language experience in infancy: Effects of short-term exposure and social interaction on phonetic learning. Proceedings of the National Academy of Sciences, 100(15),9096–9101.

59. Lawrence J. F., Capotosto L., Branum-Martin L., White C. & Snow C. E. (2012). Language proficiency, home-language status, and English vocabulary development: A longitudinal follow-up of the Word Generation program. Bilingualism: Language and

Cognition, 15(3), 437 - 451.

60. Li P., Legault J. & Litcofsky K. A. (2014). Neuroplasticity as a function of second language learning: anatomical changes in the human brain. Cortex, 58, 301 - 324.

61. Love J. M., Kisker E. E., Ross C., Raikes H., Constantine J., Boller K., ... & Vogel C. (2005). The effectiveness of early head start for 3-year-old children and their parents: lessons for policy and programs. Developmental psychology, 41(6), 885.

62. Luk G., Bialystok E., Craik F. I. & Grady C. L. (2011). Lifelong bilingualism maintains white matter integrity in older adults. Journal of Neuroscience, 31(46), 16808 - 16813.

63. MacSwan J. & Pray L. (2005). Learning English bilingually: Age of onset of exposure and rate of acquisition among English language learners in a bilingual education program. Bilingual Research Journal, 29(3), 653 - 678.

64. MacWhinney B. (2008). How mental models encode embodied linguistic perspectives. Department of Psychology, 172.

65. Magnuson K. A. & Waldfogel J. (2005). Early childhood care and education: Effects on ethnic and racial gaps in school readiness. The future of children, 169 - 196.

66. Maye J., Werker J. F. & Gerken L. (2002). Infant sensitivity to distributional information can affect phonetic discrimination. Cognition, 82(3), B101-B111.

67. McFadden D. & Train K. (2000). Mixed MNL models for discrete response. Journal of applied Econometrics, 447 - 470.

68. McKown C. (2013). Social Equity Theory and Racial-Ethnic Achievement Gaps. Child development, 84(4), 1120 - 1136.

69. Mechelli A., Crinion J. T., Noppeney U., O'doherty J., Ashburner J., Frackowiak R. S. & Price C. J. (2004). Neurolinguistics: structural plasticity in the bilingual brain. Nature, 431 (7010), 757.

70. Meltzoff A. N., Kuhl P. K., Movellan J. & Sejnowski T. J. (2009). Foundations for a new science of learning. Science, 325(5938), 284 - 288.

71. Menzies H. M., Mahdavi J. N. & Lewis J. L. (2008). Early intervention in reading: From research to practice. Remedial and Special Education, 29(2), 67 - 77.

72. Miyake A., Friedman N. P., Emerson M. J., Witzki A. H., Howerter A. & Wager T. D. (2000). The unity and diversity of executive functions and their contributions to complex "frontal lobe" tasks: A latent variable analysis. Cognitive psychology, 41(1), 49 - 100.

73. Moreno L. , Trevino E. , Yoshikawa H. , Mendive S. , Reyes J. , Godoy F. , ... & Arbour M. (2011). Aftershocks of Chile's Earthquake for an Ongoing, Large-Scale Experimental Evaluation. Evaluation review, 0193841X11400685.

74. Murnane R. J. & Willett J. B. (2010). Methods matter: Improving causal inference in educational and social science research. Oxford University Press.

75. Murphy M. C. , Steele C. M. & Gross J. J. (2007). Signaling threat: How situational cues affect women in math, science, and engineering settings. Psychological Science, 18(10), 879 - 885.

76. Parrila R. , Kirby J. R. & McQuarrie L. (2004). Articulation rate, naming speed, verbal short-term memory, and phonological awareness: Longitudinal predictors of early reading development? Scientific studies of reading, 8(1),3 - 26.

77. Petitto L. A. & Kovelman I. (2003). The bilingual paradox: How signing-speaking bilingual children help us to resolve it and teach us about the brain's mechanisms underlying all language acquisition. Learning Languages, 8(3),5 - 18.

78. Petitto L. A. (2009). New discoveries from the bilingual brain and mind across the life span: Implications for education. Mind, Brain, and Education, 3(4),185 - 197.

79. Petitto L. A. , Kovelman I. & Harasymowycz U. (2003). Bilingual language development: Does learning the new damage the old. Society for Research in Child Development.

80. Portocarrero J. S. , Burright R. G. & Donovick P. J. (2007). Vocabulary and verbal fluency of bilingual and monolingual college students. Archives of Clinical Neuropsych-ology, 22 (3),415 - 422.

81. Ransdell S. E. & Fischler I. (1987). Memory in a monolingual mode: When are bilinguals at a disadvantage? Journal of Memory and Language, 26(4),392 - 405.

82. Raver C. C. , Jones S. M. , Li-Grining C. P. , Metzger M. , Champion K. M. & Sardin L. (2008). Improving preschool classroom processes: Preliminary findings from a randomized trial implemented in Head Start settings. Early childhood research quarterly, 23(1),10 - 26.

83. Reynolds A. J. , Temple J. A. , Robertson D. L. & Mann E. A. (2001). Long-term effects of an early childhood intervention on educational achievement and juvenile arrest: A 15-year follow-up of low-income children in public schools. Jama, 285(18),2339 - 2346.

84. Rodriguez-Fornells A. , De Diego Balaguer R. & Münte T. F. (2006). Executive control in bilingual language processing. Language Learning,56(s1),133 - 190.

85. Rogers C. L. , Lister J. J. , Febo D. M. , Besing J. M. & Abrams H. B. （2006）. Effects of bilingualism, noise, and reverberation on speech perception by listeners with normal hearing. Applied Psycholinguistics, 27(3),465 – 485.

86. Scheele A. F. , Leseman P. P. & Mayo A. Y. （2010）. The home language environment of monolingual and bilingual children and their language proficiency. Applied Psycholinguistics, 31(1),117 – 140.

87. Schiller P. （2010）. Early brain development research review and update. Exchange.

88. Sebastián Gallés N. & Costa Martínez A. （2014）. How does the bilingual experience sculpt the brain? Nat Rev Neurosci, 15,336 – 345.

89. Seidenberg M. S. （2007）. Connectionist Models of reading. The Oxford handbook of psycholinguistics, 235 – 250.

90. Shadish W. R. , Cook T. D. & Campbell D. T. （2002）. Statistical conclusion validity and internal validity. Experimental and quasi-experimental designs for generalized causal inference, 45 – 48.

91. Shonkoff J. P. , Boyce W. T. & McEwen B. S. （2009）. Neuroscience, molecular biology, and the childhood roots of health disparities: building a new framework for health promotion and disease prevention. Jama, 301(21),2252 – 2259.

92. Slavin R. E. （2002）. Evidence-based education policies: Transforming educational practice and research. Educational researcher, 31(7),15 – 21.

93. Snow C. E. , Lawrence J. F. & White C. （2009）. Generating knowledge of academic language among urban middle school students. Journal of Research on Educational Effectiveness, 2(4),325 – 344.

94. Stocco A. , Yamasaki B. , Natalenko R. & Prat C. S. （2014）. Bilingual brain training: A neurobiological framework of how bilingual experience improves executive function. International Journal of Bilingualism, 18(1),67 – 92.

95. Sutton-Smith B. （2009）. The ambiguity of play. Harvard University Press.

96. Thomas-Sunesson D. , Hakuta K. & Bialystok E. （2016）. Degree of bilingualism modifies executive control in Hispanic children in the USA. International Journal of Bilingual Education and Bilingualism, 1 – 10.

97. Thordardottir E. （2010）. Towards evidence-based practice in language intervention for bilingual children. Journal of Communication Disorders, 43(6),523 – 537.

98. Uccelli P. & Páez M. M. (2007). Narrative and vocabulary development of bilingual children from kindergarten to first grade: Developmental changes and associations among English and Spanish skills. Language, Speech, and Hearing Services in Schools, 38(3),225 - 236.

99. Ullman M. T. (2001). The neural basis of lexicon and grammar in first and second language: The declarative/procedural model. Bilingualism: Language and cognition, 4(2), 105 - 122.

100. Umbel V. M., Pearson B. Z., Fernández M. C. & Oller D. K. (1992). Measuring bilingual children's receptive vocabularies. Child development, 63(4),1012 - 1020.

101. Van den Akker J. (1999). Principles and methods of development research. In Design approaches and tools in education and training (pp. 1 - 14). Springer Netherlands.

102. VanPatten B. & Benati A. G. (2015). Key terms in second language acquisition (2nd Edition). Bloomsbury Publishing.

103. Walker S. P., Wachs T. D., Grantham-McGregor S., Black M. M., Nelson C. A., Huffman S. L., ... & Gardner J. M. M. (2011). Inequality in early childhood: risk and protective factors for early child development. The Lancet, 378(9799),1325 - 1338.

104. Wasik B. A., Bond M. A. & Hindman A. (2006). The effects of a language and literacy intervention on Head Start children and teachers. Journal of Educational Psychology, 98 (1),63.

105. Weiland C. & Yoshikawa H. (2013). Impacts of a prekindergarten program on children's mathematics, language, literacy, executive function, and emotional skills. Child Development, 84(6),2112 - 2130.

106. Weissberger G. H., Gollan T. H., Bondi M. W., Clark L. R. & Wierenga C. E. (2015). Language and task switching in the bilingual brain: Bilinguals are staying, not switching, experts. Neuropsychologia, 66, 193 - 203.

107. Whitehurst G. J. & Lonigan C. J. (2001). Emergent literacy: Development from prereaders to readers. Handbook of early literacy research, 1, 11 - 29.

108. Winsler A., Diaz R. M., Espinosa L. & Rodr Ãguez J. L. (1999). When learning a second language does not mean losing the first: Bilingual language development in low-income, Spanish-speaking children attending bilingual preschool. Child development, 70 (2), 349 - 362.

109. Zelazo P. D., Frye D. & Rapus T. (1996). An age-related dissociation between knowing

rules and using them. Cognitive development，11(1),37 - 63.

110. Zou L. , Abutalebi J. , Zinszer B. , Yan X. , Shu H. , Peng D. & Ding G. (2012). Second language experience modulates functional brain network for the native language production in bimodal bilinguals. NeuroImage，62(3),1367 - 1375.

111. 倪媛媛,李红.(2010).从生理机制探讨心理理论与执行功能的关系[J].西南师范大学学报(自然科学版),35(5),75 - 79.

112. 周兢,陈思.(2011).建立儿童学习的脑科学交管系统——脑执行功能理论对学前儿童发展与教育的启示[J].全球教育展望,40(6),28 - 33.

第二章

我国新疆学前双语教育政策与教育环境

闵兰斌

　　新疆是一个多民族、多语种、多文化交融的地区,双语现象在各民族广泛接触和交流中自然形成,其中以"民—汉"双语型为主,具体来说有"维—汉"、"哈—汉"、"蒙—汉"等双语类型。新疆双语教育开始于 20 世纪 50 年代,经过 60 多年的发展历程,新疆双语教育在内容、形式、规模等方面都有了很大的变化,已形成了从幼儿园到中小学全程开展双语教育的体系。其中,新疆全面实施学前双语教育是从 2005 年颁发《关于加强少数民族学前"双语"教育的意见》开始的,该文件提出了"双语教学要从学前教育抓起、从教师抓起"的指导方针,提出优先发展农村两年学前双语的战略思路,认为学前双语教育对新疆少数民族儿童后续顺利接受中小学双语教育将发挥着奠定性作用,这是新疆第一份关于少数民族学前双语教育的纲领性文件,新疆双语教育的起始点自此正式下移至学前教育阶段。

第一节　新疆学前双语教育事业的发展现状

一、新疆学前双语教育发展的基本情况

　　相关资料显示(新疆维吾尔自治区教育厅,2016),截至 2015 年,新疆共有幼儿园3990 所(其中,双语幼儿园 3087 所),较 2010 年增加 1427 所。总班级数量 21815 个,较2010 年增加 4597 个班。园舍占地面积 476 万平方米,较 2010 年增加园舍建筑面积 223万平方米,生均面积达 6.36 平方米(国家农村幼儿园建设标准生均 6.09 平方米)。在园幼儿 74.86 万人,较 2010 年增加 16.96 万人,适龄儿童学前三年毛入园率达 74.31%,较2010 年增加 2.3 万人,其中专任教师 3.4 万人,较 2010 年增加 2.01 万人。

自 2008 年以来,通过实施国家扶持建设双语幼儿园工程、农村学前教育推进工程、自治区扶持建设工程以及兵团援建、企业援建等多项工程项目,新疆项目幼儿园 2523 所(其中国家项目 2328 所,自治区项目 145 所,兵团援建项目 34 所,企业援建项目 16 所),重点支持少数民族相对较多的南疆四地州(喀什地区、和田地区、阿克苏地区、克州)以及北疆伊犁州、塔城地区、阿勒泰地区和昌吉州等九个地州以及其余地州部分县市双语幼儿园建设,有力解决了制约农村学前双语教育发展的瓶颈,带动了地方发展农村学前双语教育的积极性,学前两年双语教育普及率大大提高,为双语教育进一步发展奠定了基础,也为促进新疆民生建设、社会和谐和长治久安起到了重要作用。截至 2015 年 9 月的统计数据显示(新疆维吾尔自治区统计局,2016),学前三年双语幼儿达 55.05 万人,占学前三年(4-6 岁)少数民族适龄幼儿数(87.12 万人)的 63.19%。学前两年双语幼儿达 52.08 万人,占学前两年(5-6 岁)少数民族适龄幼儿数(66.2 万人)的 78.67%。

二、新疆学前双语教育发展的政策支持力度大

(一)通过相关政策法规明确学前双语教育的地位和性质

纵观新疆双语教育发展,有如下几次会议和文件起到了明确学前双语教育地位和性质的作用:(1)新疆政府于 2004 年和 2005 年先后颁布了《关于大力推进"双语"教学工作的决定》和《关于加强少数民族学前"双语"教育的意见》(张燚,2010),提出了"双语教学要从学前抓起、从教师抓起"的指导方针,明确规定了双语教育要从学龄前儿童开始实施的教育思路,旨在为少数民族儿童顺利接受中小学双语教育奠定基础。(2)2007 年 6 月召开的自治区学前"双语"教育工作会,明确指出了学前双语教育工作在自治区经济社会和教育发展中不可替代的基础地位和重要作用,进一步强化了学前双语教育的重要地位。(3)2009 年 9 月自治区根据"分步实施、因地制宜"的双语教学实施原则,颁布了《新疆维吾尔自治区农村"双语"幼儿园(学前班)教育指导纲要》(新疆维吾尔自治区教育厅,2009),其中明确指出"幼儿园教育是基础教育的重要组成部分,是我区学校教育和终身教育的奠基阶段。双语幼儿园(学前班)要在促进少数民族幼儿全面发展的前提下,遵循语言学习规律,重点培养少数民族幼儿汉语交流的能力,打好汉语的听、说基础,为少数民族幼儿进入下一阶段的学习和生活做好准备"。由此,基本上确立了学前双语教育在整个地区教育发展中具有基础性的地位与作用,同时也指出了学前双语教育在整个地区

和谐社会构建过程中的战略价值。

（二）政府先后制定相关政策，保障农村学前双语教育优先发展

在近十年的学前双语教育大力发展的过程中，政府先后对新疆学前双语教育举行的专门会议和制定的相关政策可以分为三个阶段。第一个阶段，学前双语教育受到政府重视的阶段，在这个阶段有如下会议和教育文件值得提及：（1）2006 年 9 月学前双语教育正式启动，阿克苏地区等七个地州率先开展学前双语教育。（2）2007 年 6 月和田学前双语工作会议，进一步明确了学前双语教育在区域经济社会和教育发展中具有不可替代的基础地位和重要作用；提出要促进学前双语教育质量提高的若干措施和建议。（3）2008 年 7 月喀什学前双语教育会议，决定投入经费新建和改扩建七地州及九县市双语幼儿园，对幼儿园活动设施、教育辅助设施及生活设施进行标准化配置。这两次会议充分体现了政府对于推动学前双语教育的关注力度和决心。第二个阶段，是学前双语教育步入快速发展阶段。这一阶段具有标志性的教育文件是 2008 年初颁布《新疆少数民族学前"双语"教育五年发展规划》（张燚，2010），确定了学前"双语"教育的具体目标、任务和措施。同时，中央政府启动了"新疆少数民族'双语'幼儿园建设工程"和"新疆少数民族学前'双语'发展保障工程"。在相关政策和充足经费的支持之下，新疆学前双语教育规模得到了稳步快速发展。到 2014 年底，新疆双语幼儿园总数量已达 3730 所（含公办独立设置双语幼儿园和附设在小学的公办幼儿园）（新疆维吾尔自治区教育厅，2014），其中 80% 以上双语幼儿园都建在县级及以下行政区域（乡镇和村），基本实现每乡每村都有一所幼儿园满足当地幼儿入园的需求。第三阶段，是学前双语教育步入平稳发展阶段，由硬件建设投入到关注农村幼儿能够有保障的接受两年免费教育。例如，为了保障新疆双语教育健康发展，国家和地方决定从 2013 年起，比照农村义务教育经费保障机制，支持新疆建立学前双语教育经费保障机制，主要用于学前儿童的伙食补助、公用经费、免费教材、配套设备等。通过近十年学前双语教育的发展，学前两年双语教育普及率大大提高，为双语教育进一步发展奠定了坚实基础。2016 年，自治区党委决定率先在南疆四地州实现农村学前三年免费双语教育的战略部署，并于同年 11 月 27 日，召开了"自治区农村学前三年免费双语教育工作推进会"，会议对如何扎实做好自治区农村学前三年免费双语教育工作进行了全面部署，从园舍建设、资金、师资配备三方面明确重点任务，进一步加大农村学前三年免费双语教育工作的推进力度。

三、新疆学前双语教育发展获得国家和地方专项经费投入

经费投入是促进学前教育事业发展的重要保障,没有稳定的投入就不可能有学前教育事业的稳步发展。国家及地方财政在2008-2012五年间投入40.02亿元,用于新疆实施双语幼儿园建设工程和学前双语教育发展保障工程,扶持新疆学前"双语"教育工作,改善新疆边远较贫困地区的学前双语教育的办学条件。为了确保经费及时拨付和合理使用,自治区教育部门设立学前双语教育专项经费,用于推进双语教育工作。各地方也设立了双语教育专项经费,保证推进双语教育工作的需要。例如,颁布《自治区"双语"幼儿园建设管理办法》和《自治区学前"双语"教育发展保障经费管理暂行办法》,来督促双语幼儿园建设项目的管理工作,加强对学前双语教育发展保障经费的管理。这样,就基本形成了以中央和自治区财政分项目按比例分担的、覆盖全区的学前双语教育经费保障机制,也为普及偏远农牧地区两年学前教育提供了基本保障。

为确保双语教师培养、培训工作的顺利开展,国家、自治区设立了双语教师培养、培训专项资金,保证国家和自治区级培养、培训任务,支持地区级培养、培训工作。各级政府也要求有专项投入,重点保障地、县两级双语教师培训和校本培训工作。通过制度建立确保了双语教师培养、培训专项资金专款专用,不得挤占挪用。

四、新疆学前双语教师队伍逐年扩大,但师资数量依然短缺、素质急需提高

稳定的学前双语教育师资队伍是保证学前双语正常发展的基本保障,教师素质的优劣直接关系到学前双语教育的质量以及学前双语教育事业的可持续发展。新疆自推动学前双语教育发展以来就开始重视建立健全农村幼儿教师编制、待遇等问题,以解决学前双语教师"一缺二低"("一缺"指双语教师数量不够,"两低"指学前教育专业能力低,汉语教学组织能力低)的现状。在2008年自治区政府专门出台了《关于加强农村"双语"幼儿园管理的意见》和《农村"双语"幼儿园教师招聘管理办法》等政策来指导做好双语幼儿园教师编制核定、招聘和聘后管理工作。同时,采取了多管齐下的办法来解决基层学前双语教育师资较短缺的现状:

第一,实施"新疆双语教师特设岗位计划",面向全国公开招聘双语教师,三年聘期结

束后,考核合格自愿留任的,享受当地公办学校教师同等待遇。

第二,启动了学前双语教育师资培养计划,恢复了三年制中等师范专业招生,由区内各中等师范学校承担培养任务。

第三,启动自治区大中专院校学前教育专业高年级学生"实习支教"计划,缓解南疆学前教师紧缺的矛盾。

第四,2009 年 9 月开始,采取政策性招生,实行了大专层次的"特招"、"特培"、"定向就业"的"南疆四地州农村中小学双语教师特培计划"。

近年来,通过国家和地方政府实施相应政策,以"多管齐下"的方式解决双语幼儿园教师紧缺的现况,从 2014 年全区学前和中小学双语教育岗位来看,教师数量达到 10.47 万人,其中,少数民族教师 9.23 万人,占学前和中小学少数民族教师总数(17.47 万人)的 52.83%。从具体数据来看,双语幼儿园教师数量也从 2009 年的 7832 人(少数民族教师占 68.90%)增加到 2013 年的 1.55 万人(少数民族双语教师占 76.77%)(新疆维吾尔自治区统计局,2015)。学前双语教育师资队伍从数量上有了明显增加,其中少数民族双语教师比例也有了大幅度提高,但从 2016 年自治区率先在南疆四地州推行农村学前三年免费双语教育以来,南北疆双语幼儿园都处于师资紧缺的状态,据不完全统计,师资数量缺口达到 2 万多人。可以说,今后相当一段时间新疆学前双语教育依然面临着如何解决好基层双语幼儿园师资短缺的问题。

同时,新疆学前双语教育还面临着教师专业能力和国家通用语言能力(对于汉族教师来说是少数民族语言交流能力)不高的现实问题。相关调查发现,南北疆双语幼儿园尤其是农村幼儿园普遍存在"小学化教育倾向严重"、"保教质量低下"、"放羊式管理"等现象,例如:

(1)幼儿园里普遍以母语教育和交流为主,缺乏国家通用语言交流环境的营造,教师的国家通用语言(汉语)输入量严重不足;

(2)在一日生活常规方面重形式,忽视儿童基本生活和学习习惯的养成;

(3)教师对领域活动特点把握不清,教师对幼儿发展规律与学习特点不了解,教学方式以"灌输式"为主;

(4)幼儿园游戏材料非常有限,仅有的配发材料也搁置一边,堆放在活动室角落里,幼儿自主选择和自主游戏的机会非常少;

(5)对幼儿户外活动的关注度不够,投放的户外活动材料非常有限;

(6)幼儿园环境创设的功能性意识不强,缺乏以"儿童中心"为理念的设计规划。

由于近年来学前双语教育的迅猛发展,政府通常采用临时招聘或者调用中小学富余教师等方式来弥补师资短缺的问题。部分地区招聘学前双语教师时,将汉语水平考试等级作为报名条件,无法全面考察学前双语教师的国家通用语言能力和专业素养,部分新招聘的教师并非学前教育专业毕业,对学前教育规律和幼儿学习特点把握不够;部分汉族幼儿教师,对少数民族语言和文化了解不够,在和少数民族幼儿及家长沟通的过程中存在一定困难。学前双语教育是一项科学性极强的工作,并不是只要会教汉语、会哄孩子就能完成的工作,新疆的学前双语教育工作还处在逐步完善的阶段,在满足教师队伍数量的同时还应关注教师队伍质量,从而有质量地提升新疆学前双语教育的发展。

五、新疆学前双语教材日益规范,但课程资源仍需进一步开发

面对南北疆大部分地区双语幼儿园师资数量不足、质量不高的现状,自治区教育相关部门也意识到要为刚起步的双语幼儿园提供一定的教育资源。在 2009 年 9 月依据我国《幼儿园教育指导纲要(试行)》和《新疆农村"双语"幼儿园(学前班)教育指导纲要》研发了两年制双语幼儿园的地方性教材(含相关资源),该套幼儿园教材在 2012 年进行了修订,主要包括教师指导用书、幼儿用书、辅助材料(含挂图、词语卡片、故事光盘、各领域操作材料等),其中教师用书和幼儿用书以汉语、维吾尔语(或哈萨克语)两种文字形式出版并免费向南北疆农村接受学前双语教育的幼儿园发放,这在一定层面上为基层双语幼儿园组织和实施教育活动提供了课程资源。然而,南北疆经济文化差异明显,城市和乡村物质环境和语言环境不一样,统一的课程资源难以满足不同地区、不同层次教师的需求。例如,2014 年新疆幼儿园检测报告的数据显示(新疆维吾尔自治区教育厅,2014),南北疆五地州幼儿园大班基本具备初步国家通用语言(汉语)听说能力的幼儿仅达 29.1%。从初步汉语听说能力的得分来看,都呈现出城市幼儿的平均成绩高于乡镇幼儿,乡镇幼儿平均成绩又高于农村幼儿的情况,且城乡间幼儿的初步汉语听说能力差异还有扩大的趋势。这在一定层面反映出幼儿园课程资源对少数民族幼儿汉语普通话听说能力的支持远远不够,教师对幼儿园课程资源的利用存在专业认识不到位的问题。大部分双语幼儿园仅仅根据自治区统一发放的教材来培养少数民族幼儿汉语普通话能力,不能根据所处区域少数民族幼儿的语言水平和生活经验进行创造性运用教材,不重视根据所处环境具有创造性营造汉语学习环境、提供幼儿汉语交流的机会、支持少数民族幼儿进行汉语互动,不强调语言教学活动与其他领域活动进行整合等。此外,目前农村双语幼儿园可

提供给幼儿的课程资源非常有限,不到20%的幼儿园活动室有图书角,但图画书数量少且质量不高,破损严重。班里的玩教具数量十分有限,平均每个幼儿人均有1.6-2.1件玩具(新疆维吾尔自治区教育厅,2015)。农村幼儿园大多户外活动场地比较充足,可供幼儿自由活动,但户外游戏器械少,有的甚至就一件大型玩具(自治区教育经费配备)。课程实施的质量确实与教师专业水平有着直接的关系,但是在新疆目前农村幼儿园教师数量不足、专业能力不高的现实情境下,在相当长的一段时间里教师都可能无法达到自觉并具有创造性的开发和利用课程资源,这就需要教育部门根据实际需要组织人力、物力,根据南北疆农村环境特点开发出可供选择的多样化课程资源,以支持不同地区和不同层次教师对课程资源的需求。

第二节　新疆学前双语教育的语言环境创设

环境是促进语言学习的先决条件。儿童言语能力的形成发展与儿童所处环境、所经历的事情是密不可分的。语言环境在儿童语言获得或习得中发挥着重要的影响作用,如何创设合适的语言环境来习得国家通用语言(汉语),这对少数民族幼儿自身成长、民族文化传承以及对社会的和谐繁荣发展都是非常必要的。基于此,本节主要探讨新疆少数民族学前双语教育环境与语言环境,旨在为更好地推进新疆学前双语教育发展和提高少数民族幼儿汉语学习的质量提供参考视角。

一、语言环境概念、基本类型

(一)语言环境概念

有关语言环境的概念有多种界定,具有代表性的有以下几种:(1)张崇富认为语言环境有广义和狭义之分,广义的语境是指各种社会环境,狭义的语境指文章或言谈中一句话或一段话的上下文。在这里,与第二语言研究相关的是广义的语言环境,但"各种社会环境"的定义显得过于宽泛,并不是所有的社会环境都与语言相关。(2)曾毅平(1998)认为语言环境是指一个地区或一个社群语言生活的状况,是社会使用语言文字的基本面貌。这个定义被大多数相关学者认同,认为该概念能准确地描述语言环境的范围和特点。但这个定义对于教育者来说也显得过于宽泛,很难把握一个地区或社群中哪些具体的语言环境是可以创设的,哪些不能创设。(3)戴曼纯等(1995)认为语言环境是指产生、提供语言输入的环境,一般包括语言学习者在学习一门新语言时所听到和读到的一切——口头和书面语言材料;同时包括语言习得时的具体环境,如教学、同伴之间的交谈、师生间的交谈以及课外的语言接触,如看电视、读书等。相比较来看,这个定义更注重语言环境对教育对象提供的一种可能性,涵盖了语言环境既有客观产生的,也能主动创设语言输入环境的特点。

(二)语言环境类型

根据相关语言环境的研究,我们不难发现研究者们对语言环境特点的认识是基本一致的,但对语言环境内容的认识不尽相同,根据语言环境内容不同出现了不同类型的划分,具有代表性的类型有:

1. 语言环境分为正式语言环境和非正式语言环境

前者是指课堂语言环境(比如中小学课堂教学、幼儿园里面的语言教学活动),指教育者与受教育者所共同构建的语言课程教学;后者指自然语言环境,一般在自然语言环境里,语言学者的注意力是放在交际的内容上而不是语言形式上(戴曼纯,肖云南,1995;陈三东,2005)。对于幼儿来说,学习语言的自然情境是多样的,如游戏、听故事及任何场所的语言交际活动等。有学者认为,将语言环境划分为正式或非正式语言环境,或者自然、课堂语言环境,都存在一定的问题,原因是这样的划分方式主要是站在语言教学的角度来审视,而语言环境并没有正式或非正式之分,只是存在功能不同、作用不同的区分(罗聿言,李鑫,2015)。

2. 语言环境分为宏观语言环境和微观语言环境

前者包括目的语社团或国家的宏观语言环境和学习者社团或国家的宏观语言环境;后者包括课内环境和课外环境。这种划分方式注意到了目的语宏观语言环境对语言学习的影响,对于少数民族双语教学来说是极为重要的内容,比如,新疆双语教育是放在了地区经济发展和长治久安的国家战略层面来实施的,这无疑对双语教育起到了全面推动的作用。但宏观语言环境和微观语言环境是两个模糊的概念,其中的界限不容易划分清楚,在教育实践和研究中难以操作。

3. 有学者根据少数民族双语教育教学的特点,将语言环境分为与教学相关的语言环境和非教学相关的语言环境

与教学相关的语言环境中的"教学"主要指学校或幼儿园教学,是由学校或幼儿园教

师实施的教学及其延伸内容（家庭作业、亲子活动等）。与教学相关的语言环境具体包括：课堂语言环境和课外语言环境，前者主要由师生课堂语言、教材所呈现的语言环境、课堂教学中展现的语言材料（教师的板书、课件、语音、视频等）等构成；后者主要由校园或幼儿园布置的语言环境、教师布置由学生在课外创设的语言环境（课外阅读、游戏表演等）等构成。

非教学相关的语言环境包括：社会语言环境和家庭语言环境，前者主要从大的方面可表现为国家的语言政策环境，从小的方面可表现为特定地域或某个社会阶层的语言环境；后者一般是指核心家庭中的语言环境，但扩展家庭即亲属圈的语言环境也会对学生的语言学习产生影响。这种划分方式能较好地描述少数民族双语教育环境的基本面貌，对创建双语教育语言环境也具有一定的可操作性。

二、新疆学前双语教育语言环境的现状与研究

新疆是一个民族成分众多、文化多元、语言类型丰富的地区，使得新疆语言环境极具多样性的特点。从新疆汉语和少数民族语言的环境分布上，大致可以分为单语区、双语区和多语区三种状态。其中双语环境比较好理解，也就是民汉两种语言共同存在，两种语言都有较高的使用频率。但现实情况是，汉语和少数民族语言的使用频率与场合也会有很大的不同，汉语作为国家通用语言文字，通行于机关单位和学校等各种公共场所，而民族语言常常存在于民族的社会交往与家庭环境中。

（一）新疆自然语言环境的基本状况

根据新疆各民族聚居区域特点、民汉双语兼通人的数量和语言使用情况，从自然语言环境来看，大致可以分为三大类型（方晓华，2011）：

第一类地区是以南北疆农牧区为主的单纯民语区或以民语为主、汉语为辅的双语区。在南疆地区农村、北疆的牧区，少数民族占绝大多数，他们集中居住或小片聚居，主要使用本民族语。虽然这些年来，该地区的部分青壮年外出打工、上学，不少人成为双语人，然后又回到农牧区工作，但在该地区，这些人是少数。此外，改革开放以后，内地农村有些汉族农民、商人来南疆地区承包土地、种地、办企业，但人数极少，也不足以改变当地的语言使用状况。这一地区基本属于本民族语单语区，只是近些年来由于受教育和社会发展的原因，出现了少数双语人，因而这一地区至多属于以少数民族语为主、汉语为辅的双语区。

第二类地区是南北疆的县城和北疆交通沿线乡镇为主的民汉双语平衡发展的双语区。主要在南疆县城（以上）的城市，北疆县城和交通沿线的乡镇，大多是民汉杂居，北疆地区还是多民族杂居，流动人口较多，某一民族人口在数量上并不占绝对优势。同时，这一地区商业贸易发达，近年来从内地来经商、办企业的汉族人口不断增多，各民族之间的来往日益密切，汉语和少数民族语成为当地的常用语。

第三类地区是以中心城市和北疆地州市所在地为主的汉语为主、民语为辅的双语区。乌鲁木齐、克拉玛依、奎屯、昌吉、石河子、库尔勒等城市中汉族占绝大多数，哈密、伊宁等城市中，汉族人口也占一定优势，汉语是当地的主要通用语，同时，也在局部地区和一定范围内使用少数民族语。这一区域形成以汉语为主、少数民族语为辅的双语区。

上述语言环境的划分方式与民族结构、数量、经济发展状况、各民族交往等方面因素密切相关。根据新疆少数民族学前双语实施情况来看，以少数民族语为主、汉语为辅的双语区（或极少部分单语区）民族，幼儿汉语学习的难度大于第二类和第三类地区，其中一个重要的因素是缺乏足够的汉语环境，而在这些地区的个别汉族幼儿因为长期与少数民族幼儿交往游戏，对本地少数民族日常交流语言掌握得很好。这种现象充分地说明了语言环境在幼儿语言习得中的自然影响作用。通常是大中城市的汉语环境最好，小城市和城镇的环境次之，农牧区的环境最需要改善。对新疆自然语言环境做一个基本认识和分析，这对我们如何实施学前双语教育有着特殊的意义，具体来说，应在不同的语言环境中实施有针对性的学前双语教育，对教育对象提出不同的双语能力要求。

然而，少数民族地区的"民汉双语"其实是蕴含了极其复杂的语言状态，目前大多的研究更多地只是关注到了语言环境中的类型或者面貌，还缺乏关于不同语言区域、不同语言特性差异等方面的研究。例如，新疆的维吾尔语属于阿尔泰语系的黏着语，而汉语属于汉藏语系的分析语。从语音上看，维吾尔语由元音和谐律组成，而汉语没有元音和谐律的特征，主要由声、韵、调组成；从语序上看，维吾尔语多为 SOV 结构型，而汉语没有明显的形态变化，以词序和虚词为主要的语法手段，基本语序为 SVO 型；汉语和维吾尔语在文字样貌上的差别更为明显，汉字属于意音文字，而维吾尔文字属于拼音文字，维吾尔语文字的书写顺序是从右往左书写，而汉语文字则刚好相反，是从左向右书写（王世友，2015；文秋芳，2010）。可以说，以上关于新疆维吾尔语和汉语在语言要素上的差别其实就是一种语言环境，是少数民族地区语言环境多样性的首要表现。这些差别是影响语言交流的一个不可忽视的因素，也是需要我们在具体教育情境中认真思考的问题。

（二）新疆学前双语教育的语言环境

自 2005 年新疆全面实施农村两年学前双语教育以来，国家和地方政府从政策层面积极营造出了良好的双语教育氛围，一方面，在 2009 年新疆维吾尔自治区教育厅相继发布了《新疆维吾尔自治区农村"双语"幼儿园（学前班）教育指导纲要》和《新疆维吾尔自治区农村"双语"幼儿园（学前）课程设置方案》，强调了双语幼儿园要积极创设少数民族幼儿语言学习的环境，其中，提到幼儿园语言教学活动以汉语和少数民族语言相结合进行，而其他各类活动尽量使用国家通用语言（汉语），为农村少数民族幼儿创设汉语环境以促进他们有更多机会接触国家通用语言。另一方面，对新入职教师严把语言关，少数民族教师要通过相应的 MHK 考试（国家通用语言等级考试）才有资格申请双语幼儿园特岗考试；同时，也积极鼓励汉族教师学习入职地区的民族语言（如维吾尔语、哈萨克语等），当地教育局也定期举办一些少数民族语言培训班。这些举措的根本目的都是为了促进少数民族幼儿双语的发展，为其后续学业和生活奠定语言基础。

1. 与教学相关的语言环境（幼儿园语言环境）

从少数民族幼儿的角度来审视当下的语言环境，我们会发现南北疆农村和牧区的幼儿，家庭语言和日常社会交流语言几乎为母语，而幼儿园语言环境也不能营造出良好的汉语学习的环境，双语幼儿园语言环境存在诸多问题：（1）教师的汉语输入量不足。主要表现在教育活动中教师通常只有在教授新的内容（词汇、儿歌）时才使用汉语，而在进行解释说明或环节过渡的过程中依赖于维语，在其他教学活动及师幼日常交流中几乎是用少数民族母语进行交流。（2）幼儿园语言环境十分匮乏。一方面表现为幼儿园缺乏语言资源，例如图书、视听辅助语言材料 CD 或 DVD、语言游戏互动材料等，另一方面表现为语言环境创设过于形式化，许多幼儿园把双语语言环境的创设等同于双语物质语言环境的创设，如多媒体设备仅用于课堂展示双语学习材料，墙面上充斥着各种印刷材料，语言环境创设与幼儿年龄特点不符，使得大部分环境创设成了一种装饰和摆设，忽视语言环境的参与性与互动性。（3）幼儿园忽视语言交际环境的创设。大部分基层双语幼儿园都缺乏教师引导幼儿进行汉语交流的环境，这与双语教师自身的专业和语言素养有关，也与语言习惯和语言教育意识有关。比如，在乌鲁木齐市双语幼儿园采取"全汉语浸入式"的班级或者民汉幼儿一起编班的班级，创设了自然的语言交流环境，少数民族幼儿一般到中班后期（也就是 4 岁以后）就具备一定的汉语听说能力，能够自如地用汉语和母语进行日常交流。也有学者根据新疆幼儿园普遍存在的两种不同的双语班级（民汉混合班、单一民族儿童班级）为研究对象，发现新疆双语幼儿园中混合班（民汉儿童一起编班）

幼儿的汉语水平比单一双语班（以民族儿童为主编班）幼儿的语言能力要强，具体表现在发音的纯正性、口语交流的流利性等方面（孙明霞，2012）。因此，关于新疆双语幼儿园尤其是农村双语幼儿园如何创设语言环境是一个需要探讨的问题。

　　2. 非教学相关的语言环境

　　随着双语教育推进，新疆少数民族家长对于孩子接受双语教育的观念不断增强，认识更为理性。孙明霞在（2010）研究中发现，越来越多的家长赞成幼儿接受双语教育，希望幼儿园能够加强语言教学力度，让自己的孩子学会纯正的汉语发音，希望自己的孩子通过幼儿园的教育能够具备一定的汉语能力，包括口头交际能力和掌握简单的书面语言的能力。有研究者在对家庭语言环境与汉语学习的关系研究中发现，家庭环境中的客观因素（父母的年龄、学历、职业、收入及汉语水平）在少数民族幼儿接受双语教育的过程中有着深刻的影响，良好的客观环境能为幼儿接受双语提供保障；反之，家庭无法为孩子提供语言习得环境，双语教育就只能局限于幼儿园活动中，特别在寒暑假期间，这种家庭环境中的孩子语言倒退现象严重（孙明霞，2010）。关于家庭语言环境的研究还发现，家庭语言环境如果具备两种语言氛围，父母或者直接监护人能与孩子用维汉两种语言沟通，孩子在双语环境中自然容易习得维汉两种语言，家庭语言环境的建立对双语习得具有举足轻重的影响。关于通过家庭教育投资来支持幼儿双语学习方面的研究，发现混合班家长要高于双语班。混合班有超过80%的家长会为孩子买一些幼儿汉语图画书、光盘等汉语学习资源。混合班家长对孩子的辅导远远高于双语班，这说明混合班家长对双语教育的重视程度高于双语班的家长。主要原因是家长的语言观念存在差异，选择混合班的家长一般有着特别强烈的要求让孩子在混合班学习，这些家长的汉语水平普遍较高，能够意识到汉语环境对汉语习得有着至关重要的作用，他们希望自己的孩子学好汉语。这些家长也愿意每天抽出时间和孩子进行汉语交流，例如聊天、谈话等。

三、创设新疆学前双语教育语言环境的思考

　　在全面实施新疆学前双语教育的背景下，如何创设有利于新疆少数民族儿童语言学习的语言环境？作为教育工作者需要从可控和不可控的角度来考虑语言环境的构建。一般来说，可控的语言环境，是指教师可以根据教学目的来调整、创设语言环境，以达到需要的教学效果；而不可控的语言环境就是与非教学相关的语言环境，如社会语言环境、家庭语言环境。与教学相关的语言环境是可控的，在教学中，教师要创设的语言环境也

是与教学相关的语言环境。关于创设新疆少数民族学前双语教育语言环境,以下几方面值得重视:

其一,重视有质量地开展幼儿园语言教学活动。

语言教学活动环境是师幼专门进行语言互动的环境,也是教师最容易控制的语言环境。对于双语幼儿园来说,构建好专门的语言教学活动环境可以促进少数民族幼儿的语言学习。语言教学活动的构建主要包括语言活动内容的选择、形式和方法的选择、双语使用比例的选择。事实上,大多双语幼儿园看似重视语言教学活动,但现实存在的问题不容忽视。第一,双语幼儿园普遍存在不能根据幼儿年龄特点和语言发展水平选择母语和汉语使用比例的问题,导致出现两种现象,一种是全部使用汉语,另一种就是完全使用母语进行教学;第二,幼儿园语言教学"满堂灌"的现象严重,机械地教孩子学词汇,背诵儿歌的现象普遍存在;第三,大部分教师语言教学活动不讲究方法,忽视师幼互动的效果。因此,从语言教学活动开展的目标、内容、方法以及双语使用的频率、师幼互动质量、教师示范语言等方面来提高双语幼儿园的语言教学活动质量,有利于创设一个规范的语言环境。

其二,重视开发和丰富新疆双语幼儿园的图画书资源。

图画书被认为是幼儿园重要的语言资源,是最有利于幼儿语言学习和相关能力发展的"素材"。相关研究表明,围绕图画书开展早期阅读教育能有效地促进幼儿语言及相关认知能力发展,尤其会对幼儿后续的学业发展产生深远的影响。近年来,我国学者周兢针对"新疆学前儿童读写能力萌发与早期汉字习得研究——基于脑科学和语料库方法的探讨"展开了一系列的研究,其中实施了针对新疆维语儿童汉语早期阅读的教育干预研究,发现早期阅读干预有效地提高了双语幼儿园教师的早期阅读课堂教学内容和策略使用,促进了维族儿童汉语词汇的发展(陈思,2014)。围绕图画书资源开展的早期阅读教育对新疆少数民族幼儿来说,不仅有助于补充原本匮乏的教育资源,也有助于教师利用图画书为幼儿创设生动有趣、富有教育意义的语言环境。

其三,重视创设多种媒介的汉语环境。

在现代教育技术普及的今天,利用电子媒介给幼儿创设语言环境也是双语教学中重要的内容。一直以来,双语幼儿园都因师资缺乏、语言环境单一、教师语言输入量不够、质不高,而导致少数民族幼儿汉语学习效果不理想。通过现代媒介来提供语言资源能在一定程度上丰富双语幼儿园的语言环境,通过现代教育技术来创设汉语环境,应包括文字形态的环境、声音形态的环境,还应包括文字和声音兼具的环境。这与通常理解的一般"汉语环境"就简单地视为阅读材料和读物等的观念不同。某种意义上,对单语区的孩子们来说,通过广播、电视节目、网络等渠道和 CD、DVD 等介质创设有声的汉语环境更为重要,这是提高幼儿听说能力的重要环节。因为语言从本质上来看,首先是有声的,其次才是文字的。索绪尔(1980)在《普通语言学教程》中一再强调:"语言是组织在有声音物质里的思想。"因而,双语幼儿园语言教育应充分利用现代信息技术的手段和渠道,积极营造声音的、文字的或二者兼具的环境,让孩子们更多地"浸泡"在足够多的可理解性汉语输入中。

其四,重视幼儿一日生活、游戏等活动的语言环境创设。

生活活动、游戏活动是幼儿学习语言、练习语言的最佳的方式。《3-6岁儿童学习与发展指南》也提出:"幼儿的语言能力是在交流和运用的过程中发展起来的,应为幼儿创设自由、宽松的语言交往环境,鼓励和支持幼儿与成人、同伴交流……"(教育部,2012)因此,教师在尊重幼儿语言学习和发展的规律时,要创设适宜的语言环境,促进幼儿语言的学习;要重视自身的语言修养,给幼儿提供良好的语言示范;教师要特别重视在一日生活、游戏活动中与少数民族幼儿积极互动,在提问、反馈、分享、解释中不断巩固语言教学活动中使用的语言内容。另外,双语幼儿园环境还应为少数民族幼儿的语言输入创设合适的双语学习区角,例如,墙饰、操作材料、图书角等,增强幼儿对母语和汉语的亲近感。

第三节　新疆学前双语教育的课程模式探析

新疆学前双语教育是在提高新疆少数民族教育质量需求下逐渐发展起来的,也是少数民族家长在新时期对学前教育提出的需要。学前双语教育不是针对少数民族学龄前儿童进行单一的国家通用语言(汉语)教育,更不是少数民族语言和汉语的简单相加,而是按照幼儿语言学习的规律,采用合适的方法和自然习得的原则,为其创设一种适宜的双语环境和氛围,对其进行双语的启发,为其进入下一阶段的学习和生活做好准备。学前双语教育和普通学前教育相比,其特殊性在于它使用两种语言对儿童进行教育。新疆学前双语教育从 2005 年全面实施以来,从国家层面到地方政府都为学前双语教育的实施提供经费、政策和法规的全面保障,新疆学前双语教育获得了前所未有的发展,基础硬件投入基本能够满足当地 5－6 岁少数民族儿童接受两年制免费学前教育的需要。但是,在学前双语教育实践中存在诸多对双语教育的片面理解,理论层面对学前双语教育中学习和教学规律的研究也严重滞后,这成为当前制约学前双语教育质量提升不可忽视的重要内容。当前无论是学者、幼儿园教师还是家长都对学前双语的目标和模式有着不同的认识和解读,教育实践中出现了各种不合实际的教育做法。因此,本节主要从新疆双语教育模式发展的背景下,来探讨当前学前双语教育教学的现状和如何结合少数民族地区学前双语教育实践选择适宜的学前双语教学模式。

一、新疆双语教育课程模式的发展历程

新疆的双语教育始于 20 世纪五六十年代,经历了体系建立(1950－1965 年)、教育停滞(1966－1976 年)、恢复发展(1977－1987 年)、改革试验和加速发展(1987 年以后)四个阶段,尤其在第四个阶段,自治区加大了对双语教学和课程设置方案的指导。新疆双语教育得到了国家和地方政府的支持并在其发展的过程中主要形成了如下几种双语教学模式(杨淑芹,2008;李儒忠,2005)。

(一)保持型双语教育课程模式(部分课程汉语授课模式)

这是 20 世纪 60 年代在双语教学实验班开创的模式,其间因"文革"停止,到 80 年代之后,自治区教委先后在维吾尔族、哈萨克族、蒙古族的部分中学启动了双语教学实验,即在自治区民族中学教学计划框架下,先后有数学、物理、化学、英语等四门课用汉语言授课,其余的课程则用民族语言讲授。根据双语教育发展的需要,在 2007 年 10 月,自治区教育厅印发《义务教育"双语"教学课程设置方案(试行)》,首次提出了义务教育阶段双语教学模式和课程设置,进一步规范了双语教育教学行为,提出双语教学模式一,即理科课程(小学数学、科学、信息技术,初中数学、物理、化学、生物、信息技术,高中数学、物理、化学、生物、信息技术)及英语,使用汉语授课,其他课程使用母语授课。该模式被大多数双语学校的班级采用,因此也被官方文件称为"普及模式"。该模式主要目的指向同时培养和发展学生的两种语言能力和文化能力,而不是只发展其中一种语言和文化能力。它是通过部分课程使用汉语教学,强化汉语文化功能,部分课程使用学生的母语教学,发展学生的民族语(文化),从而使得学生获得双语和双文化,成为双语双文化人。

(二)浸润式双语教育课程模式(全部课程汉语授课加授母语文模式)

浸润式双语教育课程模式,即全部课程用国家通用语言文字授课,开设民族语文课

程,但强调不具备师资条件的学校,体育、音乐、美术课程可以使用本民族语言文字授课。这是 2011 年 3 月,自治区教育厅印发《义务教育阶段双语教育课程设置方案》和《普通高中双语教育课程设置方案》中将原有的新疆双语教育模式二和模式三进行整合,统称为模式二,也被称为新疆双语教育的"目标模式"。该模式强调它是在保持型双语教育模式的基础上发展而来的。和保持型双语教育模式相比,培养目标是一致的,只是更加侧重于国家通用语和国家主流文化的培养,因而更加适应对未来社会所需人才的培养。

(三)过渡型双语教育课程模式

该模式在小学低年级用民族母语进行启蒙教育,到了高年级用汉语授课。这种模式主要存在于新疆的一些小聚居和散杂居住区的少数民族学校,比如伊犁的锡伯族。这种教学模式,一方面保留了本民族的语言文字及文化,另一方面也极大地提高了他们的汉语水平。

新疆实施的双语教育课程模式是有层次的推进,从教学条件、教学目标和现行的教学效果来看,除过渡型双语教育模式外,其他两种类型双语教育模式均呈现从低到高的发展顺序,即部分课程汉语授课模式到全部课程用汉语授课加授母语文模式。为了更好地提高中小学双语教育质量,近十年来,双语教育的起始年龄点下移至学前教育,学前双语教育课程与教学该如何进行也成了大家讨论的课题。

二、新疆学前双语教育课程模式的选择状况

(一)新疆学前双语教育课程模式的早期探索

如何有质量地推进新疆中小学汉语教学水平一直是困扰新疆中小学教师的一个问题。早在 20 世纪 80 年代中后期,由自治区教委牵头带领一批学者和一线教师开始了关于"新疆少数民族学前儿童双语学习"的实验研究(丁文楼,2002),力图为实施学前双语教育寻找理论和实践依据。参与实验研究的幼儿园,在教学内容上主要采用了由词到词组,由词、词组到句子,由句子到短小的故事这样一个培养会话能力、发展智力的途径。在教学方法上采用了功能法、情景法进行口语训练,使幼儿学到的知识能在实际交往中运用。在课堂上采用直观、形象的方式创设语言环境,寓教于游戏,把语言训练和幼儿日常生活密切结合起来。通过一定周期的实验,研究结果显示,实验班儿童的汉语能力和智力水平大大高于平行班的儿童,儿童母语并未受到影响,双语实验取得令人满意的成果。该实验研究报告提出:在幼儿园进行双语教学不仅是必要的,而且也是可行的。少

数民族儿童接受双语训练应该从幼儿园抓起更为有利。少数民族儿童学习汉语不仅不会影响母语的形成,反而还会促进母语的发展。搞好双语教学,必须加强双语教学研究,并研发出一套完整的教材,搞好学前双语教学必须配备合格的教师等。可以说,早期的这项基于幼儿园教育实践提出的双语实验报告对后续学前双语教育的实施起到了一定的推动作用,但遗憾的是,类似这样由政府推动的大型双语教学研究在后来很少能看到。

（二）新疆学前双语教育课程模式的分析

从新疆双语幼儿园现行的课程教学内容来看,主要有以下四种学前双语教育课程模式(方晓华,2011)。

1. "民加汉"双语教育课程模式

这类课程模式主要是以少数民族语言开展幼儿园生活和游戏活动,以汉语实施语言和其他领域教育活动,主要存在于南疆乡镇农村幼儿园和北疆乡村幼儿园。由于这些幼儿园基本上全部是民族幼儿,教师绝大多数为民族教师,她们自身汉语水平不高、教学技能不足,加上自然母语环境强大等原因,教师在幼儿一日生活和游戏活动中自然选择母语与幼儿互动,但为了执行教育行政要求会有意识地使用汉语开展五大领域教育活动,尤其是语言教育活动。从目前来看,这类教育模式对少数民族幼儿汉语听说能力的促进效果不尽人意,主要原因是这些地区的少数民族幼儿缺乏汉语交流环境,其原生家庭基本是母语环境,幼儿园不重视汉语环境的营造,使得少数民族幼儿经过 2－3 年学前双语教育之后,仍是以母语为主的单语儿童,听不懂、说不出汉语是普遍现象。

2. "淹没式"双语教育课程模式

这类模式的幼儿园主要使用的教学语言为汉语,幼儿园的主要语言环境是汉语,并不开展少数民族语言活动,这种模式多存在于新疆大中城市和县城里,多民族幼儿按年龄混合编班,一起学习生活。"淹没式"双语教育一般把幼儿浸润在第二语言(汉语)的环境中,以汉语教学为主。从教师实践的诸多案例来看,少数民族幼儿通过"淹没式"双语教育,其语言的发展获得了很好的成效。但是,由于混合编班部分幼儿汉语水平的差异往往会给教师教学活动组织和班级带来不小的压力。

3. "民汉并进"双语教育课程模式

这种模式是指同时使用少数民族语言和国家通用语言(汉语)进行教育教学。因实施程度不同,又可分为以下两种教学模式:第一种是"过渡式"教学,即从使用母语教学逐渐向使用汉语教学过渡,这种教学模式普遍存在于一些具备较好双语师资的幼儿园里,比如,幼儿园考虑到少数民族幼儿入园时只会说民族语言,会在小班阶段教学以维语为主、汉语为辅,到中班阶段两种语言使用比例基本保持各一半,到大班实现全汉语组织教学活动的模式。第二种是"浸入式"教学,即民族幼儿在园的全部或部分时间内沉浸在汉语言环境中,这一模式要求教师汉语要好,专业素质要强,由于双语师资的缺乏等原因,乌鲁木齐、伊犁以及南疆部分城市幼儿园不同程度地采用了这类模式。

4."汉加民"双语教育课程模式

这种模式以国家通用语言为主要教学语言,同时辅以一定的少数民族语言活动,目前来看,极少数幼儿园采用这种模式,一般会出现在乌鲁木齐市极个别园所。这些幼儿园的教育对象通常是汉族幼儿,民族幼儿所占数量不多。为了让民族幼儿在学好汉语的背景下也能够保留母语的学习,一般幼儿园考虑到要给孩子营造一个相对浓厚的母语环境,会在固定的时间里把园所里的民族孩子集中在一起生活学习一天,会有一位母语熟练教师来陪伴他们,给孩子们组织游戏和生活活动。这种模式是在少数民族幼儿家庭和幼儿园里都缺少母语环境的情况下,为了保留一定的母语学习而采用的课程模式。

从以上四类学前教育课程模式来看,新疆双语幼儿园选择什么样的课程教育模式会受到所处幼儿园外部因素(民族结构、经济文化、家长需求等)的影响,也会受制于内部因素(民族幼儿数量、教师汉语水平、教师专业水平、教育管理)的约束。尽管在2009年自治区教育厅发布《新疆维吾尔自治区农村"双语"幼儿园(学前班)教育指导纲要》和《新疆维吾尔自治区农村"双语"幼儿园(学前班)课程设置方案》来指导双语幼儿园的教育教学,明确提出双语幼儿园的语言领域教育活动使用汉语和母语组织教学,健康、社会、科学和艺术领域教育活动使用汉语组织教学。但在幼儿园具体教育实践中,幼儿园的课程涵盖了生活活动、游戏活动、教学活动、户外活动以及物质环境、语言环境等多种教育内容,仅仅利用专门的教学活动来达成学前双语教育的目标是不现实的。

三、新疆学前双语教育课程模式选择的思考

不同的双语教育模式在不同程度上推动了新疆双语教育发展,如何选择有效的学前双语教育模式,要建立在对双语幼儿园各种影响因素的分析的基础上。

(一)准确认识学前双语教育的目标

在对学前双语教育课程模式进行讨论时,有必要进一步探讨学前双语教育的目标。

首先,学前双语教育在语言方面的目标是促进幼儿双语能力发展,也就是两种语言能力都要得到发展,由于考虑到大多数少数民族幼儿所处原生家庭环境有着良好的母语环境,幼儿园就要着重培养其国家通用语言的听说能力。但这种阐述并不是要将双语教学变成单一的国家通用语言教学,窄化双语教育目标,而是要根据少数民族幼儿的实际生活情境来进行理性的选择。其次,双语教育的目标不单纯是语言的学习,其教育本质是一种文化的传递,更是促进人的发展。因此,从小培养各族幼儿认识、理解中华民族文化,学会去尊重和欣赏不同民族的文化习俗,有助于各族幼儿从小友好相处、互相学习、共同成长,为最终成为具有跨文化素养的双语双文化人奠定基础。最后,学前双语教育首先是学前教育,应是在遵循幼儿身心发展规律的前提下组织教育教学活动,其次才是考虑在教育过程中是否运用两种语言,幼儿的双语听说能力发展程度如何。总之,学前双语教育的目标是既要促进少数民族幼儿身心健康发展,又要提高少数民族幼儿国家通用语言的听说能力。

(二)厘清双语教育与双语教学的概念

双语教学与双语教育二者均属于教育的范畴,区别在于"教育"的外延与内涵要远远大于"教学",教育不仅包括学校教育,还包括家庭教育与社会教育(王斌华,2003)。幼儿园教育不仅包括领域教学活动,还包括幼儿园一日生活活动、游戏活动、环境创设等,而教学一般仅指教师专门组织的集体教学活动,由此推论,幼儿园双语教学从属于双语教育,是双语教育的一个组成部分。区分二者的目的在于双语幼儿园在进行课程设计时是选择合适的双语教育模式还是教学模式,这对于双语幼儿园课程实施是很关键的。一般大多数双语幼儿园关注的是双语教学活动该如何进行,是按照汉语为主,母语作为辅助理解方式进行,还是在低段按照母语为先,逐步过渡到以汉语为主组织教学活动?这些内容的讨论基本上属于双语教学模式的讨论范畴,而忽略幼儿园生活活动、游戏活动、语言环境等方面则不能有效实施双语教育,唯有将影响幼儿身心发展的所有教育活动有机地整合,从而设计和实施课程,才能符合双语教育模式的特点。某种程度上,可以将双语教学等同于双语教育。因此,不同地区的双语幼儿园需要因地制宜地采取适合本幼儿园的双语教育模式或教学模式。

(三)依据语言生态环境选择幼儿园课程模式

对于南北疆双语幼儿园采用哪种学前双语教育课程模式,应根据民族分布特点和语言文字的使用情况及教学效果来确定。例如,在民语单语使用区(和田、喀什、阿克苏等地),由于没有良好的汉语学习环境和合格师资不足,可能"民加汉"双语教育课程模式还会存续一段时日。但随着政府不断补充农村师资数量，基层双语幼儿园教育环境将会得到逐渐改善，因此，建议在师资条件较好的城镇采用"民汉并进"浸入式双语教育课程模式，可让幼儿每天部分时间全部浸入汉语环境里面，而在农村采用"民汉并进"过渡式双语教育课程模式，根据幼儿年龄阶段采取从民族语言逐渐过渡到汉语教育的课程模式。在民汉双语发展区（吐鲁番、哈密、塔城等地）有着良好的双语环境，可以根据双语师资的具体情况采用"民汉并进"双语教育课程模式或者"淹没式"双语教育课程模式。在民汉双语兼用区（乌鲁木齐、克拉玛依、博乐等地区）汉语学习环境优良，容易招聘到合格的双语教师，宜采用"民汉并进"浸入式双语教育课程模式或者"淹没式"双语教育课程模式。

（四）加强学前双语教育课程资源的开发

目前，新疆学前双语教育课程资源严重缺乏，适合少数民族幼儿阅读的双语读物寥寥无几，缺少根据"一体多元"文化观下体现地域文化特点的、根据少数民族幼儿生活经验编写的双语课程资源，这在一定程度上影响着双语课程开展的教育质量。如何设计和开发出适合本土幼儿实际需要的课程资源，需要本土学前教育专家密切合作，既要有正确的教育目标价值取向、多元的文化视野，还要有立足于新疆学前双语教育的实际经验，为学习双语的幼儿尤其是农村地区和偏远地区幼儿提供富有童趣的、教育性的、民族性的课程资源以及双语读物。

（五）重视学前双语教育课程模式的实验研究

通过实验研究的方式来探讨不同学前双语教育课程模式的特点和成效，有利于指导双语幼儿园课程设计、教学方法选择以及教材开发。建议选择一批学前双语课程实验园，根据国家和自治区双语教育政策，通过一定周期探索出适宜于新疆不同区域的双语幼儿园教育模式，包括保教计划、评价方式以及园本教研方式等，从而为广大农村幼儿园提供一定可参照的模板。同时，建议自治区相关教育部门，如自治区双语教育领导办公室，制定一套双语示范园的标准，组织相关专家进行实地调查和考核后，确定一定数量的在学前双语教育模式方面探索有特色、有成效的示范园，通过相应激励机制鼓励示范园进行双语课程模式和教学方面的改革，这可在一定程度上推进广大基层幼儿园立足本土探索适宜的教育教学模式。

本章主要参考文献

1. 陈三东.语言环境对二语习得的影响[J].汉阳职业技术学院学报,2005(1):38-40.

2. 陈思.新疆维吾尔族学前儿童汉语早期阅读干预的有效性研究[D].华东师范大学,2014.

3. 戴曼纯,肖云南.语言环境的类型与作用[J].湖南大学学报(社会科学版),1995(2):104-109.

4. 丁文楼.中国少数民族双语教学研究与实践[M].北京:民族出版社,2002.

5. 方晓华.新疆双语教育问题探索[J].新疆师范大学学报(哲学社会科学版),2011,32(2):89-95.

6. 教育部.3-6岁儿童学习与发展指南[M].北京:首都师范大学出版社,2012.

7. 李儒忠.新疆汉语言教学研究[M].乌鲁木齐:新疆教育出版社,2005.

8. 罗聿言,李鑫.论少数民族双语教学中语言环境的构建[J].北京化工大学学报(社会科学版),2015(3):75-78.

9. 孙明霞.语言环境与少数民族学前儿童双语习得探析[J].语言与翻译,2010(2):64-68.

10. 索绪尔.普通语言学教程[M].北京:商务印书馆,1980.

11. 王斌华.双语教育与双语教学[M].上海:上海教育出版社,2003.

12. 王世友.语言环境与民族中小学汉语教学[J].课程·教材·教法,2015(12):71-75.

13. 文秋芳.二语习得重点问题研究[M].北京:外语教学与研究出版社,2010.

14. 新疆维吾尔自治区教育厅.(2007).义务教育"双语"教学课程设置方案(试行).

15. 新疆维吾尔自治区教育厅.(2009).新疆维吾尔自治区农村"双语"幼儿园(学前班)教育指导纲要.

16. 新疆维吾尔自治区教育厅.(2009).新疆维吾尔自治区农村"双语"幼儿园(学前班)课程设置方案.

17. 新疆维吾尔自治区教育厅.(2011).义务教育阶段双语教育课程设置方案.

18. 新疆维吾尔自治区教育厅.(2014).2014年新疆双语教育质量检测报告.

19. 新疆维吾尔自治区教育厅.(2015).2015年新疆双语教育质量检测报告.

20. 新疆维吾尔自治区教育厅.(2016).新疆维吾尔自治区学前教育三年发展规划(2016-2020).

21. 新疆维吾尔自治区统计局.新疆教育年鉴(2014)[M].乌鲁木齐:新疆教育出版社,2015.

22. 新疆维吾尔自治区统计局.新疆教育年鉴(2015)[M].乌鲁木齐:新疆教育出版社,2016.

23. 杨淑芹.新疆民族基础教育双语教学模式的回顾与选择[J].教育探索,2008(8):18-19.

24. 曾毅平.语言环境也是一种投资环境[J].暨南学报(哲学社会科学版),1998(1):109-116.

25. 张崇富.语言环境与第二语言获得[J].世界汉语教学,1999(3):84-90.

26. 张燚.2005-2009年新疆少数民族"学前双语教育"政策措施综览[J].新疆大学学报(哲学·人文社会科学版),2010(1):132-137.

第三章
新疆学前民族儿童双语图画书阅读的眼动研究　　闵兰斌

　　本章研究主要通过对 4 - 6 岁新疆少数民族儿童在自主阅读双语图画书时的眼动注视状况进行分析,从而探讨以下三方面的问题:(1)维族儿童双语图画书阅读中图画视觉特点及从主角区域获取信息的视觉注视特点;(2)维族儿童在汉语和维语上的注视特点,比较在两类文字上的注视差异;(3)维族儿童在早期文字阅读上是否具有母语阅读的特点。

第一节　研究背景与研究设计

一、研究背景

　　图画书是学前儿童早期阅读的主要材料,图画和文字是构成图画书的两个基本要素,二者共同叙述一个完整的故事,是图文的有机结合(康长运,2002)。有学者认为,图画和文字是一种协同的关系,在对图画和文本的注视中会激活文本和图画两个符号系统,读者在这两种符号系统之间来回切换,不断获得新的意义,从而达到对图画书全面、深入的理解(Lawrence & Sipe,1998)。早期阅读发展是指儿童在获得充分的口头语言经验的基础上,接触有关书面语言的信息,获得有关书面语言的意识、行为和初步能力的过程(周兢,2007)。儿童早期阅读能力的发展对其语言能力的提高和后续学业成绩的发展都有较大的作用与影响(Snow,1983;Dickinson & Snow,1987;Sulzby & Teale,1987;Adams,1990;Bus,Van Ijzendoorn & Pellegrini,1995;Dickinson & Tabor,2001)。同时,相关研究指出儿童在 3 - 8 岁期间需要形成自主阅读的意识与能力(Snow et al.,2005)。

眼动分析法是客观、有效地探讨学前儿童图画书阅读特点的较为理想的研究手段，眼动测量实现了对学前儿童图画书阅读过程的实时测量，运用这些数据可以对幼儿的阅读过程进行精细地分析，从而客观地了解和揭示幼儿图画书阅读的特点和规律(韩映虹&闫国利,2010)。国内外有学者利用眼动分析法探讨幼儿图画书阅读的特点，认为儿童早期阅读遵循着"从图像到文字"的发展过程，图画阅读是儿童早期阅读的重要内容和阅读理解的主要信息(Evans & Saint-Aubin，2005;周兢&高晓妹,2010)。同时，国内研究者发现汉语儿童图画书视觉阅读发展经历了由读图到既读图又读文，由没有文图对应到有文图对应的发展过程，这暗示着读图不仅是儿童图画故事书阅读理解产生的主要来源，还可能是儿童学习理解书面语言的桥梁。在画面阅读的基础上，随着儿童年龄的增长，其文字意识和能力也得到逐步的提高(高晓妹,2009;刘宝根,2011)。

关于文字意识和阅读文字程度方面的研究发现，幼儿图画书阅读过程中很少关注文字。美国 Justice(2002)等人对 4 名 52-68 个月儿童进行了亲子共读中图画书阅读的视觉注视研究，结果发现，儿童在文字区域上的平均注视次数只占总注视次数的 4.0%，平均注视时间只占注视时间的 2.5%，即使在文字凸显的图画书中，他们对文字区域的注视次数比例和注视时间比例也只有 6.0% 和 5.6%。加拿大 Evans 等人(2005)对 5 名 48-61 个月的儿童进行了亲子共读中图画书阅读的文字视觉的研究，结果发现，不管何种类型的图画书，儿童只花了大约 7% 的时间来注视文字。Roy 等人(2007)也发现，即使是最容易的图画书，儿童在文字上的注视时间比例也仅有 9%，注视次数比例仅为 8%。后来 Evans 等人(2009)采用文字最凸显的字母书为材料对儿童在阅读中的视觉注视进行研究，结果发现，儿童在图画区域上的注视时间依旧显著长于文字区域。研究者对 6 岁汉语儿童在亲子阅读中文字注视的研究也得到了类似的结果。这些结果表明，在典型的亲子阅读情境中，儿童在阅读中很少关注文字。

关于不同的阅读情境对儿童在阅读中的文字视觉注视是否存在影响的问题，韩映虹等人(2011)考察了不同阅读方式(自主阅读和聆听阅读)对 5-6 岁儿童图画书阅读的影响，结果发现自主阅读下儿童对图画书的掌握是一种自我探索的过程，且更加倾向于从文字区域获取故事的相关信息。Gong 等人(2009)对 96 名 48-59 个月的儿童在四种不同阅读条件下对图画书中文字的视觉注视进行了研究，结果发现，当图画书的阅读需要儿童作出反应的时候，儿童对文字的注视显著增加。自主阅读是一种培养儿童自主阅读能力的重要方式，国内研究者也证实了 4-6 岁汉语儿童在自主阅读情境中对文字的关注比例要早于并高于亲子阅读情境，但是文字注视上的指标低于图画(刘宝根等,2011)。

已有研究描述了单语儿童在单语图画书阅读过程中对图画和文字注视水平以及不同阅读情境对图画书中文字注视的影响,但目前仍缺乏对双语儿童阅读双语图画书特点的研究。我国新疆和西藏等西部少数民族地区学前双语教育的普及,双语现象越来越普遍,少数民族儿童从小开始学习汉语已成为教育的重要内容,汉语的使用也成了认同主流文化或多元文化的重要符号象征。其中,少数民族语言和汉语从发音到文字表征都存在着比较大的差异,比如,维吾尔文字体系属于拼音文字体系,而汉语属于表意文字体系;维族儿童从小耳濡目染的母语文化的阅读习惯是从右至左阅读,而汉语阅读习惯是从左至右阅读,加上两种不同的文字表征符号。那么,对于生活在双语、多元的文化情境中的民族儿童来说,在图画书阅读发展过程中从图画阅读理解到文字关注和识别的规律是怎样的呢?民族儿童对本民族语言文字(母语文字)和对汉语文字的早期文字意识发展呈现出怎样的特点呢?以上问题的回答,将有助于我们了解双语儿童在双语阅读中的发展状况,进一步完善学前儿童的阅读发展规律和特点。

二、研究设计

(一)研究对象

本研究选择的幼儿园样本来自新疆乌鲁木齐市某区具有双语教育特点的两所幼儿园,两所幼儿园均为乌鲁木齐市一级幼儿园。选为被试的班级少数民族儿童比例需达到90%以上,这里所指少数民族儿童主要是指民族儿童,如维吾尔族儿童、哈萨克族儿童等。选择被试时,均到所在班里了解过他们是否阅读过实验素材所用的图画书,确保参与研究的儿童是没有阅读过实验素材的。选择视觉、听力正常,语言能力发展正常,无认知、运动和神经心理障碍的少数民族适龄儿童为研究对象。在具体研究之前向所有参与研究的民族学前儿童的家长发放《参加眼动实验研究知情同意书》,在征得家长和班级教师同意之后,按抽样时间为基准选取被试儿童,研究最后获得135位4-6岁民族儿童的眼动数据,其中,4岁组43人(男20人,女23人),平均年龄为47.12个月;5岁组45人(男22人,女23人),平均年龄为60.35个月;6岁组47人(男23人,女24人),平均年龄为72.68个月。

(二)研究材料

研究选取明天出版社出版的世界知名图画书《好饿的毛毛虫》为实验素材,这本图画书在儿童读物里具有代表性,在预实验中,教师和儿童的选择率也非常高,《好饿的毛毛虫》在国外的眼动研究中也被作为阅读材料。该图画书配以汉语和维语双语文字,其中维语文字是由新疆师范大学维汉语言学教授和学前教育专家共同翻译并修订完成的。实验素材采用高清扫描仪和 photoshop 技术将阅读材料制作成电子书,以合页形式呈现,以类似于儿童阅读纸质图画书的状态,在电脑显示器呈现阅读材料,材料制作过程中未改变图画的色彩和文字等特征。

(三)研究仪器

德国生产的 SMI250 型眼动仪,采样频率为 250 Hz。材料由 19 英寸液晶显示器呈现,屏幕刷新率为 100 Hz,分辨率为 1280 像素×1024 像素。该眼动仪实验中被试不用佩戴任何设备,头部可以在一定范围内自由活动,被试者感觉舒适,可以进行较长时间的测试。

(四)研究过程

实验研究均在幼儿园隔音良好的小房间内进行,研究者先给儿童呈现实验材料的纸本图画书,询问儿童是否看过这两本书(参与实验的儿童均汇报未看过实验所用的图画书)。眼动实验过程中首先请儿童自然舒服地坐在眼动仪显示器前的座位上,调整显示器以确保儿童的眼睛能平视屏幕中央。研究过程中,主试陪伴在儿童旁边,给予儿童安全感,并用语言提醒儿童持续观看图画书,但不进行朗读,对儿童在阅读中的提问只给予简单回应,不作答。

采用五点定标法对儿童的视线采集进行定标(其中,X、Y 方向校准精度误差都在1.0 度之内,如果其中一个方向误差大于 1.0 度,则需重新进行校准)。研究者给出提示语指导"一会这上面会出现一个小红球,它会跳来跳去,你用眼睛盯着小红球看,看看它都会跑到哪里,好不好?",90% 的儿童都可以配合,并一次定标成功。如果儿童无法定标成功,则放弃对此儿童的眼动数据采集。对《好饿的毛毛虫》图画书的阅读顺序进行随机播放,图画书每页呈现时间 15 秒,总阅读时间为 210 秒。实验时间约为 10 分钟左右。

(五)眼动分析区域的划分

本研究主要为了探讨少数民族学前儿童阅读图画书的特点,因此以图画书中除封面、扉页和封底外有文字和主角的正文页为分析对象,数据采集之后采用 BeGaze 软件进行兴趣区的划分,兴趣区边缘划分标准参考以往相关研究(Justice,2005;高晓妹,2010;刘宝根,2011)。研究中将图画书页面按照内容划分为四个层面:第一层面将每个页面划分为图画区域和文字区域；第二层面将图画区域划分为主角区域和背景画面（非主角）区域；第三层面将文字区域划分为维语文字区域和汉语文字区域；第四层面将维语和文字区域划分为左右区域。该图画书中图画区域和文字区域所占全部面积的比例存在显著性差异（t＝3.162，p＜0.05）；其中图画主角区域和文字区域所占图画书面积的比例（除封面、封底、扉页和环衬）如表 3－1 所示，从整体上来看，图画书中的图画主角区域和文字区域的面积之间不存在显著差异（t＝1.903，p＞0.05）。此外，维语文字区域和汉语文字区域面积之间也不存在明显的差异（t＝1.113，p＞0.05）。

表 3－1　实验材料中图画主角区域与文字区域所占面积比例（%）

页码	主角	文字	页码	主角	文字
1	3.0	1.6	10	6.1	3.0
5	0.3	1.6	11	7.5	2.6
6	0.5	5.7	12	0.3	9.3
7	0.4	3.9	13	4.0	0.8
8	1.7	3.1	14	16.6	10.1
9	5.2	2.8	15	29.4	2.7

（六）眼动指标

本研究主要分析以下四个眼动指标：一为目标注视前时间（Duration Before，DB），即对目标区域产生首个注视点之前的时间，该指标可以考察对某个区域关注的早晚特征，也有研究称为首次注视时间。二为注视时间（Fixation Duration，FD），即儿童在文字区域或主角区域上的注视时间总量。三为注视次数（Fixation Count，FC），即以注视时间大于 100ms 为一个注视点，计算儿童在文字区域或主角区域上的注视点总量。四为首次注视点持续时间（First Fixation Duration，FFD），即第一个注视点的持续时间，分别计算出儿童在文字和关键信息上的注视时间占总注视时间的比例（Proportion of Fixation Duration，PoFD）和注视次数占总注视次数的比例（Proportion of fixation Count，PoFC），作为分析的眼动指标（注：考虑到注视时间和注视次数都是原始数据，反映的是儿童注视的绝对水平，难以反映出儿童注视的相对水平，因此在分析的时候，以在文字上的注视时间占总注视时间的比例和在文字上的注视次数占总注视次数的比例作为分析的眼动指标）。本部分研究的眼动数据由专门的眼动软件 BeGaze 导出到 Excel 数据表中进行录入和整理,根据研究需要整理好数据之后导入 SPSS22.0 进行统计分析。

本节主要探讨民族学前儿童在独立阅读情境下,不同年龄儿童图画书阅读时在图画、主角和文字上呈现出怎样的注视特点?对民族儿童在双语图画书阅读过程中的图画、主角和文字上的首次注视时间、注视时间、注视次数以及注视时间和注视次数占总注视时间、总注视次数的比例进行分析,主要采用的统计方法是方差分析及配对样本 t 检验。

一、民族儿童在图画区域和文字区域上的注视水平分析

各年龄段民族儿童在整页、图画和文字上的注视情况见表 3-2。从表中的数据可以看出,在自主阅读情境下民族儿童注视到图画书上的画面信息是在 1.14 秒左右的时间,而首次注视到页面上的文字却要到 8.66 秒左右。平均每页的注视时间为 12.30 秒,平均每页图画的注视时间是 9.93 秒,80% 的时间在关注图画,而对文字的关注时间仅占总注视时间的 5%。在每页上的平均注视次数为 33.71 次,民族儿童在图画上的平均注视次数为 26.03 次,在图画上的关注次数占 77%,但在文字上的注视次数仅为 1.67 次,占 5% 左右。这些数据基本上可以说明民族儿童在自主阅读过程中以注视图画为主,而文字的注视水平在学前阶段后期开始逐渐发展起来。

表 3-2　在图画书阅读中整页、图画和文字注视的基本状况(M±SD)

	首次注视时间(秒)	注视时间(秒)	注视次数(次)	注视时间比例(%)	注视次数比例(%)
整页	0.15(0.43)	12.30(2.07)	33.71(5.61)	/	/
图画	1.14(0.78)	9.93(2.14)	26.03(4.69)	0.80(0.11)	0.77(0.10)
文字	8.66(2.47)	0.57(0.30)	1.67(0.51)	0.04(0.05)	0.05(0.04)

二、民族儿童在图画、主角以及文字区域上的注视水平分析

从表3-3中可以发现,民族儿童在独立阅读情境下以年龄和性别为自变量,以图画书中的图画区域、主角图画区域、文字区域上的首次注视时间、注视时间、注视次数、注视时间比例和注视次数比例为因变量,通过多元方差分析,可以发现年龄因素在儿童图文注视中有着明显的作用,性别之间的差异不明显,年龄和性别的交互效应也不明显。

表3-3 在图画、主角和文字上的注视水平(M±SD)

		首次注视时间(秒)	注视时间(秒)	注视次数(次)	注视时间比例(%)	注视次数比例(%)
图画	4岁	1.45(0.98)	9.00(2.24)	23.18(4.62)	0.78(0.15)	0.75(0.13)
	5岁	0.94(0.71)	10.60(1.98)	27.32(4.25)	0.83(0.06)	0.79(0.07)
	6岁	1.04(0.66)	10.20(2.19)	27.58(5.19)	0.79(0.10)	0.77(0.09)
	平均数	1.14(0.78)	9.93(2.14)	26.03(4.69)	0.80(0.11)	0.77(0.10)
	显著性差异	F=5.184**	F=6.826***	F=12.385***	F=5.595**	F=3.996*
主角	4岁	2.47(1.14)	4.47(1.26)	10.59(2.13)	0.30(0.09)	0.26(0.07)
	5岁	1.89(0.85)	4.93(1.19)	11.56(2.05)	0.34(0.06)	0.29(0.04)
	6岁	1.83(0.99)	4.78(1.05)	12.01(2.62)	0.35(0.06)	0.30(0.04)
	平均数	2.06(0.99)	4.73(1.17)	11.39(2.15)	0.33(0.07)	0.28(0.05)
	显著性差异	F=5.470**	F=1.758	F=4.517**	F=2.755	F=3.283*
文字	4岁	8.61(2.61)	0.57(0.28)	1.69(0.54)	0.04(0.04)	0.04(0.03)
	5岁	8.83(2.33)	0.53(0.21)	1.61(0.42)	0.04(0.02)	0.04(0.02)
	6岁	8.53(2.52)	0.61(0.39)	1.72(0.56)	0.06(0.08)	0.06(0.06)
	平均数	8.66(2.47)	0.57(0.30)	1.67(0.51)	0.04(0.05)	0.05(0.04)
	显著性差异	F=0.173	F=0.840	F=0.580	F=8.447**	F=9.257**

(注: * $p<0.05$, ** $p<0.01$, *** $p<0.001$,下同)

采用事后多重检验,对民族儿童年龄因素的主效应作进一步分析,结果发现在图画区域的首次注视时间上,三个年龄组民族儿童之间存在显著性差异,尤其是5岁的民族儿童会在更早的时间开始关注到图画区域的信息;而在主角区域方面,5岁和6岁组显然

早于 4 岁组开始阅读主角区域的画面内容,说明 5 岁以后民族儿童关注主角信息的能力仍处在不断提高的水平上;三个年龄组儿童之间在文字区域上不存在明显差异,说明民族儿童在学前阶段对文字首次注视的差异不大,也说明该阶段儿童对图画的敏感度是高于文字的,在第一时间能够优先选取他们易于捕获信息的区域。

结果发现,4 岁组民族儿童在图画区域和主角图画区域上的注视时间比例与其他两组儿童之间存在显著性差异,而 5 岁组和 6 岁组民族儿童之间差异不显著,说明民族儿童在图画区域和主角图画区域的注视时间比例在 4-5 岁期间增长明显,5-6 岁儿童在图画区域注视时间逐渐变少,而在主角图画区域的注视时间没有呈现出明显变化。同时,发现 6 岁组民族儿童在文字上的注视时间比例明显高于 4-5 岁的民族儿童,说明 5 岁以后是民族儿童关注文字的重要时期。5 岁组与 4 岁组民族儿童在注视次数及注视次数比例上,无论在图画区域还是主角图画区域上均存在着差异显著,与 6 岁组儿童之间不存在显著差异,4 岁组与 6 岁组儿童之间存在显著性差异。这说明民族儿童在图画、主角图画区域的注视次数比例在 4-5 岁期间随着年龄增长而增长明显,5 岁之后没有呈现出明显的变化趋势。4 岁组与 5 岁组民族儿童在文字区域上差异不明显,而与 6 岁组相比较差异显著,随着年龄的增长,5 岁和 6 岁组民族儿童在文字区域上的注视次数比例逐渐增高。

三、在图画区域、主角区域和文字区域上注视水平的比较分析

为了进一步探讨民族儿童在图画书阅读过程中,对各兴趣区域的注视情况,本部分主要将民族儿童在图画、主角图画以及文字区域上的首次注视时间、注视时间和注视次数比例进行 t 检验统计分析,发现民族儿童在图画区域的首次注视时间要明显早于文字区域上的首次注视时间($t=7.881$,$p<.001$),在主角图画区域上的注视时间要早于文字区域的注视时间($t=-3.011$,$p<.01$);民族儿童在图画区域和主角图画区域的注视时间比例显著高于文字区域上的时间比例($t=66.004$,$p<.001$;$t=16.151$,$p<.001$);民族儿童在图画区域和主角图画区域上的注视次数也显著高于文字区域上的注视次数($t=68.235$,$p<.000$;$t=11.609$,$p<.001$)。为了进一步分析各年龄段民族儿童在图画区域、主角图画区域和文字区域的注视情况,将首次时间、注视时间比例和注视次数比例分别做三个年龄阶段的配对样本 t 检验,统计结果见表 3-4 和图 3-1。

表3-4　在图画区域和主角区域上的注视水平比较（M±SD）

		首次注视时间(秒)	注视时间比例(%)	注视次数比例(%)
图画区域	4 岁	t＝－14.258***	t＝32.279***	t＝35.357***
	5 岁	t＝－17.954***	t＝83.349***	t＝73.090***
	6 岁	t＝－15.741***	t＝37.838***	t＝46.670***
主角区域	4 岁	t＝－8.144**	t＝23.110***	t＝25.529***
	5 岁	t＝－12.114***	t＝35.701***	t＝41.860***
	6 岁	t＝－13.419***	t＝28.848***	t＝32.829***

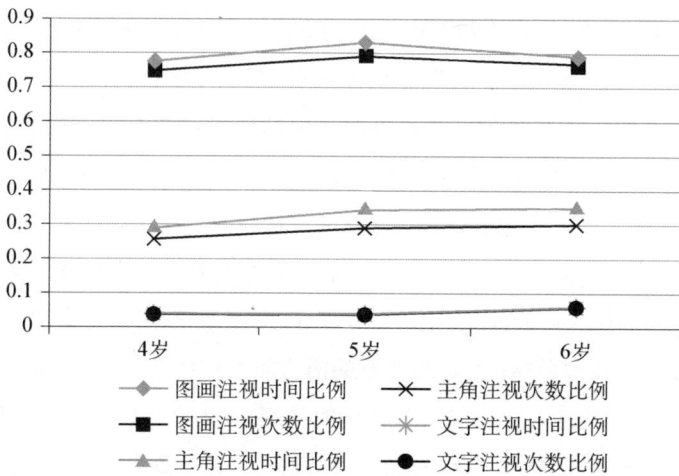

图3-1　4-6岁民族儿童在图画、主角和文字上的注视水平图

根据表3-4和图3-1的结果,可以发现4-6岁民族儿童在图画区域的首次注视时间要远远早于文字区域上的首次注视时间,随着年龄的增长,民族儿童关注主角图画区域上的注视时间要早于文字区域的注视时间,尤其在5岁之后表现得更加明显,说明民族儿童从图画中捕获关键信息的能力在提高。但民族儿童随着年龄的发展在图画区域上的注视时间比例开始逐渐下降,在主角区域的注视时间在4-5岁期间有一个显著提高的过程,5岁之后呈现下降趋势,而在文字区域上的注视时间比例开始逐渐提高,但它们之间的注视时间比例仍然存在着显著性差异。从注视次数及比例来看,同样发现民族儿童在图画区域上的注视次数显著高于文字区域上的注视次数,但随着年龄的增长,在图画区域上的注视次数比例呈逐渐下降的趋势,在主角图画区域的注视次数比例仍然高于文字区域,而文字区域上的注视次数随年龄增长呈现出上升的趋势,从上面的分析来

看,民族儿童在 4－6 岁期间对图画书的理解主要以注视图画为主,在 5 岁之前在主角图画的注视水平有明显增长趋势,但 5 岁之后在文字上的注视次数开始提高。

四、讨论与结论

该部分研究中,我们发现 4－6 岁民族儿童在双语图画书的阅读过程中,在图画区域上的注视时间和注视次数整体上高于在文字区域上的注视时间和注视次数,在图画区域注视时间占整本图画书注视时间的 80%,注视次数比例为 73%,其中在主角图画区域的注视时间在图画区域所占比例达到了 32%,注视次数所占比例大约为 28%。在文字区域上的注视时间所占比例为 4%,注视次数所占比例为 5%。本研究结果也证实了相关学者的基本观点(Justice,2002,2005;Evans,2005;周兢＆高晓妹,2010;刘宝根,2011),即学前儿童无论是亲子共读还是自主阅读,阅读图画书时主要的信息获取方式主要依赖于图画,对文字的关注较少,但随着年龄增长,学前儿童的文字意识在逐渐提高。不过,在国内的相关研究中发现,汉语儿童在自主阅读中对文字区域的注视时间达 23%,文字区域上的注视次数为 17%(刘宝根,2011)。在同样的情境下,为什么汉语儿童与民族儿童在文字注视上有比较大的差异呢? 我们认为可能的原因有:一是地区文化差异,汉语儿童比民族儿童更早地接触到了文字习得的教育影响;二是与儿童的语言能力有关系,汉语儿童阅读的是汉语图画书,而民族儿童阅读的是双语(维语和汉语同时呈现)图画书,民族儿童需要依赖图画信息来对两种语言进行语义和语用的转换,这就使得其将大多数注意力放在了图画信息的理解上了,从而没有更多的时间去关注文字。对于这一现象的原由解释值得继续深入研究。

随着年龄的增长,民族儿童对主角区域的首次关注时间不断提前,在 5 岁时大约在 2 秒左右的时间就能捕捉到主角区域的信息,明显早于其他图画区域(3 秒左右)和文字区域(8 秒左右);在这一年龄段的民族儿童对主角区域的注视时间次数比例明显增加,可以发现,4－6 岁民族儿童在主角区域上的注视水平随着年龄增长其各项眼动指标表现出不断优化的特征,其中 5 岁左右从图画中捕捉关键画面信息的能力尤为明显,到 6 岁时在主角画面上的注视水平未呈现下降趋势,仍处于平稳发展状态。这说明学前民族儿童在关注图画区域时逐渐能够寻找到并能阅读到画面的重要区域,由对画面注视分散到能够捕捉到重点画面,这需要一个发展的过程。

通过以上研究,表明 4－6 岁民族儿童在双语图画书阅读中主要以关注图画为主,但对主角图画上的注视随着年龄的增长在不断优化,其中 4－5 岁期间对图画主要信息的捕捉能力发展迅速，在 5－6 岁期间对主角图画的注视水平仍处于平稳发展状态。

第三节　学前民族儿童在维汉文字上的注视特点

本节主要探讨学前民族儿童在独立阅读的情境下，不同年龄儿童图画书阅读时在维语文字、汉语文字及文字阅读方位上呈现出的注视特点。本部分将对民族儿童在双语图画书阅读过程中的维语文字、汉语文字和维汉文字不同区域的首次注视时间、注视时间、注视次数以及注视时间和注视次数比例进行分析，主要采用的统计方法是方差分析及配对样本 t 检验。

一、在维语和汉语文字上的注视水平分析

各年龄段的民族儿童在维语文字区域和汉语文字区域上的注视情况如下表 3－5 所示。为分析民族儿童在维语和汉语文字上的注视特征，以儿童的年龄为自变量，以在文字区域（包括维语文字区域、汉语文字区域）、维语文字区域和汉语文字区域上的首次注视时间、注视时间和注视次数比例为因变量，进行方差分析，从文字区域的整体情况来看没有发现年龄在其中产生的作用，但将文字区域分开来看，各个变量在维语文字区域均未呈现出年龄的主效应，而年龄因素在汉语文字区域的注视时间和注视次数比例两个变量上均表现出显著性。

表 3－5　在维语和汉语文字区域上的注视水平（M±SD）

		首次注视时间（秒）	注视时间（秒）	注视次数（次）	注视时间比例（％）	注视次数比例（％）
维语	4 岁	8.59(3.22)	0.63(0.45)	1.79(0.90)	0.02(0.03)	0.02(0.02)
	5 岁	8.03(3.11)	0.56(0.29)	1.78(0.69)	0.02(0.01)	0.02(0.02)
	6 岁	8.09(2.56)	0.58(0.26)	1.79(0.45)	0.03(0.02)	0.03(0.02)
	平均数	8.24(2.96)	0.59(0.33)	1.79(0.68)	0.02(0.02)	0.02(0.02)
	显著性检验	F＝0.487	F＝0.496	F＝2.775	F＝1.106	F＝1.394

		首次注视时间（秒）	注视时间（秒）	注视次数（次）	注视时间比例（%）	注视次数比例（%）
	4 岁	9.14(5.16)	0.49(0.29)	1.53(0.68)	0.01(0.02)	0.02(0.01)
	5 岁	9.81(3.38)	0.51(0.31)	1.43(0.49)	0.02(0.01)	0.02(0.01)
汉语	6 岁	9.23(4.57)	0.64(0.59)	1.65(0.79)	0.03(0.06)	0.03(0.04)
	平均数	9.39(4.37)	0.55(0.40)	1.54(0.65)	0.02(0.03)	0.02(0.03)
	显著性检验	F=0.301	F=1.460	F=1.170	F=13.716***	F=10.006**

对维语文字区域和汉语文字区域的年龄因素的主效应做进一步分析，从多重检验的结果中发现，不同年龄段民族儿童在汉语文字区域和维语文字区域上的首次注视时间均无显著差异。但值得注意的是不同年龄段民族儿童均表现出用更早的时间去关注母语文字，平均在 8.24 秒时开始注视母语文字，而开始关注汉语文字的时间要明显晚于维语，平均在 9.39 秒才开始关注汉语文字。不过从整体上来看，民族儿童有意识地开始关注维语和汉语文字的时间是比较晚的。研究结果发现，不同年龄段民族儿童在维语文字区域上的注视时间和次数不显著，但随着年龄的增长，在汉语文字上的注视时间和次数比例明显在不断提高，其中 4－5 岁没有明显变化（p=0.107；p=0.127＞0.05），在 5－6 岁期间发展较为迅速，具有显著性差异（p=0.00；p＜0.01）。

二、在维语和汉语文字区域上注视特点的比较分析

从上面的研究中，我们发现 4－6 岁民族儿童对文字的注视程度不高，但已经开始关注文字，包括维语文字和汉语文字。为了解各年龄段民族儿童在两种语言文字上的注视情况，主要采用在阅读过程中对维语和汉语文字区域上的首次注视时间、注视时间比例和注视次数指标进行 t 检验，结果发现，民族儿童在维语文字区域上的首次注视时间明显早于汉语文字区域上的首次注视时间，但整体上不具有显著性差异（t＝－0.933，p＞.05）。在 5 岁以前民族儿童在维语文字区域的注视次数和注视时间比例要高于汉语文字区域的注视比例（t＝2.974，p＜.05；t＝1.256，p＜.05），但 5 岁以后民族儿童在汉语文字上的关注程度有了明显的提高。从表 3－6 和图 3－2 中可以发现，随着年龄的增长，民族儿童在维语文字区域上的注视时间比例有上升趋势但不明显，而在汉语文字区

域上的注视时间比例逐渐开始提高,尤其是5岁之后注视时间有了明显的上升趋势。在注视次数的指标上,也发现民族儿童在5岁之前在维语文字区域上的注视次数要多于汉语文字区域,而5岁之后在汉语文字区域上的注视次数明显增加。

表3-6　在维汉文字区域上的注视水平比较(M±SD)

	首次注视时间(秒)	注视时间比例(%)	注视次数比例(%)
4 岁	$t=-0.604$	$t=2.040^*$	$t=2.172^{**}$
5 岁	$t=-2.608^{**}$	$t=2.093^*$	$t=2.811^{**}$
6 岁	$t=-1.468$	$t=-0.666$	$t=-0.120$

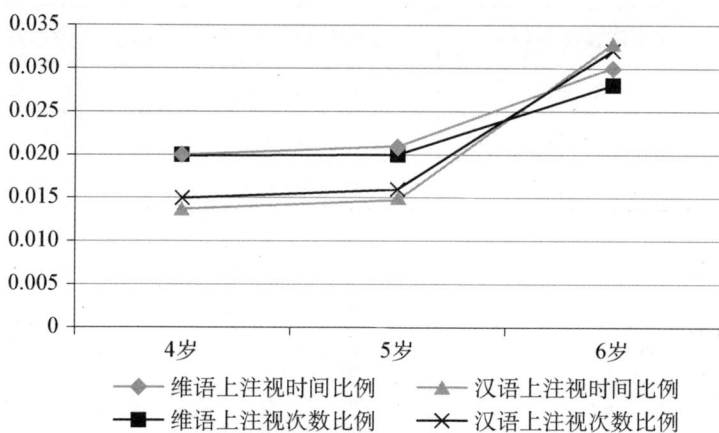

图3-2　在维语和汉语文字上的注视水平图

三、民族儿童在维汉文字阅读方位顺序上的注视特点分析

维语文字材料是从右至左的方式表征并呈现的,而汉语文字则相反,是从左至右的方式表征并呈现的。为进一步了解民族儿童在早期阅读中是否具有从右至左的阅读习惯或者潜在地受到了来自母语文字阅读的影响呢?这部分研究主要采用了民族儿童在图画书阅读中关于维语和汉语文字区域(左右区域)上的首次注视时间、注视时间比例和注视次数比例进行t检验,我们发现民族儿童对汉语和维语文字右区域上的首次注视时间均要早于文字左区域($t_{汉}=2.336$,$p<.05$;$t_{维}=1.053$,$p<.05$),在注视次数比例上汉语文字右区域要高于文字左区域($t=-2.131$,$p<.05$),在注视时间比例上汉语文字右

区域也多于文字左区域(t=-2.243，p<.05)，而在维语文字左右区域上的注视时间和注视次数比例上也呈现出一定的差异(分别为 t=-2.201，p<.05；t=-1.942，p<.05)。为了更进一步分析各年龄段民族儿童在文字左区域和右区域上的具体注视情况，采用本研究中的基本眼动数据指标分别做了各年龄阶段的配对样本 t 检验，结果见表 3-7 和图 3-3。我们可以发现，4 岁组民族儿童在维语文字右区域上的首次注视时间明显要早于左区域，到了 5 岁时维汉左右文字区域之间没有明显差异。在注视时间比例上，4-5 岁年龄段儿童在维语文字右边区域的关注水平高于左边区域，但是 5 岁之后，会发现儿童在汉语文字右边区域的关注水平开始高于左边区域。

表 3-7　在文字左右区域上的注视水平比较(M±SD)

	首次注视时间(秒)	注视时间比例(%)	注视次数比例(%)
4 岁	t=1.967*	t=-1.317*	t=-2.347**
5 岁	t=0.945	t=1.283	t=-2.121**
6 岁	t=2.359**	t=-2.455*	t=-2.984**

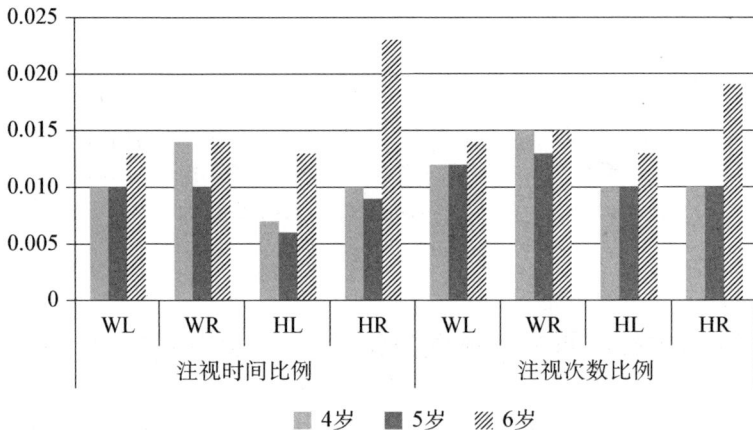

图 3-3　在维汉文字区域上的注视水平图

(说明：图表中 WL 为维语左区域，WR 为维语右区域，HL 为汉语左区域，HR 为汉语右区域，下同)

四、讨论与结论

通过对 4 至 6 岁民族儿童在维语文字区域和汉语文字区域上的首次注视时间、注视时间和注视次数比例的分析中,本研究发现民族儿童在自主阅读过程中注视文字的水平与国外英语文化情境下类似研究中的结论较一致。国外的研究发现,学前儿童在每页图画书呈现 10 秒的时间内,一般要在每页阅读时间快要结束的时候才会注视文字,在呈现类似图片文字中,也发现儿童一般要在 6 秒左右的时间才会去注视文字(Evans,2009)。本研究中每页呈现时间为 15 秒,民族儿童在阅读中平均 7 秒左右关注到维语文字,8 秒左右关注到汉语文字,民族儿童对维语文字区域上的首次注视平均时间要稍微早于汉语文字区域的首次注视时间,表现出对母语更为敏感的注视特征。同时发现,4 岁民族儿童在 9.14 秒左右关注到了汉语文字,在 8.59 秒左右关注到了维语文字。随着年龄增长,民族儿童关注母语的时间不断提前,而在汉语文字上的关注时间反而延后,到 6 岁时儿童在 9.23 秒左右才关注汉语文字区域。为什么会出现随着年龄增长反而对汉语文字关注的时间延迟的现象呢? 本研究认为,4 岁民族儿童几乎无识字量尤其是汉语文字,他们即使注视文字,也属于类似图文阅读,并非真正的图文阅读,而汉语文字具有象形的特点,符合儿童具象思维的认知特点,因此,儿童只是将汉语作为图画来进行注视,这也说明了 4 岁民族儿童还未能认识到文字符号的意义。5 - 6 岁是民族儿童在图画书阅读中文字视觉注视能力发展的较快时期,学前民族儿童表现出了对母语文字的熟悉感,但从整体上可以发现到学前后期民族儿童对汉语文字的注视次数比例逐渐赶上并超过对母语文字的注视水平。

同时研究发现,4 - 5 岁民族儿童在维语文字区域的注视时间比例和注视次数比例均要高于对汉语文字区域的注视时间比例,而在 5 岁之后对汉语文字区域的注视时间比例有上升趋势,注视次数也增加明显,表明 5 - 6 岁期间民族儿童开始将汉语文字作为阅读"信息"来注视,并开始倾向于从图画书中的文字中寻找图画书故事所传递的信息。同时,这一结果也证明民族儿童在接受第二语言即汉语教育的影响背景下,5 岁之后是其汉语能力发展的较快时期。

本研究中的双语图画书是集维汉两种文字和图画内容为一体的阅读材料。在中国少数民族地区,例如,新疆、西藏和内蒙地区此种少数民族文字、汉语文字和图画相结合的图画书,深受少数民族儿童喜爱。阅读双语图画书有助于少数民族儿童在理解图画的过程中接触和习得两种语言的语义和表达形式,以图画为中介能帮助儿童从一种语言向另一种语言转换。在本研究中,研究者尝试探讨了民族儿童在图画书阅读中对两种文字的早期阅读方式,发现民族儿童在汉语文字上的注视顺序是否受到来自母语阅读方式的影响,即表现出从右往左阅读文字的特点呢?

通过对文字左右区域的首次注视时间、注视次数和注视时间比较分析,发现民族儿童平均注视文字右区域的时间要早于文字左区域,而在文字右区域的注视时间和注视次数整体上要高于文字左区域。在对儿童首次注视点关注的区域进行人数比例分析时,也发现无论是在汉语文字区域还是在维语文字区域都呈现出了关注右区域要高于左区域。研究还发现,5岁以前首次注视点关注维语文字区域的人数要多于汉语文字区域,但5岁以后,民族儿童开始注视汉语文字区域的人数增长比例明显,这也再次证明了5岁之后的民族儿童是汉语能力发展的重要时期。在本研究中,民族儿童不仅在维语文字阅读上出现了从文字右区域往左区域移动注视点的特点,在汉语文字区域上也具有类似现象。关于这个现象的原因,除了我们根据经验判断,认为民族儿童在早期的文字阅读中会潜在地受到来自母语文字阅读经验的影响,但我们还需要考虑这种现象是否与图画书上面的文字方位呈现有关,这个问题在后面的研究中会继续探讨。国外相关研究认为低幼儿童在看故事书时对于页面中的字母、单词和书页的格式,以及阅读图书的基本习惯,比如从左到右的顺序没有太大兴趣(Yaden,Smolkin & MacGillivray,1993;Evans & Saint-Aubin,2005)。日本学者(Shinji Mine 等,2007)对以日语为母语的儿童图画书阅读进行了眼动研究,发现当图画书是从左往右阅读的时候,被试儿童的眼睛也是从左往右移动的。而在本研究出现的在文字阅读顺序上倾向于文字右区域的现象,该如何解释呢?在前面的讨论中,我们也提到5岁之前的民族儿童对维语的关注水平要高于汉语上的阅读,而5岁之后我们发现在汉语文字上的注视水平有了明显的提高,说明民族儿童在学前期已经具备了一定的文字意识,学前民族儿童关于文字意识方面的经验更多来自家庭,而到后期随着教育机构实施汉语教育的影响,民族儿童开始并逐渐提高了对汉语文字的关注度。当然,首次注视的数据也反映出了民族儿童在两种文字阅读过程中,更早地开始关注母语,表现出了对母语的亲近感。学前民族儿童尚处于文字意识的启蒙阶段,这时对文字阅读的方向上表现出了母语阅读顺序,本研究只能解释为民族儿童从小接触的母语文化环境对他们产生着潜在的影响,使他们在阅读方式上表现出了这种文化特质。那么,随着民族儿童年龄增长,教育干预的影响,他们的这一阅读顺序方式会逐渐消退吗?这有待于后续的研究进一步证实。

通过以上研究表明,4—6岁民族儿童在双语图画书阅读中,在文字上的注视水平整体不高,但随着年龄的增长逐渐得到发展,其中5—6岁儿童在汉语文字意识方面的增长更为明显;研究发现4—6岁民族儿童在双语图画书阅读中,文字阅读方向顺序潜在地受到了来自母语文化阅读经验的影响。

第四节　学前民族儿童阅读研究对双语教育的启示

本部分研究主要通过实时、可测的眼动分析技术探讨和揭示了民族学前儿童双语图画书阅读过程中图文阅读的基本发展规律,这为少数民族儿童开展早期阅读教育提供了一定的理论参考。

一、以学前民族儿童阅读中表现出"图画优先,读图能力逐步优化"的注视特点来指导阅读教学

学前民族儿童在图画书阅读过程中以关注图画为主来理解图书内容,促使我们必须认真面对和思考早期阅读和早期阅读教育的基本问题。图画书对孩子来说是快乐的源泉(松居直,1997),他们喜欢读图、看图,在图画书阅读中可以自由地阅读,获得语言、想象、思维、情感等方面的发展,儿童在图画书阅读中常常是以关注图画所传递的语言来理解故事情节的,这也符合儿童早期形象思维的发展特点。图画书中的图画对儿童而言,是一种理解世界的"语言",图画语言是一种象征性符号,用隐喻的方式传文达意,更为重要的是,图画往往能够借助各种视觉艺术的要素来传递出情绪、概念和感情等无法用语言直接传达的意涵。我们不能把图文吻合度不高,以识字为主的图书或挂图当成阅读材料,孩子对此没有阅读兴趣。因而,如何选择适合儿童阅读的图画书,如何帮助儿童理解和诠释图画语言,对于开展早期阅读教育而言是非常值得重视的。

我们认为以图画书为载体开展早期阅读是一个值得重视的教育方式,其一,在阅读教育中可借助图画书中丰富的、直观的图画形象丰富语言教育的内容,为师幼互动提供有质量的素材,可围绕图画书中的主题、故事情节以及核心词汇展开有质量的讨论,延伸出有趣的故事表演活动,与其他领域进行课程整合等;其二,能够培养民族儿童早期阅读兴趣、提高图文阅读经验,逐渐发展成为一个自主阅读者;其三,民族儿童在学习第二语言时,图画书中的图画语言有助于第一语言和第二语言产生链接,为少数民族儿童提供丰富而有效的语言输入内容。

二、关注学前民族儿童阅读中文字意识的培养

随着儿童年龄的增长,民族儿童开始对文字的关注越来越多,这证实了儿童的阅读发展遵循了从图画到文字阅读的趋势。儿童从完全不能阅读到图画阅读,最后发展到对抽象符号——文字的阅读,这是儿童图画书阅读的认知加工过程(周兢,2010)。因此,可利用图画和文字共同叙述故事的图画书来促进民族儿童文字意识的发展,这有助于儿童在阅读图画的过程中自然而然地对文字产生兴趣,关注和探索文字,从而逐步获得文字概念和发展文字意识。什么样的阅读方式更有助于儿童文字意识的发展呢? 相关研究发现,自主阅读情境下的学前儿童在图书阅读的过程中对文字的注视高于其他阅读情境。在自主阅读情境中,儿童需要在图画书阅读中主动地从画面和文字中寻找意义,而在亲子阅读中成人的语言引导着儿童的注意,儿童更多地是在成人的叙事语言和图画之间寻找联结,寻找对应的物体和意义,因此不会主动去探索文字(Evans, 2005;Roy-Charland et al., 2007)。刘宝根(2011)认为自主阅读情境是一个既能增加儿童在图画书阅读过程中对文字的主动探索,同时又不干扰儿童图画书阅读基本认知加工过程的阅读情境。本研究认为,学前民族儿童作为一个发展中的双语儿童,维汉文字意识的发展更需要借助图画来对两种文字符号进行认识和转换,因此,家庭和幼儿园除了需要重视阅读环境的创设之外,建议家长还要适当开展亲子阅读,增强儿童从图画书中获取意义的能力,增强儿童对图画书阅读的兴趣,促进儿童语言能力的发展;家庭和幼儿园也要认识到提供儿童自主阅读的价值,儿童在自主阅读中能主动发现文字的功能,意识到文字之间的差异,会主动地在图画和文字之间形成联结。因而,教育者和家长需要为儿童提供适切的鹰架支持来引导儿童在阅读过程中关注文字,逐渐对文字表达形式和功能产生兴趣,秉承通过阅读来识字,而非通过识字来阅读的教学理念。

三、重视双语图画书的创作和开发

本研究认为图画书对于少数民族地区儿童发展具有特别的价值。双语图画书是集两种文字和图画内容为一体的阅读材料,在中国少数民族地区,例如,新疆、西藏和内蒙地区会看到少数民族母语文字、汉语文字和图画相结合的图画书,深受少数民族儿童喜爱。阅读双语图画书有助于少数民族儿童通过理解图画来接触和习得两种语言的语义

和表达形式,以图画为中介有利于一种语言向另一种语言转换。根据卡明斯和斯温提出的两种语言能力相互依存的理论(the Common Underlying Proficiency Model),他们认为双语人第一和第二语言中和识字方面相联系的语言能力被看成是共同的,相互依存的,两种语言的外在表达形式是分开的,但在水平面下的语言能力是融合的,双语者的两种语言在脑部运作区也是相连的。这给我们的启示是当少数民族儿童意识到两种不同的语言可以表达同样的东西和想法时,有助于他们建立起两种文字符号系统以及与口语之间的关系。本研究认为少数民族儿童应从小建立起母语和汉语的两种文字意识,基于两点思考:一方面,研究发现5岁以前的民族儿童在文字上的注视更多表现在母语文字上,随着双语教育的干预影响,5岁以后越来越多的民族儿童开始关注汉语文字,民族儿童逐渐掌握了不同文化情境下的文字呈现方式,并能够按照不同文字呈现方式进行阅读。双语图画书虽然只是简单地呈现了两种语言,但民族儿童在进行阅读过程中易建立早期的母语和汉语的文字符号系统,增进对两种语言文字的亲近感,感受到两种语言都是"值得学习"的。另一方面,在学前后期民族儿童在双语图画书阅读中自然过渡到以注视汉语为主的前文字阅读者,民族儿童不仅可以获得母语知识,而且还可以借助图画顺利地过渡到汉语学习之中。

本章主要参考文献

1. Evans M A, Saint-Aubin J. (2005). What children are looking at during shared storybook reading: Evidence from eye movement monitoring. Psychological Science, 16(11),913 – 920.

2. Evans M A, Saint-Aubin J. (2009). Letter names and alphabet book reading by senior kindergarteners: An eye movement study. Child Development, 80(6),1824 – 1841.

3. Evans M A, Williamson K, Pursoo T. (2008). Preschoolers'attention to print during shared book reading. Scientific Studies of Reading, 12(1),106 – 129.

4. Gong Z Y, Levy B A. (2009). Four year old children's acquisition of print knowledge during electronic storybook reading. Reading and Writing, 22(8),889 – 905.

5. Justice L M, Lankford C. (2002). Preschool children's visual attention to print during

storybook reading. Communication Disordders Quarterly, 24(1), 11 – 21.

6. Justice L M, Skibbe L, Canning A, Lankford C. (2005). Preschoolers print and storybooks: An observational study using eye-gaze analysis. Journal of Research in Reading, 28(3), 229 – 243.

7. Lawrence R, Sipe L R. (1998). How picture books work: A semi- otically framed theory of text-picture relationships. Children's Literature in Education, 37(4), 291 – 304.

8. Rayner K. (2011). Cognitive and cultural influences on eye movement during reading and scene perception. Psychological and behavioral studies, 9 (1), 2 – 7.

9. Roy-Charland A, Saint-Aubin J, Evans M A. (2007). Eye move-ments in shared book reading with children from kindergarten to grade4. Reading and Writing, 20, 909 – 931.

10. 高晓妹,周兢.汉语儿童图画书阅读的视觉关注特点研究[J].幼儿教育(教育科学版),2010 (5):23 – 25.

11. 高晓妹.汉语儿童图画书阅读眼动研究[D].华东师范大学,2008.

12. 韩映虹,刘妮娜,王佳,等.5 – 6 岁幼儿在不同阅读方式下阅读图画书的眼动研究[J].幼儿教育(教育科学版),2011(2):46 – 51.

13. 韩映虹,闫国利.眼动分析法在学前儿童认知研究中的应用[J].心理科学,2010(3): 191 – 193.

14. 凯瑟琳·斯诺.胡美华,等译.预防阅读困难:早期阅读教育策略[M].江苏:南京师范大学出版社,2006.

15. 康长运.图画故事书与学前儿童的发展[J].北京师范大学学报(人文社会科学版),2002 (4):20 – 27.

16. 刘宝根.4 – 6 岁儿童图画书阅读中文字意识发展的眼动研究[D].华东师范大学,2011.

17. (美)艾瑞·卡尔.郑明进译.好饿的毛毛虫[M].北京:明天出版社,2008.

18. 周兢.早期阅读发展与教育研究[M].北京:教育出版社,2007.

第四章

新疆学前民族儿童双语阅读的教育干预研究　　　　陈　思

近年来,我国政府在公共教育政策改革方面的一个重要内容,是加大了对新疆等民族地区学前教育的公共财政经费投入。自 2008 年起,国家投入大量经费,在新疆民族聚居地区新建公立幼儿园,以学前双语教育为目标,开展了一系列的教育国家行动计划,帮助学前民族儿童减少由于社会经济条件落后和汉语学习环境缺乏带来的语言发展不利的状况。这些政策措施的逐步推进和实施,将对新疆地区的学前双语教育、儿童入学准备和民族儿童未来的学业发展产生深远的影响。

第一节　研究背景与研究设计

一、研究背景

大型国家行动计划的实施和推进,离不开教育有效性研究的支持。无论是国家还是地区教育政策的制定,都需要回答一些重要的问题:如何选择和设计最优的教育方案,探索有效利用教育资源的方式,并通过严谨的研究设计和数据收集、分析,评估教育方案对教育对象产生的影响,说明教育方案是否有效,在哪些方面产生了效果,效果有多大?

对于民族地区儿童双语的教育政策制定来说,借鉴以往研究的成果,一般思考以下几个重要的方面,作为提高儿童双语学习效果的教育干预手段:

第一,提高教育的基础投入比例。

根据发达国家的经验,如美国 Head Start 等国家级别的普惠性质早期教育项目,给予我们一些关键性的启示:有针对性地关注惠及双语儿童群体的教育基础投入,包括国家财政拨款、双语幼儿园所数量的增加、园所环境质量的提高等,能够在长期对双语儿童的发展产生积极的效果。此外,还要加强师资力量的建设。大量研究指出,双语教师专业性的提高,是双语儿童学习质量和学习效果产生变化的基础和最重要的影响因素。

第二,教师专业性的提高。

这涉及很多复杂的机制和政策支持,包括:对入职前双语教师的培训和准备、新手教师的训练和支持系统、成熟教师的提高、专家型教师的成长等。其中,除了教学相关的技能和能力,还需要考虑一系列政策对教师编制、待遇、职业稳定性、心理健康的建设支持。

第三,提供适合双语学前儿童的课程资源。

课程资源是幼儿园双语教育实施的核心内容。如何为民族儿童提供适合双语儿童发展水平、有助于提高儿童语言学习和发展的核心经验、具有文化适宜性的课程资源,是目前研究者关注的重点问题,同时也是需要投入时间进行研究的关键点。

本研究基于前期有关新疆学前民族儿童语言发展的现状研究,针对民族儿童汉语语义发展存在的问题,提出通过早期阅读图画书增加高质量的语言输入,改善幼儿园教育环境中语言学习环境的教育干预方案。研究以目前国际成功的学前双语教育干预项目为蓝本,设计符合新疆双语学前儿童汉语学习的读写教育干预项目,并通过追踪研究分析,估计教育干预对学前民族儿童语言学习产生的影响。

二、研究方法

1. 教育干预的主要形式和内容

新疆学前民族儿童汉语早期阅读教育干预项目,沿用国际教育干预研究中常见的通过教师培训影响儿童发展的设计思路,主要通过对教师原有教育行为的改变,达成帮助儿童获得更多、更丰富的语言输入,获得更多汉语学习机会的客观效果,从而观察儿童语言的加速发展。

新疆维吾尔族学前儿童汉语早期阅读教育干预的教师培训主要包括5种形式:

(1)现场集中讲座。干预项目一共组织了四轮现场集中培训,每次培训时间为1-2天,由课题组邀请国内外知名的早期教育研究者和实践者为实验组教师举办讲座。

(2)幼儿园实地观课。课题组在乌鲁木齐市安排了两轮实地观课活动,选取乌鲁木齐市具有代表性的优秀双语幼儿园,开展示范课活动,并邀请专家现场点评,帮助教师将理论与实践相结合。

（3）一对一指导。课题组研究人员来到幼儿园与实验组教师进行过两轮一对一指导和面谈,解答教师对干预项目和培训中的疑问,每次时长约半小时。

（4）远程讲座和观课。课题组特别为实验组教师租用远程授课设备,开展远程讲座活动,邀请国内著名的早期教育专家为教师开展讲座,同时还安排上海市优秀幼儿园教师为新疆教师们开设观摩研讨课。教师不仅可以观看上课过程,还可以听到专家现场点评。这种活动每1-2月开展一次。

（5）远程在线答疑。课题组为方便随时与教师们联系,解答老师们的疑问和困惑,特设即时通讯小组,实验组教师可以随时在线与专家互动。

新疆维吾尔族学前儿童汉语早期阅读教育干预项目中教师培训的内容如下图4-1所示:

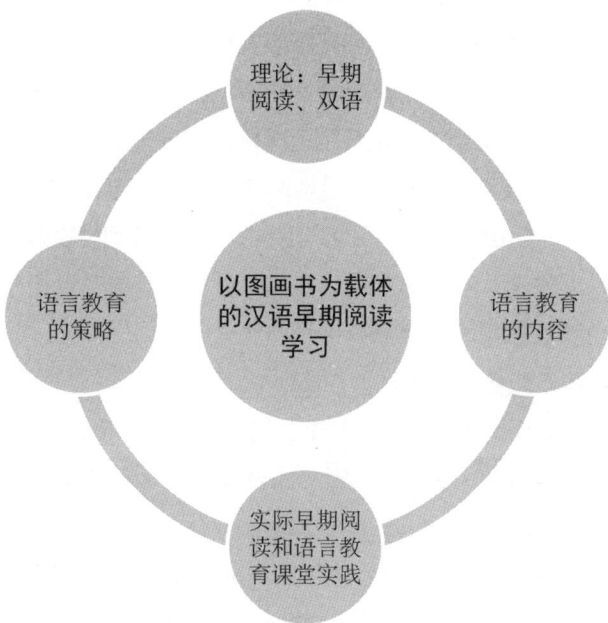

图4-1　新疆维吾尔族学前儿童汉语早期阅读教育
干预项目中教学培训的内容

干预项目中教师培训的内容主要分为三个层次:

（1）理论层面。主要由早期教育专家讲解与基本理论相关的话题,包括儿童语言发展概述、民族双语学前儿童的早期语言发展概况、新疆双语儿童汉语发展现状、早期阅读相关概念的解读等。旨在从理论层面为教师补充基础知识,帮助他们更好地了解干预项目设计背后的思想。

（2）课程解读层面。这一部分的内容是紧密结合本研究为新疆双语幼儿园设计的干预课程，帮助教师充分理解如何以基于项目为双语幼儿园选定图画书，围绕图画书内容为教师提供每天 15 分钟小活动和每周 1—2 个集体活动设计。每次活动都有 5 个核心词汇，这部分的培训为教师讲解如何利用图画书，围绕这 5 个核心词汇开展教育活动，包括如何根据这些词提问，如何根据儿童的回答来追加问题，如何帮助儿童将词汇和他们的生活经验产生联系。

（3）实践层面。这一部分的培训旨在帮助教师把理论知识和实践联系起来，丰富教师的经验，并点评其他教师的课堂表现，了解在实际的课堂教学中如何应用学到的方法和策略。

为确保教育干预的有效性，课题组中的新疆研究者每月定期赴参与研究的幼儿园进行抽查和观课。观课的主要内容是观察和评估教师是否按照干预课程设置的要求进行教学。儿童当天的在园情况、课程进展情况和教师自我报告的课程进度都会被记录。研究者的抽查和观课是干预项目中保证实验组教师完成课程进度并保证教学质量的重要方式。

对于对照组的班级和教师，新疆学前早期阅读教育干预项目组的研究者也按照时间表定期观察。观察的目的是确保对照组的教师没有受到实验组教师的影响，查看是否有课程、图画书或其他干预项目的资源共用的情况。目前已有的来自研究者的观察记录显示，尚未发现对照组班级使用实验组班级课程和资料的证据。

2. 教育干预追踪研究的儿童对象

本研究从新疆维吾尔自治区的乌鲁木齐市和吐鲁番地区招募了来自 12 所双语幼儿园的 48 个班级。研究者从 2011 年 11 月起着手联系幼儿园管理者以及当地的教育主管部门。在 2011 年底，初步确定了参与研究的 48 个班级名单。所有幼儿园都对本研究的情况知情同意。幼儿园和家长同意研究测试儿童的语言能力，收集儿童背景资料，在幼儿园班级观察和拍摄教学活动，访谈幼儿园教师。所有幼儿园同意研究者随机抽取班级进入实验组和对照组并服从研究的安排。

干预开始 5 个月之后，样本中的 4 个班级（3 个实验组班级，1 个对照组班级）从幼儿园毕业，研究者无法继续追踪并收集这 4 个班级儿童的数据。研究者尝试联系这些儿童的家庭，但其中大部分家庭从当地迁走或失去联系，个别家庭拒绝了研究者到家庭收集数据的要求，致使这 4 个班级参与后测的儿童人数仅为每班 1—3 人。基于这种情况，本研究将这 4 个班级归为数据流失班级。将这 4 个班级剔除出总样本后，样本班级数量降为 44 个,其中 21 个实验班,23 个控制班。

在对班级进行抽样的过程中,研究者发现,幼儿园按照政府的评级,分为了示范类(自治区示范级、乌鲁木齐市示范级、市属区级示范级)和没有获得示范类评级的普通幼儿园。这两类幼儿园由于物质资源配置和师资力量、生源家庭背景等因素的影响,儿童的语言发展水平、总体发展和获得的照顾和教育质量都有非常明显的差异。在这种情况下,我们将幼儿园分为了"示范园"和"普通园"两个层次,在统计中进行了特别的处理(详见下文)。在最后的样本中,有 22 个班级属于"示范园"级别,其中 10 个班级在实验组。其余 22 个班级属于"普通园"级别,其中 11 个班级在实验组。

表 4-1 的内容是实验组和对照组班级的数量和基本情况。在本研究的样本中,各幼儿园的水平相差很大:幼儿园本身课程的设置、儿童的语言背景、学校的质量等都非常不同。班级的人数从 38 人到 57 人;班级中儿童以汉语作为第一语言的比例从 0 到 68%。虽然班级情况差异导致的班级间分层会在数据分析中影响到估计的准确性,但本研究的样本几乎包括了新疆公立双语幼儿园的各种已有形态和水平,能够很好地代表这一地区的学前双语教育,因此,研究结果对政策制定者来说,能够为他们提供借鉴。

表 4-1 参与新疆学前早期阅读教育干预随机抽样的班级情况
(按实验/对照分组;$n_{班级}=44$,$n_{儿童}=345$)

	实验组			对照组		
班级数/总人数	21/165			23/180		
示范园班数	10			12		
	班级人数(人)	母语为维语人数比例(%)	年龄(岁)	班级人数(人)	母语为维语人数比例(%)	年龄(岁)
平均数	45.8	66	5.1	46.9	64.6	4.8
最大值	57	100	6	57	100	6
最小值	38	31.3	4	38	35	4

考虑到数据收集的效率和统计的效力(statistic power),本研究中,从每个班级随机抽取 8 名维族儿童进行测试,总计 345 名儿童参与了测试(其中实验组 165 人),男女各半。使用 Optimal Design 统计效力检验软件进行测算(Raudenbush et al.,2011),以本研

究的设计和样本大小,按照传统的一类误差(type 1 error)为 0.05 测算,能够在较高的统计效力(0.8)水平检测到 0.34 个标准差大小的干预效应大小(effect size)。这一统计效力大小符合此类研究的要求,样本大小和取样方式合适。数据收集后,对于缺失值我们还使用了多重填补技术(multiple imputation)(Graham,Olchowski & Gilreath,2007;UCLA:Statistical Consulting Group,2012)对 67 个数据(其中 30 个来自实验组)进行了填补。这一技术被证实在缺失值较少(在本研究中缺失值小于 20%)的情况下,能够可靠地使用多元回归和多重运算,根据数据的结构和变化趋势,准确地估计出缺失值的可能大小,在总体样本的数据分析中,提高整体的估计准确性和可靠性。

表 4-2 新疆学前早期阅读教育干预实验组(n＝165,$n_{填补}$＝30)和对照组(n＝180,$n_{填补}$＝37)儿童在干预开始前的基础水平对比

变量	组别	N	M	SD	t
汉语接受性词汇	实验组	165	19.13	18.44	−1.75
	对照组	180	16.03	14.93	
维语接受性词汇	实验组	165	25.40	15.32	−1.45
	对照组	180	23.15	13.56	

表 4-2 显示了本研究中实验组和对照组儿童在干预开始前汉语和维语的基础水平。经差异检验发现,两组儿童的汉语接受性词汇(毕保德图画词汇测验得分,Peabody Picture Vocabulary Test-Revised,PPVT-R,Lu & Liu,1998)和维语接受性词汇(使用维语翻译版的毕保德图画词汇测验,华东师范大学:儿童语言研究中心,2011)均没有显著差异。这一结果显示,实验组和对照组儿童在干预开始前,语言发展水平一致,随机分配的实验设计是成功的。

3. 教育干预效能的追踪研究实施过程

本研究共分为三个阶段:

第一阶段为干预前测,主要收集教师语言教育的基础水平和儿童的词汇水平。具体实施时间为 2012 年 4 月第 1 周,测试窗口约为 2 周。对教师语言教育水平的测试方式是分别拍摄每位教师的一节课堂录像,录像时长约为 20 分钟,教学内容为教师自选,内容为语言活动或语言学习相关的活动。对儿童词汇水平的测试方式是分别测试实验组和对照组每名儿童的汉语接受性和表达性词汇、维语接受性和表达性词汇。每名儿童平均测试时间约 20 分钟。

第二阶段为教育干预,具体实施方式如上文所述,时间为 2012 年 4 月至 2013 年 9 月。

第三阶段为干预后测,其目的是对比在干预前后教师语言教育水平以及儿童词汇水平的变化。具体实施时间为 2013 年 9 月第二周开始,测试窗口约为 2 周。实施方式同前测。

4. 教育干预效能的追踪研究工具

本研究对儿童词汇水平的测试采用以下四个量表。

汉语接受性词汇(PPVT Chinese): 研究者使用汉语毕保德图画词汇测试测量了维族儿童的汉语接受性词汇水平。这一测试工具是由台湾学者翻译自英文修订版毕保德图画词汇测试(PPVT - R),并在台湾地区收取制作了常模(Lu & Liu,2005)。虽然这一版本的词汇测试并未在中国大陆地区收集数据制作常模,但由于台湾地区和大陆地区使用的汉语差别较小,本研究仍选取该测试作为接受性词汇测试的可靠工具。这一测试中,儿童的原始得分区间是 0 - 125 分。

汉语表达性词汇(EVT Chinese): 本研究组翻译并使用了表达性词汇测试(Expressive Vocabulary Test,EVT,Williams,1997)测试维族儿童的汉语表达性词汇。EVT 是一项一对一测试儿童表达性词汇和词语输出的国际通用工具。这一测试分为两个部分,第一部分的 38 题是由施测者指着图片或自己身体的一部分,向被测试儿童提问:"这是什么?"儿童需要说出代表图画意思的词汇。从第 39 题到第 152 题为说出同义词的测试。施测者首先呈现图片,并说出刺激词,请儿童回答还有什么词也表示同样的意思。汉语表达性词汇测试中,儿童的得分区间是 0 - 104 分。本测试工具的翻译、修改和预测试工作是由华东师范大学儿童语言研究中心完成的(ECNU[a],2011)。

维语接受性词汇(PPVT Uyghur): 本研究将汉语毕保德图片词汇测试翻译为维吾尔语,用以测试维族儿童的维语接受性词汇(ECNU[b],2011)。课题组邀请了新疆师范大学维吾尔语系的教授和维吾尔族学生领衔完成维语版本接受性词汇测试的翻译、修改和预测试工作。测试的结构与汉语版本完全一致,但替换了部分不适合维语表达的题项。儿童的得分区间为 0 - 97 分。

维语表达性词汇(EVT Uyghur): 本研究邀请新疆师范大学维语系和学前系的教授和学生将汉语版表达性词汇测试翻译为维吾尔语,并完成修订、预测试的工作(ECNU[a],2011)。测试的结构与汉语版本完全一致,但修订了个别不适合维语语境的测试题目。儿童的得分区间为 0 - 74 分。

5. 教育干预效能研究的数据分析方法

（1）对教师语言教育水平干预效果的分析方法

首先，对教师语言教育水平的数据分析使用可以自动化处理语料的 CLAN 系统（MacWhinney，2014）对录像中教师和儿童的语言进行逐句转录。然后，研究者根据哈佛大学进行的智利幼儿园教师语言教育内容和策略研究的编码系统（Bowne，2014）进行了改编，使其符合本研究中维汉双语幼儿园课堂教学的实际情况。最终形成了一套《新疆学前双语语言教育编码系统》，并使用这套系统对课堂录像进行编码。

本套编码系统旨在考察教师在课堂中，帮助儿童学习、理解和使用语言等一系列行为的过程。编码首先需要从教师的课堂实录中，确定教师语言教育的部分。标准为教师第一次有意识地提到某个词汇或语言内容，接下来会和儿童就这个词汇或句子的意思、用法等方面进行说明或讨论。在确定了目标的教学内容出现后，研究者为教师的语言教育进行内容和策略两个层次的编码。编码完成后，使用 CLAN 系统自带的 FREQ 命令运算每个编码内容出现的频次。

这部分数据分析分为量化和质化两个部分。量化部分旨在回答总体上教师课堂语言、教育内容和策略变化情况，实验组教师的表现是否比对照组显著提高；质化部分的分析旨在详细探讨具体每项教学内容和策略的变化情况是如何受到来自教育干预项目教师培训的影响。

（2）对儿童词汇水平干预效果的分析方法

本部分研究的目的是评价和估计新疆维族学前儿童汉语早期阅读教育干预的有效性。为了获得准确的评估效果，考虑到儿童在教育情境中学习汉语，教育情境对儿童的影响巨大，经过干预时间之后对实验组和对照组儿童变化的评估应该充分考虑班级层次对儿童的影响。因此，本研究首先使用群组随机抽样的方法，以"班级"为单位，将每个班级随机分配到实验组和对照组。此外，本研究收集了来自儿童个体层面的测试数据，即个体儿童的四项汉语和维语词汇测试的得分。这一研究设计和数据收集的方式，是为了符合本研究的数据分析方法——分层线性模型的拟合。

本研究使用了 2 层的分层线性模型（2 - level hierarchical linear model）来描述研究假设中的量化关系。

在分层线性模型的第一层（level - 1），或称班级内层次，个体儿童的 4 项词汇后测得分（$VACOB_{ij}$）是由班级层次增长的截距的平均数（β_{0j}）和误差项（r_{ij}）组成，如以下公式所示：

$$VACOB_{ij} = \beta_{0j} + r_{ij}$$

这一公式表示,样本中任意维族儿童(i)在班级(j)中学习,他/她的后测词汇得分($VACOB_{ij}$)可以回归为线性方程,由班级层次的截距(β_{0j})加上儿童层次的误差项(r_{ij})所决定。

在第二层(level-2)模型中,以班级后测的平均分为标准估计了新疆学前早期阅读教育干预对任意班级(j)产生的群组影响。Murnane and Willett(2010)的研究指出,同时将班级层次和个体层次的协变量(X)加入模型的拟合中,可以有效地降低参数估计中的偏差。本研究使用前测的个体汉语和维语词汇得分作为个体层面的协变量,班级汉语和维语词汇平均分以及当地教育机构评定的幼儿园级别作为班级层面的协变量加入模型,降低原模型结果变量中不能解释的差异,同时提高对干预效果估计的准确性。完整表述的第二层(level-2)模型如下:

$$\beta_{0j} = r_{00} + r_{01}(X)_i + r_{02}(新疆学前早期阅读教育干预)_j + u_{0j}$$

其中,β_{0j}代表任意班级(j)的词汇后测平均分,加上被线性模型回归为班级和个体层面的协变量加上新疆学前早期阅读教育干预对儿童词汇产生的影响,以及班级层面的误差项(u_{0j})。

第二节　教育干预效能：对教师语言教育水平的影响

在本研究中,我们为实验组教师提供了一年半的教师培训。围绕早期阅读教育观念、内容和教学方法,进行实际的学前双语教育课堂教学的培训与研究。研究结果表明,干预项目的教师培训产生了明显的效果。

一、教师语言教育水平的量化分析结果

通过对教育干预前测与后测中拍摄的教师教学录像转录与编码的分析,得出如表4-3所示的研究结果。

表 4-3   双语幼儿园教师语言教育内容和策略的描述性统计结果

	实验组			对照组		
	N	M	SD	N	M	SD
语言教育内容前测	12	62.33	50.13	9	122.78	92.93
语言教育内容后测	12	198.18	130.40	9	96.00	27.49
语言教育内容变化	12	132.64	115.37	9	−56.86	64.16
语言教育策略前测	12	63.67	51.01	9	133.11	115.88
语言教育策略后测	12	196.45	127.81	9	95.86	27.80
语言教育策略变化	12	129.45	114.19	9	−70.71	89.92

可以看出,实验组教师在教师培训开始前,无论是语言教育内容还是语言教育策略,其频率的平均数都比对照组教师要低,但是在经过了教育干预的培训后,在后测中,实验组教师的两项频数都显示出了非常明显的增长,而对照组教师的两项频数则略有减少。语言教育内容变化和语言教育策略变化是本研究中的结果变量,是由每位教师后测的频数减去前测的频数。这两个变量直接地体现出教师在时隔一年半之后,在课堂语言教育中体现出的差异。对比这两个值发现,实验组教师的增长非常明显,而对照组教师的频数是负值,说明对照组的教师在一年半之后,语言教育的内容和策略频次都有所减少。

为了更明确地分析干预项目培训对教师语言教育所产生的影响,本研究进一步对数据进行多元线性模型拟合,分析结果如表 4-4 所示。

表 4-4   新疆维族儿童维语词汇的发展对汉语词汇的预测作用,β(SE)

	模型 1. 教师语言教育内容的变化	模型 2. 教师语言教育策略的变化
0.58*		0.51*
早期阅读教育干预	(58.66)	(57.43)
初始水平:	−0.21	
语言教育内容	(0.38)	
初始水平:		−0.35
语言教育策略		(0.32)
模型拟合程度 R^2	0.46	0.52

注: * p<.05 ** p<.01 *** p<.001

模型 1 是以教师语言教育内容变化的频数作为结果变量，以早期阅读教育干预作为预测变量，教师语言教育内容的初始水平（前测频数）作为协变量进行参数拟合，发现在控制了教师语言教育内容初始水平后，参加早期阅读教育干预教师培训的老师，在课堂上语言教育的内容显著增加，比未参加的教师平均高出 0.58 个标准差，对照组并无显著变化。可以看到在模型中显示，实验组和对照组教师在语言教育内容的初始水平上并无显著差异，但经过培训后，实验组的教师语言教育内容增加非常迅速。

模型 2 是以教师的语言教育策略的变化频数作为结果变量，以早期阅读教育干预作为预测变量，并使用教师语言教育策略的初始水平（前测频数）作为协变量进行拟合，以提高估计准确性。结果发现，在控制了教师语言教育策略的初始水平后，参与了新疆维吾尔族学前儿童汉语早期阅读教育干预教师培训的老师们，在语言教育策略方面更加丰富，平均比未参加培训的教师增加 0.51 个标准差，而对照组并无显著变化。同样地，模型拟合结果提示我们，实验组和对照组教师在研究开始时的语言教育策略水平并无显著差异。

二、教师语言教育水平的质化分析结果

质化分析的部分是研究者将两层编码的内容分开，具体讨论教师在双语课堂中每项语言教育内容和策略的改变情况，并结合干预中教师培训的重点和核心内容，说明教师干预与这些改变之间可能存在的联系。研究发现教师的教育行为出现以下几个方面的变化：

（一）师幼互动中语言示范作用得到增强

从师幼互动的角度看，研究发现，实验组教师的语言示范明显优于对照组的教师。首先研究者观察了教师提供的语言刺激的数量和质量，发现：（1）实验组教师与儿童之间有较为频繁的对话，他们比较多地采用"对话"的形式与儿童交流，而非简单的重复朗读或背诵文字内容；（2）实验组教师的提问明显多于对照组的教师，以提问形式看，开放式的问题也明显多于对照组，比较多地问儿童："为什么？"而对照组教师多以"对不对"的简单是否问句提问；（3）实验组教师略注意对复述内容的延伸，包括会联系儿童以前学过的内容、原有经验，提示儿童对复述内容进行适当的补充；（4）自我描述与平行描述增多，这一点体现在实验组教师比较重视对语言教学中相关线索、细节的表述，与对照组相比，能够为儿童提供更多的线索内容；（5）实验组教师略为注意抽象词汇、含义比较丰富的词

汇、被字句等"高级语言"的使用，个别教师能够贯彻教师培训中特别强调的关于教师语言示范作用的要求。

（二）活动中语言教育内容的显著增加

将实验组和对照组教师在 2013 年 9 月拍摄的课堂录像中，编码第一层"语言教育内容"的 12 项，分别进行了对比，结果如图 4-2 所示。

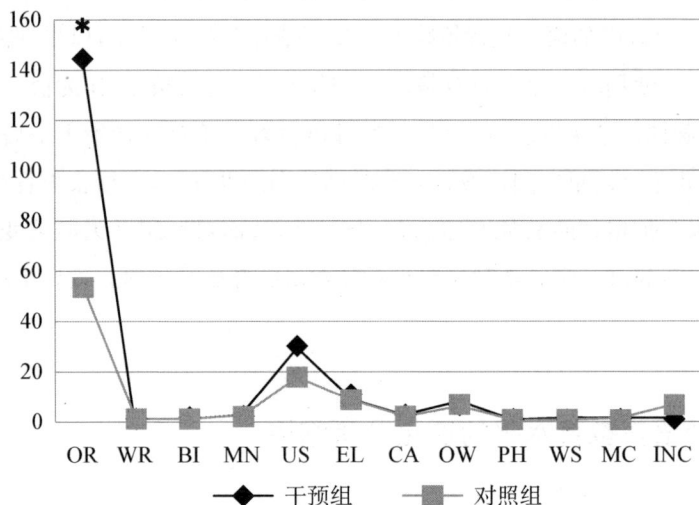

图 4-2　干预后两组新疆双语幼儿园教师语言教育的内容对比

图 4-2 中编码的含义如表 4-5 所示。

表 4-5　第一层编码：教师语言教育的内容

编码		编码含义	解释和举例
表现方式	OR	Oral language	用口语涉及或提到、表达某个词汇或句子
	WR	Written language	指出某个词的书面语言形式，如从图画书中指出某词
	BI	Bilingual language	用双语说出或指出语言的双语书面形式
词义	MN	Meaning	向儿童解释词或句子的意思
用法	US	Usage	老师或儿童正式地举例说明某个词或句子的用法，比如造句；只在老师或儿童"有意"地说明用法时才编码，如果这个词是在一般的语言交流中无意地提及则不编

编码		编码含义	解释和举例
细节	EL	Elaboration	不是和词语有关的新信息,但是可能是其他与词汇有关的内容。例如,儿童说蝴蝶是彩色的,教师回答:是的,蝴蝶有红色、蓝色和白色。这就是一个提供细节的例子
与其他词的关系	CA OW	Category Relation-ship to other words	把语言内容分类,比如动词/形容词;动物/植物等(例如:狗是哺乳动物)。列举某个词的同义词或者反义词等相关的词汇(例如:讲解"夜晚"时问儿童:这是白天还是晚上?),读音相关的结构:比如解释清和晴读音接近
词的结构	PH	Phonology	因为都有"青"的声旁,讲解拼音,让孩子重复这个词的读音等
	WS	Word structure	表意相关的结构:比如解释带有"提手旁"的字都表示动作等
元认知	MC	Meta-cognitive	从元认知/元语言的角度解释语言的含义,如词汇在用法上的一些细微差别,比如褒义词、贬义词等;如何区分词,比如请和清的偏旁不同等
示范错误例子	INC	Incorrect	举例一个错误的用法

从图 4-2 中可以明显看出实验组教师与对照组教师的差异,主要集中在第一个项目:"OR",即"用口语涉及或提到、表达某个词汇或句子",和第五个项目"US",即"老师或儿童正式地举例说明某个词或句子的用法,比如造句;只在老师或儿童'有意'地说明用法时才编码,如果这个词是在一般的语言交流中无意地提及则不编"。这两个方面的数据,反映了培训后教师比较多地在课堂中加入了语言教育的内容。可以看出,在培训之后,教师对词汇的"用法"有了特别的关注,会比较多地和孩子解释词汇的用法。

研究者也观察到实验组教师一些不明显的进步,主要集中在"WR":"指出某个词的书面语言形式,如从图画书中指出某词"、"MN":"向儿童解释词或句子的意思"以及"EL":"不是和词语有关的新信息,但是可能是其他与词汇有关的内容。例如,儿童说蝴蝶是彩色的,教师回答:是的,蝴蝶有红色、蓝色和白色。这就是一个提供细节的例子"3 个项目中。

"WR"即以书面语言的形式展示词汇,这一内容的增多可能与干预项目为实验组课堂提供了较多的阅读材料有关。"MN"是指教师开始有意识地为儿童讲解语言的意义,比较多地解释并帮助儿童理解。这一内容是整个干预项目的教师培训一直强调的,要求教师在语言教育中特别重视"教意思"。"EL"是教师提供关于词汇或其他的细节,这些细节有助于儿童更好地理解和记忆词汇。这个部分需要教师有较丰富的知识面,能够很好地将词汇本身和其他信息相联系。

比较遗憾的是,上述的 5 项语言教育的内容,都属于整个编码体系中比较基础和容易做到的部分。对语言教育的内容而言,"提及、展示词汇—解释词汇的意思—提供词汇学习的元认知知识"是一个进阶的过程。研究对比发现,目前新疆维汉双语幼儿园语言学习课堂中,教师的进步有限,还没有涉及比较有挑战的语言教育内容,比如分析词汇与其他词汇的联系,从词汇的音、形、义等方面帮助孩子发现词汇之间的联系,提供孩子反义词、近义词等内容的学习等。

(三)教师语言教育策略的丰富变化

研究者在本部分的分析中,呈现了干预结束后,实验组和对照组教师课堂录像拍摄转录后,语言教育策略中 12 项编码项目的对比,如图 4-3 所示。

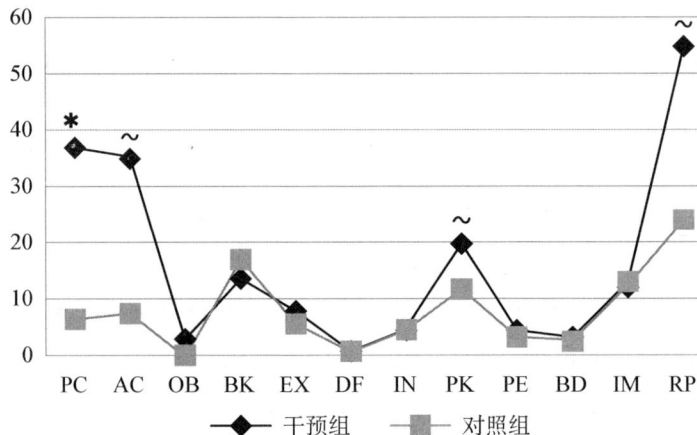

图 4-3　干预后两组新疆双语幼儿园教师语言教育策略对比

图 4-3 中语言教育策略编码的含义如表 4-6 所示。

表 4-6　教师语言教育的策略编码

编码			编码含义	解释和举例
使用图片	PC	Picture		使用图片说明词汇
使用动作	AC	Action		所有试图表达意思的动作,包括声音(比如火车的呜呜,老虎的叫声等),每个动作/声音都应该单独编码。如果是连贯的动作表达同一个意思则编为一个码

编码		编码含义	解释和举例
使用实物	OB	Object	使用实物说明意思
使用书	BK	Book	可以是直接使用的图画书/书中文字,或者是口头上引用某本书
举例子	EX	Example	可以是对意思的举例,也可以是对用法的举例
下定义	DF	Definition	教师有意地对词语的某个意思下定义
提供信息	IN	Information	所有无法归类的、和语言教学有关的信息
原有知识	PK	Prior knowledge	教师提及以前讨论过或者学过的某些内容帮助儿童理解,注意与原有经验相区别
原有经验	PE	Prior experience	教师提及儿童的原有经验帮助理解,可以是整个班级的集体活动经验(比如春游等),也可以是儿童的个体经验,比如某个儿童喜欢的某个动物等
用法边界	BD	Boundary	教师对儿童举的错误的例子、错误的用法等进行纠正,一般在教师纠正儿童时编码
使用想象简单重复	IM RP	Imagination Repeat	要求儿童想象和语言有关的内容 直接重复之前所说过的内容

从图 4-3 中可以明显看出,实验组和对照组的教师们相比,语言教育策略的使用上有了比较大的差异。

在图中,"PC"代表"使用图片说明词汇",这一项两组后测的编码频率之间有着显著的差异。实验组的教师在参加项目中,获得了较多的图画书、挂图等资源,在课堂教学中逐渐习惯使用图片帮助儿童理解和学习。"AC"代表"所有试图表达意思的动作,包括声音(比如火车的呜呜,老虎的叫声等)",这一策略实验组教师明显比对照组教师使用得多。使用动作或声音帮助儿童理解语言的策略,在儿童刚开始接触和学习汉语时是很有帮助的,能够较快地帮助儿童在意思和读音之间建立连接。对不具备维语能力的汉语教师来说,也是比较方便的达成交流的方式。

"PK"代表"教师提及以前讨论过或者学过的某些内容帮助儿童理解"。研究发现,实验组教师较多提及以前学过的词汇或故事,在新词学习之前会有意识地提起原来是否学过新词中的某个字,或帮助儿童回忆儿歌、歌曲中的词汇,加快儿童理解等。这一策略在干预项目的教师培训中,曾作为重要内容要求教师掌握。联系以往学过的内容和知识,可以帮助儿童将词汇和语义连接,而并非孤立地记忆,这样有助于儿童未来的语义通达。

值得一提的是,与原有知识"PK"很接近的原有经验"PE"这一项目,实验组教师也有了一定程度的提高。虽然幅度不大,但研究者认为这一案略在语言教育中非常重要。这是将语言与儿童生活、已有经验结合的重要途径,特别对第二语言学习的儿童来说,"已有经验"是连接母语和第二语言的重要桥梁和根本,儿童能够产生准确的语言和经验对应,才能够真正掌握和使用语言。使用儿童已有经验帮助儿童学习第二语言,是已知能有效提高儿童学习效率的方法。

"RP"是指教师"直接重复之前所说过的内容"。这一策略是词汇学习中较为简单和基础的策略,在比较中我们发现,实验组的教师在这一策略的使用频率比对照组教师有明显的增加。这种重复包括请儿童复述词汇,复述包含目标词汇的儿歌、句子、故事等。这种简单重复的方式对教师要求很低,是教师最容易应用的语言教育策略。

对比上述各项语言教育策略的变化,研究者发现,与语言教育内容的变化类似,教师的改变仍停留在较为简单的策略方面,集中在使用图片,结合动作,要求儿童简单重复的语言教育策略。这些策略对儿童的帮助可能仅限于熟悉某一类词汇的读音和基本意思,对一些较为复杂的词汇和语言,无法用简单的图片、动作来演示的抽象内容,以上的教学策略就不适用。值得注意的是,已经有教师开始注意联系儿童以往学习的内容,利用早期经验对词汇进行梳理,这些策略对双语儿童的词汇学习来说,能够产生更为深远的作用。

第三节 教育干预效能:对学前民族儿童语义发展水平的影响

研究在新疆学前双语教育情境中实施的早期阅读教育干预项目,力图通过对教师的实践培训,改变学前教师的教育观念,对教师具体教学内容和教育策略产生影响,从而真实地改变新疆双语幼儿园的日常教学情境。这样的研究假设,在研究中获得了什么样的研究结果,需要对研究所得的数据进行细致的分析。

一、学前民族儿童后测语义水平描述性统计分析结果

本研究分析了后测中儿童词汇得分的数据,分析结果如下表4-7所示。

表4-7 儿童后测词汇得分的描述性统计,
按实验/对照组分组($n_{班级}=44;n_{儿童}=345;n_{填补}=67$)

	新疆学前早期阅读教育实验组			对 照 组		
汉语接受性词汇	N 165	M 23.62	SD 22.57	N 180	M 17.60	SD 14.07
汉语表达性词汇	N 165	M 28.71	SD 19.59	N 180	M 24.57	SD 16.49
维语接受性词汇	N 165	M 20.17	SD 16.11	N 180	M 22.80	SD 18.52
维语表达性词汇	N 165	M 28.39	SD 10.07	N 180	M 27.13	SD 10.98

从表4-7可以看出,参与了新疆学前早期阅读教育干预的儿童,汉语接受性词汇后测的平均分比对照组的儿童高出6.02分。汉语表达性词汇的发展也呈现同样的趋势,参与了教育干预的儿童的平均分比没有参加干预的儿童高出4.14分。

维语的词汇发展趋势与汉语有所不同:参加干预的维族儿童,维语表达性词汇平均分比对照组高出1.26分。但是,实验组儿童的维语接受性词汇却比对照组儿童平均分低2.63分。普遍地,实验组和对照组之间,汉语词汇成绩的后测分数差距,大于维语词汇后测的得分差距。

二、教育干预对学前民族儿童汉语语义发展水平的影响

分层线性模型的拟合结果提供了新疆维族学前儿童汉语早期阅读教育干预对儿童汉语词汇发展的影响效应大小。表4-8显示了一系列在理论支持下拟合的模型。

表4-8 随机效应分层线性模型拟合的教育干预和儿童汉语词汇得分关系

($n_{班级}$＝44；$n_{儿童}$＝345，$n_{填补}$＝67)

	汉语接受性词汇		汉语表达性词汇	
	模型1	模型2	模型3	模型4
固定效应		10.17** (3.92)		
新疆学前早期阅读教育干预	14.06** (4.08)	6.03** (2.12)	9.11* (4.15)	4.89* (2.34)
示范园		5.06* (2.22)	14.88*** (4.25)	5.68* (2.59)
个体汉语基础水平		0.53*** (0.08)		0.56*** (0.06)
班级汉语基础水平	9.85** (3.73)	0.40* (0.14)		0.38** (0.13)
截距		0.94(2.17)	15.81*** (3.96)	6.75** (2.50)
随机部分	214.04			
第一层残差	135.26	175.30	164.35	120.56
第二层残差	0.353	17.98	164.87	41.86
效应大小				

注：~p＜0.10；* p＜0.05；** p＜0.01；*** p＜0.001

汉语理解性语义发展水平：如表4-8所示，模型1和模型2呈现了新疆维族学前儿童汉语早期阅读教育干预项目对维族儿童汉语接受性词汇产生的影响。模型1包括了预测变量新疆学前早期阅读教育干预的主效应，以及协变量示范园，即当地教育主管机构的幼儿园评级。

参数估计的结果显示，控制了幼儿园级别之后，与未接受干预的对照组相比，新疆维族学前儿童汉语早期阅读教育干预引起儿童的汉语接受性词汇增长了10.17分，具有统计显著性（p＜0.01）。

大量教育和心理统计的研究显示，在此类对干预效果进行因果分析的研究中，控制前测的成绩将大大提高对干预效应估计的准确性（Murnane & Willett，2010；Shadish，Cook & Campbell，2002）。同时，因为本研究使用了群组随机抽样控制的设计，在班级层面，控制整个班级的前测语言水平，即词汇基础水平的平均分，对降低参数估计中的偏差十分有意义。

因此，本研究在模型2中加入了个体的前测接受性词汇得分和班级的前测汉语接受性词汇平均分作为协变量（将个体汉语基础水平和班级汉语基础水平加入分析），表4-8

显示,模型 2 中新疆学前早期阅读教育干预的系数为 6.03,具有统计显著性。虽然从系数本身的大小来看,模型 2 中的干预系数小于模型 1,但是从随机部分看来,班级内部的误差项和班级间的误差项都同时减小了。这说明模型 2 比模型 1 解释了更多儿童汉语接受性词汇得分之间的差异。同时我们也尝试了将维语词汇的个体和班级前测得分放进模型中,但是分析结果显示,两项维语词汇均未呈现差异显著性,遂将两项维语词汇得分舍去。因此,本研究将模型 2 作为最终模型,显示在控制了儿童所在幼儿园评级、儿童本身的汉语基础水平和班级平均汉语基础水平后,与未参与干预的儿童相比,参与新疆维族学前儿童汉语早期阅读教育干预项目致使维族学前儿童的汉语接受性词汇显著地增加了约 6 分。干预项目对于汉语理解性词汇发展的效应大小为 0.35(Cohen's $d =$ 0.353)。

汉语表达性语义发展水平:在表 4-8 中,模型 3 和模型 4 显示了新疆维族学前儿童汉语早期阅读教育干预作用于儿童汉语表达性词汇的效果。模型 3 预测了新疆学前早期阅读教育干预作用于维族儿童汉语表达性词汇的主效应,同时控制了具有显著差异的协变量示范园。模型 4 作为最终的模型,则增加了具有显著差异的协变量个体汉语基础水平、班级汉语基础水平。

在控制了个体和群体层次的汉语前测得分后,从模型 4 的随机部分可以看到,相比模型 3,班级内和班级间的误差都明显减小。作为最终模型,模型 4 显示了,在控制了幼儿园级别和个体、班级的基础汉语水平后,新疆维族学前儿童汉语早期阅读教育干预提高了维族儿童对汉语表达性词汇的掌握,与对照组相比,测试分数增加近 5 分,具有统计的显著性。干预项目对于汉语表达性词汇发展的效应大小是 0.17(Cohen's $d =$ 0.17)。

无论是系数的大小还是效应大小,汉语的接受性词汇都大于表达性词汇。

图 4-4 是将所有儿童汉语词汇测试的后测得分减去前测得分,得出儿童经过 5 个月的干预或非干预的情况下,词汇得分的"变化"分数,再将"变化分数"进行线性拟合。如图 4-4 所示,可判断对照组的儿童汉语接受性词汇的变化曲线斜率为负,即平均整体的汉语接受性词汇得分呈现下降趋势,这很可能是因为两次测试之间间隔了一个长达 2 个月的暑假,很多儿童在暑假中接触汉语的机会大大减少。然而,实验组的线性拟合结果的斜率为正,即儿童的汉语接受性词汇水平不仅没有因为暑假而流失,反而还平均有了一些增长。

汉语接受性词汇发展

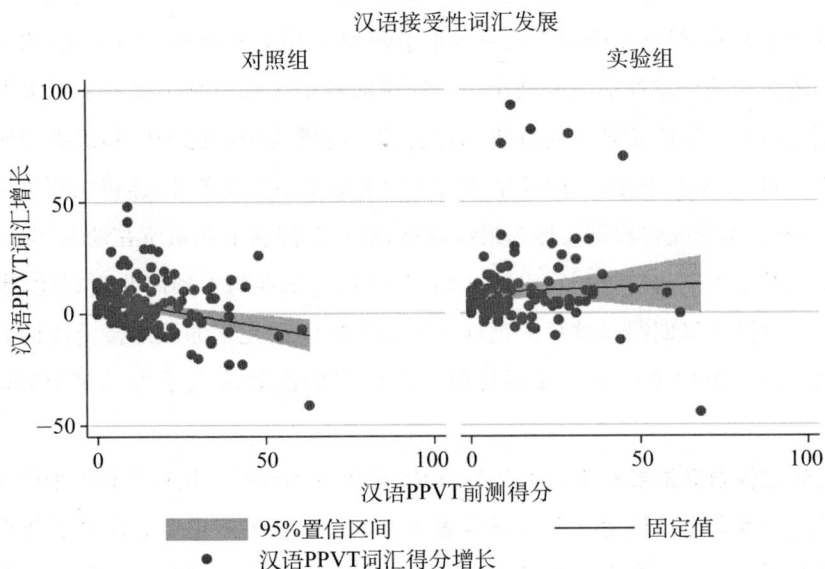

图 4-4　拟合后实验组和对照组维族儿童汉语接受性词汇得分变化的对比

如图 4-5 所示，儿童的汉语表达性词汇得分的变化，在对照组和实验组中都呈现出了与汉语接受性词汇同样的变化趋势。对照组的儿童汉语表达性词汇并未得到很大的

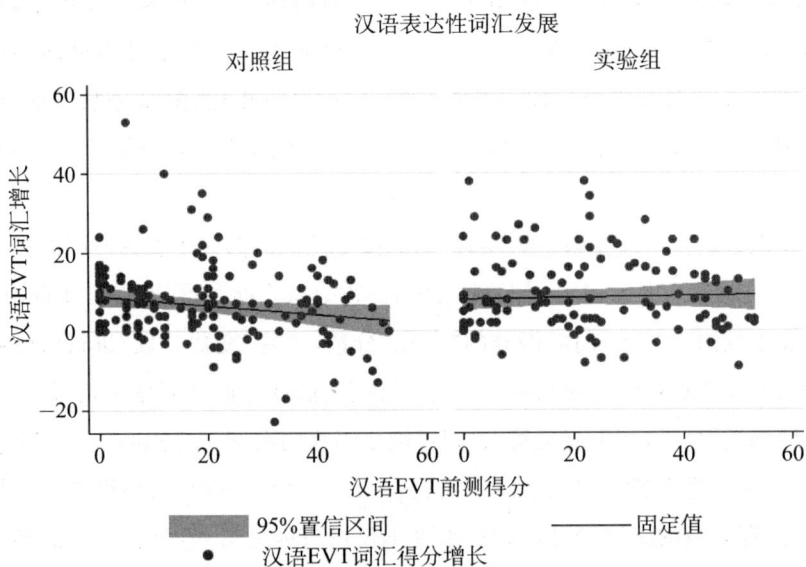

汉语表达性词汇发展

图 4-5　拟合后实验组和对照组维族儿童汉语表达性词汇得分变化的对比

发展,而在干预组的儿童则能够从数据中发现其词汇水平的增长。这与模型1-4中参数估计所得的结论一致。

三、教育干预对学前民族儿童维语语义发展水平的影响

为了评估新疆维族学前儿童汉语早期阅读教育干预对儿童维语词汇发展的影响,本研究拟合了一系列随机效应分层线性模型,如下表所示。

表4-9中,模型1显示了新疆维族学前儿童汉语早期阅读教育干预项目对儿童维语接受性词汇发展的影响。在加入了幼儿园级别、儿童个体的汉语基础水平、班级平均汉语基础水平、儿童个体维语基础水平、班级平均维语基础水平等协变量之后,模型拟合的结果显示,新疆学前早期阅读教育干预对儿童的维语接受性词汇发展没有产生影响。虽然实验组儿童的维语接受性水平拟合的系数比对照组低 0.61 分,但不具有显著性。这说明实验组和对照组儿童的后测维语接受性词汇的得分没有差异。

表 4-9　随机效应分层线性模型拟合的教育干预和儿童维语词汇得分关系
($n_{班级}=44$；$n_{儿童}=345$，$n_{填补}=67$)

	维语接受性词汇	维语表达性词汇	
	模型 1	模型 2	模型 3
固定效应			
新疆学前早期阅读教育干预	−0.61(2.63)	0.02(1.50)	0.26(1.56)
示范园	1.83(2.80)	0.25(1.56)	
个体汉语基础水平	0.19~(0.10)	−0.02(0.09)	
班级汉语基础水平	0.41*(0.20)	0.12(0.14)	
个体维语基础水平	0.30*(0.11)	0.26***(0.05)	0.28***(0.05)
班级维语基础水平	−0.16(0.26)	0.02(0.14)	
截距	9.33*(4.57)	20.45***(2.45)	21.96***(1.35)
随机部分			
第一层残差	120.34	93.12	93.32
第二层残差	42.90	6.45	8.01

注：~$p<0.10$；* $p<0.05$；** $p<0.01$；*** $p<0.001$

模型 2 和模型 3 显示的是新疆维族学前儿童汉语早期阅读教育干预项目对儿童维语表达性词汇产生的影响。模型 2 中,本研究将园所级别、个体汉语基础水平、班级汉语基础水平、个体维语基础水平、班级维语基础水平四个协变量加入了线性拟合,发现新疆学前早期阅读教育干预对儿童维语表达性词汇影响的主效应不显著。模型 3 中经过普遍性线性检验(General Linear Test, GLT),去除了在模型 2 中没有显著性的 3 个协变量示范园、个体汉语基础水平、班级汉语基础水平。最终模型 3 中,虽然系数显示实验组儿童的维语表达性语言的后测得分比对照组略高(0.26)但并未达到统计显著性水平。模型拟合的结果显示,与维语接受性词汇的发展一致,新疆学前早期阅读教育干预对维族儿童的表达性词汇发展并未产生影响。

图 4 - 6 和图 4 - 7 展示了后测的维语接受性词汇和表达性词汇分数减去前测分数,即儿童维语接受性词汇和表达性词汇的增长程度在实验组和对照组两组之间的对比。可以明显地看出,无论是维语的接受性词汇还是表达性词汇,实验组和对照组儿童在 5 个月之后的增长程度都非常接近。这表明教育干预对儿童的维语词汇学习没有产生影响,这与模型拟合的结论吻合。

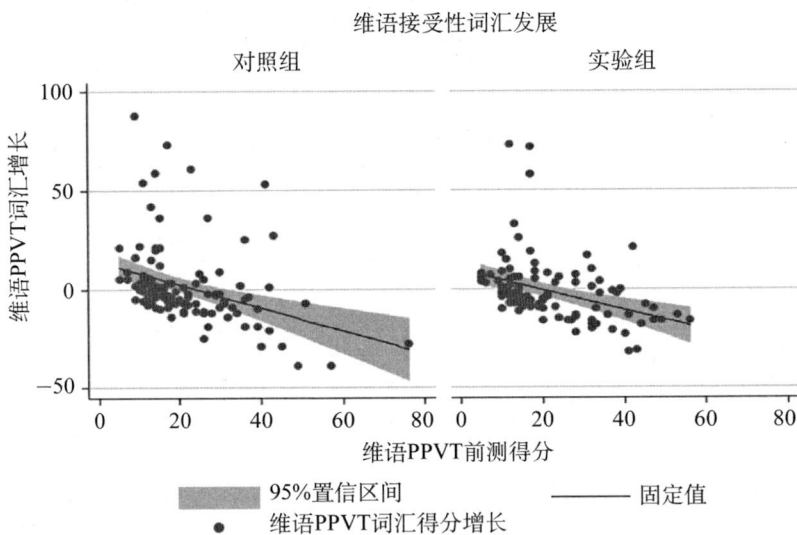

图 4 - 6　拟合后实验组和对照组维族儿童维语接受性词汇得分变化的对比

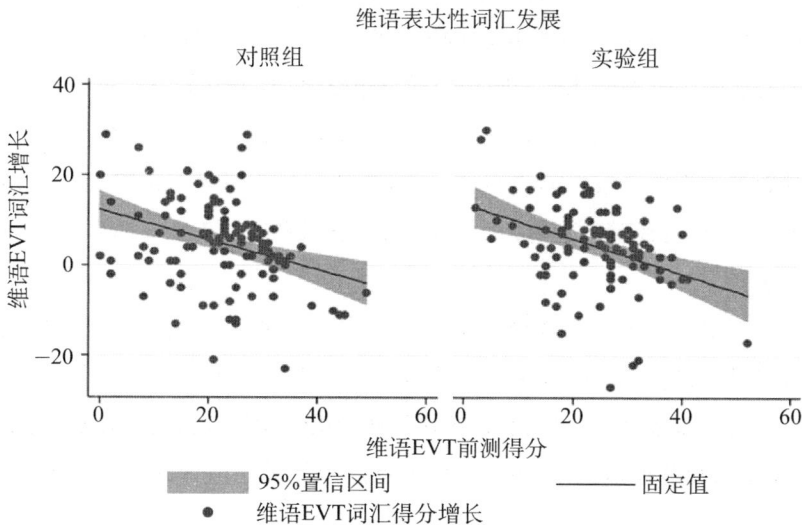

维语表达性词汇发展

图 4-7　拟合后实验组和对照组维族儿童维语表达性词汇得分变化的对比

综上所述,研究结果证明,教育干预项目通过对教师的实践培训,改变了学前教师的教育观念,对教师具体教学内容和教育策略产生了影响,因而改变了新疆双语幼儿园的日常教学情境,对新疆学前民族儿童的双语学习与发展起到了较好的影响作用。

第四节　新疆学前双语阅读与读写的教育干预项目反思

在呈现研究结果的同时,我们对新疆学前双语阅读与读写的教育干预项目进行反思,认为以课程和教学为主要抓手的教育干预项目,可以产生改变教育情景的作用,从而促进儿童的发展。

一、具体而实际的教师培训对教师语言教育水平产生了明显的效果

在本研究中,我们为实验组教师提供了一年半的教师培训。围绕早期阅读教育观念、内容和教学方法,进行了实际的学前双语教育课堂教学的培训与研究。研究结果表明,干预项目的教师培训产生了明显的效果。从量化分析的角度来看,实验组教师无论

是语言教育内容的增加频数,还是语言教育策略的增加频数,都显著高于对照组教师。而质化分析结果也告诉我们,实验组教师的围绕图画书早期阅读,在语言教育内容和教育策略方面有比较明显的变化。教师们的教育策略增加,主要集中在较易实现的几个类别,比如口头讲解词汇的次数增多,使用图片、动作来解释词汇、讲解词汇的用法等。一些对教师的教学水平要求较高的内容和策略,包括为儿童讲解词汇之间的关系、词汇的元认知内容、结合已有经验来理解词汇等,教师只在某些方面有了些许的变化,但整体的变化并不显著。

研究结果至少证实了一点,新疆地区的教师培训工作需要具体的核心的内容,也需要非常务实且具有操作意义的方法。当教师获得正确的早期阅读教育观念,并将之与学前双语教育实践联系起来时,我们看到教师能够利用早期阅读机会,有意识地准备图片、实物、动作来说明和解释词汇,这些都是教师有意地促进学前民族儿童汉语输入的行为表现。

然而,我们还必须看到,新疆学前双语教育中的教师培训,还需要从根本上帮助教师获得更多有关学前儿童学习与发展的核心经验的认识。只有理解了儿童在不同年龄阶段,在不同发展领域学习的需要,教师才可能更熟练灵活地策划实施语言教育的过程,采用恰当的语言教育的内容和策略,有的放矢地帮助学前民族儿童学习。

二、早期阅读教育干预真实改变了新疆学前民族儿童的日常学习情境

研究发现,在新疆学前双语教育情境中实施的早期阅读教育干预项目,通过对教师的实践培训,改变了学前教师的教育观念,对教师具体教学内容和教育策略产生了影响,因而改变了新疆双语幼儿园的日常教学情境。干预项目的三个方面:充实课堂资源、实施新课程、培训教师,都对儿童每天接触到的语言学习环境产生了影响。

儿童日常学习情境的变化主要表现在:(1)实验组的儿童每天都能有机会在自由活动或集体活动中阅读、讨论图画书;(2)教师给予儿童新的阅读图画书课程内容,让孩子有更多机会思考图画书相关内容,并在实际情境中使用汉语进行表达;(3)儿童每天在学习环境中获得的高质量汉语语言输入量大大增加。我们不无遗憾地发现,对照组的儿童仍然维持原有的以简单的语言重复为主的语言课程模式,有一些幼儿园几乎没有任何特别的双语教育环节,教室里甚至没有一本图画书。这种幼儿园日常教育环境与干预环境形成了较大反差,许多参与研究的幼儿园迫不及待地要求在对照组也使用

图画书,开展早期阅读教育课程教学,以至于在第四轮测查数据收集前出现难以控制分组的问题。

三、早期阅读教育干预对新疆学前民族儿童语言发展产生了明显的促进作用

研究发现,新疆学前民族儿童早期阅读教育干预显著地促进了维族儿童的汉语理解性和表达性语义水平的发展。干预之后实验组与对照组相比,学前民族儿童汉语理解性语义水平平均提高了35%个标准差,而他们的汉语表达性语义水平也提高了17%个标准差。与其他在幼儿园或小学低年级进行的同样使用群组随机对照实验设计进行的国际语言教育干预项目相比(Borman et al.,2007;James-Burdumy et al.,2012),新疆维吾尔族学前儿童汉语早期阅读教育干预产生的效应是十分卓著的。本研究的结果证实了经过良好设计和实施的语言学习课程能够有效地帮助双语新疆学前民族儿童的词汇学习,同时也支持了语言教育的一项基本理论,即语言输入和语言互动的数量质量均在促进儿童的语言发展中起着重要作用(Calderón,August,Slavin et al.,2005;Ellis & Collins,2009)。

我们认为,新疆早期阅读教育干预对民族儿童的汉语学习与发展产生影响的机制,可从以下几个角度解释:第一,本研究是我国第一个在新疆幼儿园进行的随机抽样对照的教育干预项目。这一教育干预项目聚焦我国贫困边远地区的新疆学前民族儿童,给教育资源相对贫乏的幼儿园带去有针对性的高质量教育方案和教育资源。研究过程创造了儿童丰富的语言学习环境,从而对儿童语言发展起到了重要的支持作用。第二,在新疆学前双语教育情境中,开展基于图画书的汉语早期阅读教育干预,研究在设计之初就秉承着便于教师操作和实行的原则,采用经过精心设计、保障实施的教育干预方法,力求给教师提供具体直接的课程计划和教学方案,帮助教师了解以图画书为基础的早期阅读整合活动的设计思路和课程的基本结构;干预计划也允许教师根据自己班级的情况安排干预活动,为老师们预留了很大的灵活性,保证了早期阅读课程活动的实施。第三,研究结果支持了一种有关教育干预能发生路径的认识,即从儿童发展理论和已有研究证据出发,根据本土教育需要进行教育干预实践,通过改变教师的教育观念和教育行为最终将良好的教育效果落实到儿童发展上。

总之,本研究结果对新疆学前双语教育的政策制定者具有特别的意义:在教育经费

投入有限的情况下,对学前民族儿童双语学习与教育的资源配置,对新疆学前双语教师的培养工作,应该特别考虑基于儿童学习与发展的教育决策过程,并真正开展具有追踪意义的教育效能评估。

本章主要参考文献

1. Borman G. D., Slavin R. E., Cheung A. C. K., et al. Final reading outcomes of the national randomized field trial of Success for All [J]. American Educational Research Journal, 2007,44(3): 701 - 731.

2. Bowne J. B. The vocabulary instruction of Chilean kindergarten teachers: Impacts of Un Buen Comienzo and relationships with children's vocabulary development [M]. Harvard University, 2014.

3. Calderón M., August D., Slavin R., et al. Bringing words to life in classrooms with English-language learners [J]. Teaching and learning vocabulary: Bringing research to practice, 2005: 115 - 136.

4. Charles S., Reichardt. William R. Shadish, Thomas D. Cook, and Donald T. Campbell, Experimental and Quasi-Experimental Designs for Generalized Causal Inference [J]. Social Service Review, 2002.

5. ECNUᵃ: Child Language Research Center of East China Normal University. Unpublished translated and revised Chinese and Uyghur version of Expressive Vocabulary Test. China: Shanghai & Urumqi,2011.

6. ECNUᵇ: Child Language Research Center of East China Normal University. Unpublished translated Uyghur version of Peabody Picture Vocabulary Test-Revised. China: Shanghai & Urumqi,2011.

7. Ellis N., Collins L. Input and second language acquisition: The roles of frequency, form, and function introduction to the special issue [J]. The Modern Language Journal, 2009, 93 (3): 329 - 335.

8. Graham J. W., Olchowski A. E., Gilreath T. D. How many imputations are really needed?

Some practical clarifications of multiple imputation theory [J]. Prevention science, 2007, 8 (3): 206 - 213.

9. Lu L., Liu H. H. Chinese version of peabody picture vocabulary test — Revised manual [J]. 2005.

10. Lu L., Liu H. S. The peabody picture vocabulary test-revised in Chinese [J]. Taipei: Psychological Publishing, 1998.

11. MacWhinney B. The CHILDES project: Tools for analyzing talk, Volume II: The database [M]. Psychology Press, 2014.

12. Murnane R. J., Willett J. B. Methods matter: Improving causal inference in educational and social science research [M]. Oxford University Press, 2010.

13. Papay J. P., Willett J. B., Murnane R. J. High-School Exit Examinations and the Schooling Decisions of Teenagers: A Multi-Dimensional Regression-Discontinuity Analysis. NBER Working Paper No. 17112. [J]. Social Science Electronic Publishing, 2011.

14. Raudenbush S. W., Spybrook J., Congdon R., et al. Optimal Design software for multi-level and longitudinal research [J]. URL www. wtgrantfoundation. org or from sitemaker. umich. edu/group-based, 2011.

15. UCLA: Statistical Consulting Group. Multiple Imputation in Stata, Part 1. From http: // www. ats. ucla. edu/stat/stata/seminars/missing _ data/mi _ in _ stata _ pt1. htm/(accessed November 18, 2012).

16. Williams K. T. Expressive vocabulary test second edition (EVT™ 2) [J]. J. Am. Acad. Child Adolesc. Psychiatry, 1997, 42: 864 - 872.

第五章
新疆学前民族儿童双语语义成长的追踪研究　　李传江

学前双语教育情境下民族儿童母语发展和母语文化保持是双语教育不可回避的问题。儿童的语义发展是儿童习得第一语言和第二语言的重要因素，直接影响着儿童语言发展的质量。(本文采用国际标准化并有汉语常模的儿童语言测试工具作为研究工具，发现双语教育中，民族儿童获得了两种语言在理解性和表达性语义上的持续发展态势)其中表达性语义处于优势发展状态；民族儿童的维汉双语语义习得在不同地域和不同园所存在着显著的发展差异；同时，与部分浸入式汉语教育模式相比，全天浸入式汉语教育模式更有利于民族儿童的双语习得与发展。有关不同教育模式对民族儿童双语学习影响值得进一步探讨。

第一节　研究背景与研究设计

新疆是我国多元文化和多民族居住的地区。近年来，伴随着新疆社会经济文化的快速发展，从中央到地方政府都十分重视少数民族地区学前儿童的双语教育。在国家教育中长期改革与发展规划中，新疆这个多民族地区的学前儿童双语教育被纳入国家公共财政计划予以重点投入。这个教育决策已经超越语言自身的意义，成为新疆少数民族儿童发展的重要保障，同时具有解决处境不利儿童早期教育公平的问题，对提高国家21世纪人力资源竞争力具有重大战略意义。研究者认为，新疆少数民族学前儿童双语学习与教育，根本价值在于帮助少数民族儿童在早期形成可持续发展的良好基础，获得终身学习的起点经验(周兢等，2014)。在第一个国家学前教育三年行动计划结束的时候，人们欣喜地发现，新疆学前双语教育幼儿园已经得到迅速的发展，少数民族儿童学前两年入园率已经达到90%以上。然而，有关新疆学前双语教育的探讨，一直缺乏切实的关于民族儿童语言以及其他方面发展的研究，因而存在着教育决策与社会共识等不同方面的认知间隙。尤其涉及学前双语教育情境下民族儿童母语发展和母语文化保持的问题，尚存在来自民族家庭的担忧。而这正是双语教育发展不可回避的一个关键问题。

一、有关儿童语义发展与双语语义习得的研究综述

语义是由语言形式所直接表达或间接表达的意义，研究者将之分为词汇语义、语法语义和语用语义三种，其中词汇语义即通常所言的词义——词汇所表达的概念意义（李宇明，1995）。近年国际儿童语言研究告诉我们，词汇语义是儿童语言能力的基础之基础，因为儿童只有在理解词汇的基础上才能掌握语言，儿童的词汇语义能力还将直接关系到他们的后期学业成就。美国国家儿童阅读指导委员会指出，词汇语义的习得是儿童读写能力发展的五大支柱之一。早期儿童的口头语言发展，尤其是词汇语义水平，扮演着日益重要的影响小学阶段儿童读写水平的角色，甚至成为决定儿童语文阅读成绩的基本决定因素（NICHD，2005）。研究同时发现，儿童的词汇语义发展，不仅关系儿童后期的语文阅读水平，而且会进一步影响儿童的学业成绩，最终影响儿童的各方面发展。因此，儿童词汇语义能力发展的研究，引起了许多教育研究者和政策制定者的关注。

在国际儿童语言研究中，人们通常认为，儿童语义能力的发展包括了理解性语义和表达性语义两个方面，这两种语义能力的发展是相互联系、共同发展的。理解性词汇语义，指儿童能够辨认和理解，但不一定正确表达使用的单词，而表达性词汇指儿童在口语表达和阅读中能够正确发音而且能够积极使用的单词（Haycraft，1978；Nation，1990；Laufer，1998）。在有关汉语词汇语义研究中，研究者提出，理解性词汇或称接受性词汇，是在听、读等接受性语言活动中能够理解的词汇；而表达性词汇指在说、写等表达性语言行为中能够使用的词汇（邓联健，2006；耿军＆罗志春，2012）。聚焦儿童理解性语义发展评估工具 PPVT（Peabody Picture Vocabulary Test）和儿童表达性语义发展评估工具 EVT（Expressive Vocabulary Test），近年不仅在英语国家得到普及性使用，而且在世界上不同语种国家获得了常模，这表明两套工具已经进入评量儿童词汇语义的标准化工具范畴。此外，相关研究证实，儿童的词汇语义能力发展，包括理解性语义和表达性语义发展贯穿了整个童年时期，特别是在学前阶段有比较快速的发展。儿童词汇语义双方面发展的基本规律顺序是，理解性语义发展早于表达性语义，显现出理解性词汇先于和优于表达性词汇的规律特点（Benedict，1979；Farkas & Beron，2004）。

（进一步考察第二语言学习中的语义习得。）研究认为,理解性词汇和表达性词汇可以反映学习者的词汇广度和深度,是衡量学习者语义水平的重要指标。学前阶段尤其关注儿童口语能力的发展,因为儿童句法能力远没有达到成人句法发展水平,词汇能力是衡量儿童语言能力的有效指标。国际儿童语言界有关双语儿童语言发展的研究中,曾经有研究报告显示,双语儿童第二语言的发展存在一定的滞后,以及双语儿童第二语言发展和认知、学业准备状况存在与母语儿童的差距。亦有研究发现,双语儿童的两种语言词汇量都较明显地少于单语儿童(Cummins, 1979；Perani et al., 2003；Portocarrero et al., 2007；Cheung et al., 2010)。但是,近年有关双语儿童发展的研究,似乎已突破了传统认识,正在启示我们重新思考双语对人类发展的意义,特别是早期双语教育对儿童产生的重要影响。脑神经科学的研究发现,5 岁之前学习双语并有较多机会使用双语的"早期双语者",他们的大脑发育左顶叶皮质层的灰质明显增厚;较之 10 - 15 岁才接触双语的人群,早期双语学习者的大脑可塑性增强,双语导致脑部的功能发生了改变。研究认为,双语学习可以调节脑部的相关功能,从而实现脑功能的重塑和再组织的效果(Mechelli et al., 2004；Green et al., 2007；Grogan et al., 2009)。新的双语学习"门槛理论"提出,当儿童的双语能力突破一定的"门槛"水平后,使用两种语言对儿童认知和其他方面带来的挑战将转化为优势,对儿童发展的认知水平和学业水平产生积极影响(Baker, 2004；Carlisle et al., 1999)。然而,儿童的双语学习,是否可能存在着两种语言并进的发展过程? 儿童的双语学习,是否可以促进第一语言和第二语言的共同发展? 这两个问题,对于多元文化和多语言学习情境中的儿童教育尤为重要。

以生态系统观看待儿童语言发展,我们可以认为,学前儿童的语义发展处于一个宏观系统而受各种因素的交织影响。国际相关研究发现,儿童词汇语义能力发展与父母受教育水平存在相关关系,显示出儿童语义发展受到家庭环境质量的影响(Hall, Nagy & Linn, 1984；Wells, 1986)。Hart & Risley(1995)发现 3 岁儿童词汇发展与家庭社会经济地位具有中高度的相关关系($r = 0.65$)。Restrepo 等研究者(2006)对佐治亚州 210 名 4 - 5 岁儿童进行理解性语义和表达性语义发展研究,发现来自母亲低教育背景家庭的儿童,词汇语义发展水平低于母亲高教育背景家庭的儿童;这种两种教育背景家庭儿童的词汇语义发展情况,在理解性语义发展方面的差距更加明显。一系列其他研究也表明,家庭社会经济地位较低的儿童,他们的理解性语义发展水平低于中产阶级家庭的同龄儿童;在幼儿教育机构中,来自低收入家庭的儿童理解性语义和表达性语义发展均低于全国标准分数(Washington & Craig, 1999；Gilliam & de Mesquita, 2000；Qi et al., 2006)。

在我国已有研究中,王晓等人(2009)以流动人口和本地户籍3-5岁儿童为对象的研究发现,儿童的理解性语义发展受到来自家庭各种因素的影响,表明家庭社会经济地位的重要指标,比如母亲文化程度和家庭收入对流动儿童的理解性语义发展具有显著的预测力。

如何在新疆学前双语教育工作中,帮助民族儿童获得汉语发展的良好学习环境,同时保持民族儿童母语的健康发展,这是我国早期教育和语言教育研究者面临的重大挑战。我们的前期研究,发现了新疆学前双语教育情境中民族儿童汉语学习呈现不断递升的发展图景,3-6岁学前民族儿童在汉语理解性语义和表达性语义、叙事语言和学业语言,以及汉语平均语句长度等方面呈现逐渐发展的态势,因而反映出学前民族儿童良好的汉语入学准备前景(周兢等,2014);同时,研究业已发现学前民族儿童在汉语学习过程中,存在着与汉语母语儿童理解性语义和表达性语义的差距,预示了民族儿童第二语言学习中语义发展的瓶颈困难(辛宏伟,2011;李传江,2013;周兢等,2014)。必须指出的是,儿童的语义发展是他们第一语言和第二语言习得的重要因素,直接影响着儿童语言发展的质量;国际和国内的有关研究已经提出,丰富而有效的语言输入是帮助儿童获得语言成长的重要途径(Valdes,1998;Cummins,2000;陈思,2014)。因此,本项目试图将早期阅读理念和图画书资源引入新疆学前双语教育,为民族儿童的语言学习构建较高质量的语言输入过程。本文将重点考察民族儿童汉语和维语的理解性语义和表达性语义的发展,为新疆学前双语教育质量提升提供数据支持。

二、有关新疆学前民族儿童双语语义习得的研究设计

1. 研究被试选择

研究选取乌鲁木齐市和托克逊县12所公立幼儿园4-6岁维吾尔族学前儿童384名,男女按照1:1比例抽取。(1)每个班级随机抽取8名维吾尔族儿童,所选班级均为少数民族和汉族儿童混合班级,共计48个班级。(2)抽测班级实行汉语教学或以汉语教学为主,儿童在幼儿园接触到的语言以汉语为主。(3)由班级中汉语教师随机选取少数民族儿童,抽取儿童前未告诉老师测查内容,仅告知选取原则:小班抽取年龄为48个月(4岁组),中班抽取年龄为60个月(5岁组),大班抽取年龄为72个月(6岁组),上下浮动3个月。

2. 研究测查工具

研究采用国际标准化并有汉语常模的儿童语言测试工具,主要有下列几种:

（1）汉语接受性词汇测验（PPVT-C）：选用毕保德图片词汇测试修订版（Peabody Picture Vocabulary Test-R，陆莉，刘鸿香，1994）测查儿童汉语接受性词汇即理解性语义发展水平。该测试向儿童呈现每页四幅图片，施测者说出目标词汇，儿童需要指出四幅图中哪一幅代表目标词汇。

（2）汉语表达性词汇测验（EVT-C）：选用儿童表达性词汇测试量表（Expressive Vocabulary Test，Williams，1997；华东师范大学儿童语言研究中心翻译和改编），测查被试儿童的表达性语义理解发展水平。在这一测试中，前38题是向儿童出示图片并提问"这是什么"，儿童说出的词汇需要代表图画的内容；后66题是根据图片和施测者提供的词汇，儿童需要说出同义词。

（3）维语接受性词汇（PPVT-U）：本研究将汉语毕保德图片词汇测试翻译为维吾尔语，用以测试维族儿童的维语接受性词汇（华东师范大学儿童语言研究中心，2011a）。课题组邀请了新疆师范大学维吾尔语系的教授和维吾尔族学生领衔完成维语版本接受性词汇测试的翻译、修改和预测试工作。测试的结构与汉语版本完全一致，但替换了部分不适合维语表达的题项。

（4）维语表达性词汇（EVT-U）：本研究邀请新疆师范大学维语系和学前系的教授和学生将汉语版表达性词汇测试翻译为维吾尔语，并完成修订、预测试的工作（华东师范大学儿童语言研究中心，2011b）。测试的结构与汉语版本完全一致，修订了个别不适合维语语境的测试题目。

3. 研究过程

（1）研究为新疆参与研究的幼儿园每个班级提供了汉语图画书和维汉双语图画书，选择适宜儿童语言学习发展需要且具有较丰富的词汇和有趣内容的故事类图画书，丰富儿童在双语幼儿园中的阅读环境。

（2）为教师提供培训。培训的内容包括教师对儿童语言学习与发展的认识和早期阅读教育的观念方法；在开始提供早期阅读活动设计的基础上，逐渐带领教师设计指导儿童阅读图画书的系列活动；同时经常通过网络形式组织教师开展对于阅读图画书指导活动的反思。

（3）研究团队跟随研究进程，对参与研究的维族儿童进行追踪性的汉语和维语的接受性和表达性词汇测试。四轮数据收集的时间分别为：2012年4月（T1）、2012年9月（T2）、2013年3月（T3）和2013年9月（T4）。

第二节 学前民族儿童双语语义理解与表达水平的横向测查分析

词汇学习是语言发展的重要领域,对语言习得以及其他认知能力发展都有重要影响(陈永香、朱莉琪等,2009)。对于双语儿童,词汇语义的掌握是双语习得的基础。有研究显示双语儿童两种语言的词汇发展并不是简单的线性关系(Cha & Goldenberg, 2015)。本节将具体描述新疆学前民族儿童两种语言的理解性语义和表达性语义发展现状和特征。

一、学前民族儿童汉语理解性语义和表达性语义发展特征描述

研究采用汉语接受性词汇测验和表达性词汇测验,考察新疆学前双语教育情境中民族儿童汉语理解性与表达性语义发展现状。研究首先发现,男女童在汉语理解性和表达性语义发展上没有显著差异($F_{(PPVT-C)}(1,371)=0.118$, $p>0.05$;$F_{(EVT-C)}(1,368)=0.009$,$p>0.05$)。其次,从图 5-1a 可以看出,4-6 岁少数民族儿童的理解性语义和表达性语义发展水平呈现出随着年龄变化而逐渐提高的发展特征。方差分析结果显示不同年龄之间少数民族学前儿童的汉语理解性和表达性语义能力均具有显著差异($F_{(PPVT-C)}(2,374)=72.291$, $p<0.001$;$F_{(EVT-C)}(2,371)=106.662$, $p<0.001$)。此外,为横向比较民族儿童两种语义的发展状况,研究将 PPVT 和 EVT 得分转化为标准 Z 分数(图5-1b),据此发现,民族儿童在 4 岁和 5 岁时,两种语义水平具有显著差异($t_{(4岁)}=4.424$, $p<0.001$;$t_{(5岁)}=2.106$, $p<0.05$),6 岁时基本持平。理解性语义能力发展在 5-6 岁具有显著提升的态势,而 4-6 岁少数民族儿童的表达性语义能力一直呈现稳步增长趋势。研究结果可能预示,在现有的新疆学前双语教育情境中,5 岁至 6 岁是民族儿童汉语词汇语义较快习得的阶段。

在此基础上,研究进一步分析了民族儿童对汉语不同词类的习得水平。对接受性词汇测试中每题进行词类划分,并统计每位儿童的 PPVT 总错误率、名词词类错误率、动词词类错误率和修饰性词类错误率。结果发现不同年龄儿童之间 PPVT 错误率($F(2,348)=41.492$, $p<0.001$)、名词词类错误率($F(2,347)=43.602$, $p<0.001$)、动词词类错误率

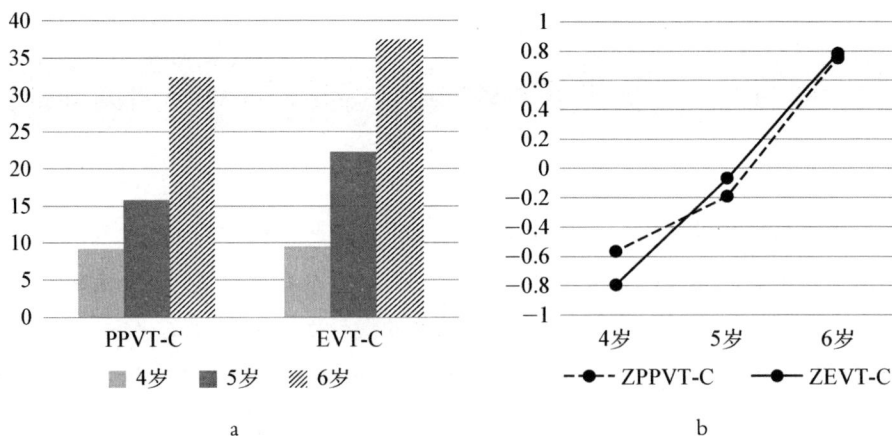

图 5-1　新疆学前民族儿童汉语理解性词汇与表达性词汇测验得分

（F(2,251)＝7.938，p＜0.001)和修饰性词类错误率(F(2,275)＝3.369，p＝0.036＜0.05)均有显著差异。图 5-2 显示,在民族儿童汉语理解性和表达性语义逐渐上升的发展过程中,他们的理解性语义错误率由 4 岁的 58.95%降低到 6 岁的 36.50%,降幅为22.45%,说明随年龄增长学前儿童对实词的理解程度在不断提高;在各种类型实词习得过程中,名词错误率由 4 岁的 56.62%降低到 6 岁的 31.53%,降幅为 25.09%,表明民族儿童的名词错误率相对较低且错误率下降速度较快;儿童的动词错误率由 4 岁的69.10%降低到 6 岁的 51.02%,降幅为 18.08%,从中可以看出民族儿童随年龄增长对动词的掌握程度有所提高,但错误率仍然在 50%以上。上述结果证明对于新疆民族儿童,

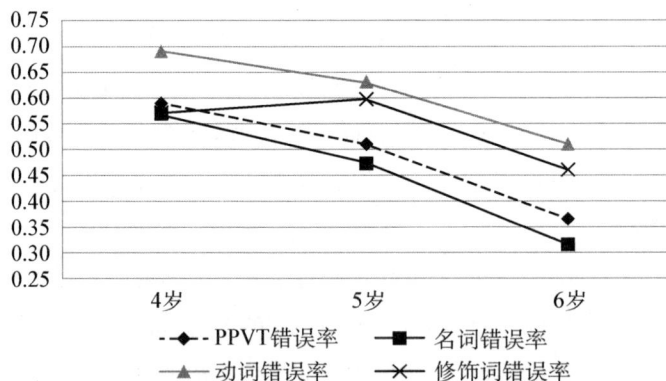

图 5-2　新疆学前民族儿童汉语不同词类的错误率

他们在汉语语义的具体习得中,呈现出与单语儿童语言发展的相似规律:实词类型习得较早,名词习得比例最高(李宇明,1995)。

二、学前民族儿童维语理解性语义和表达性语义发展特征描述

研究同时采用维语接受性词汇测验和表达性词汇测验,考察新疆学前双语教育情境中民族儿童母语理解性与表达性语义发展现状。研究同样发现男女童在两种语义发展上没有显著差异($F_{(PPVT-U)}(1,340)=0.360$,$p>0.05$;$F_{(EVT-U)}(1,340)=0.378$,$p>0.05$)。其次,图 5-3a 显示,随着年龄增长,民族儿童在理解性与表达性语义发展上呈现显著的增长趋势($F_{(PPVT-U)}(2,344)=38.781$,$p<0.001$;$F_{(EVT-U)}(2,344)=19.210$,$p<0.001$)。此外,通过比较民族儿童两种语义能力的标准分数(图 5-3b),我们发现 4 岁时和 5 岁时,民族儿童在两种语义能力发展上并无显著差异($p>0.05$),而到 6 岁时,理解性语义显著高于表达性语义水平($t=2068$,$p<0.05$)。同时,民族儿童的母语理解性语义能力在 5-6 岁有显著提升的态势,而 4-6 岁少数民族儿童的表达性语义能力一直呈现稳步增长趋势。

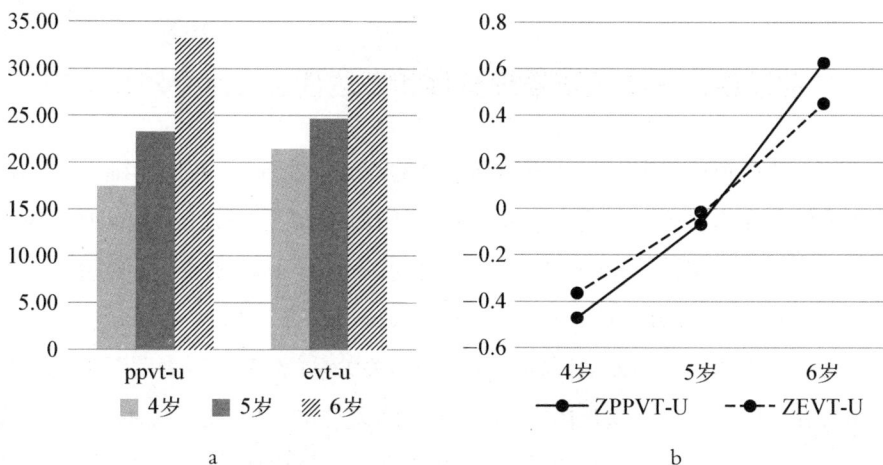

图 5-3　新疆学前民族儿童维语理解性词汇与表达性词汇测验得分

此外,我们将民族儿童双语理解性语义和表达性语义水平与上海汉语儿童相比(见表 5-1),可以发现,民族儿童无论是母语还是汉语语义发展水平都远低于上海儿童。尽管国际研究已经得出双语儿童在词汇量和词汇通达能力上或许低于单语儿童的结论

（Bialystok & Craik，2010），尽管将上海汉语儿童和新疆民族儿童直接进行对比较为苛刻，但上海儿童的数据，相对代表了汉语发展水平较好的儿童，新疆双语儿童与之相比所呈现出来的这一显著差异，或可说明新疆民族儿童无论母语还是汉语，其词汇语义水平显著落后，需要引起教育工作者的关注。

表 5-1 新疆民族儿童与上海汉语儿童理解性词汇与表达性词汇测试得分比较

	民族儿童汉语 PPVT		民族儿童母语 PPVT		上海儿童汉语 PPVT	
	M	SD	M	SD	M	SD
4 岁	9.18	8.93	17.40	10.618	30.5	15.491
5 岁	15.8	14.511	23.27	12.179	45.45	16.288
6 岁	32.38	19.178	33.20	16.365	70.95	15.063
	民族儿童汉语 EVT		民族儿童母语 EVT		上海儿童汉语 EVT	
	M	SD	M	SD	M	SD
4 岁	9.47	9.814	21.44	9.349	42.93	8.052
5 岁	22.31	16.584	24.69	7.833	47.1	4.217
6 岁	37.46	13.892	29.30	10.618	56.75	6.576

三、学前民族儿童维汉双语理解性和表达性语义水平对比分析

上述两小节单独分析了民族儿童两种语言的语义发展水平，在此基础上研究者进一步对比了他们两种语言语义发展的差异。首先已有研究认为，双语学习者拥有相互重叠的语义脑网络（Abutalebi，2008），双语儿童的两种语言能够相互作用、共同发展（Hammer, Hoff, Uchikoshi, Gillanders, Castro & Sandilos，2014）。而本研究民族儿童维汉双语理解性和表达性语义发展同样呈现显著相关关系（表 5-2），表明新疆民族儿童维汉双语语义在共同发展。但通过图 5-4 中双语语义对比分析，我们发现 4-6 岁民族儿童母语接受性语义水平均高于汉语，而表达性语义上却呈现显著交互效应。综合表明民族儿童在双语习得和学习中，母语和汉语语义虽然共同发展，但发展速率明显不同，这需要引起教育工作者的注意。尤其民族儿童的母语表达性语义发展显著慢于汉语，并且在 6 岁时显著低于汉语表达性语义水平。这需要我们思考背后的原因以及如何保证民族儿童双语语义都能获得优质发展。

表 5-2　新疆学前民族儿童维汉双语理解性和表达性词汇测试相关分析

	EVT-C	PPVT-U	EVT-U
PPVT-C	.777**	.472**	.328**
EVT-C		.419**	.292**
PPVT-U			.672**

注：** 表示 p<0.01

a

b

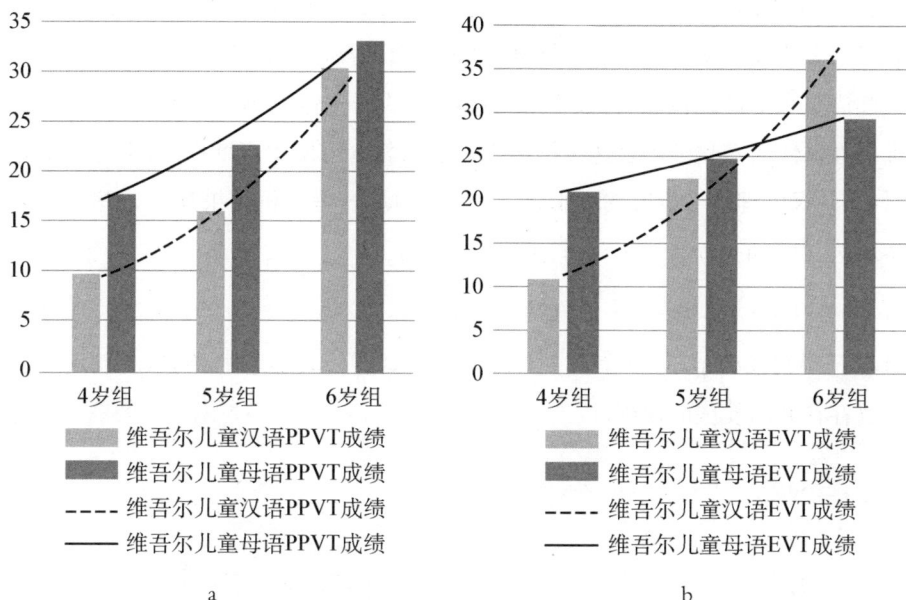

图 5-4　新疆学前民族儿童维汉双语理解性与表达性词汇测试对比分析

第三节　学前民族儿童双语语义理解与表达水平共同发展的追踪分析

　　词汇语义是儿童语言能力的基础，在词汇语义研究中，人们将之分为理解性语义与表达性语义两个方面，分别指儿童能够辨认和理解的单词或者能用正确发音表达的单词（Haycraft，1978；Nation，1990；Laufer，1998）。词义的理解是儿童正确使用和理解语言的基础,是语言发展中极为重要的方面。如前所述,前期研究发现民族儿童的语义理解和表达存在瓶颈性困难,本项研究重点考察在引入图画书阅读资源和教师指导儿童开展阅读活动后,良好的语言输入能否提升民族儿童的理解性和表达性语义发展。

研究者采用汉语和维语的接受性词汇和表达性词汇测查工具,分别考察新疆学前双语教育情境中民族儿童汉语和维语的理解性与表达性语义发展现状。从下图5-5可以看出,在研究的起点测查情况是,民族儿童的维语理解性水平(PPVT-U)和维语表达性水平(EVT-U)略高于汉语的理解性语义水平(PPVT-C),与汉语表达性语义水平(EVT-C)相仿;经过一年半的以汉语为主的双语教育和图画书阅读学习,民族儿童的汉语理解性语义和汉语表达性语义水平均快速提高;民族儿童的汉语理解性语义水平仍然低于他们的表达性语义水平,可能暗示着教育过程中汉语的语言输入仍然有着提升空间;民族儿童的维语理解性语义和维语表达性语义也在双语教育情境中逐渐提高,但是发展速率缓于汉语,达到汉语理解性语义的相似水平;重复测量方差分析结果显示追踪过程民族学前儿童两种语言的理解性($F(3,117)_{汉语} = 69.54$,$p < .001$,$\eta_p^2 = .64$;$F(3,118)_{维语} = 33.77$,$p < .001$,$\eta_p^2 = .46$)和表达性语义能力($F(3,116)_{汉语} = 14.59$,$p < .001$,$\eta_p^2 = .27$;$F(3,117)_{维语} = 14.58$,$p < .001$,$\eta_p^2 = .27$)增长均具有极其显著的差异,表明民族儿童的两种语言存在共同发展的现象。

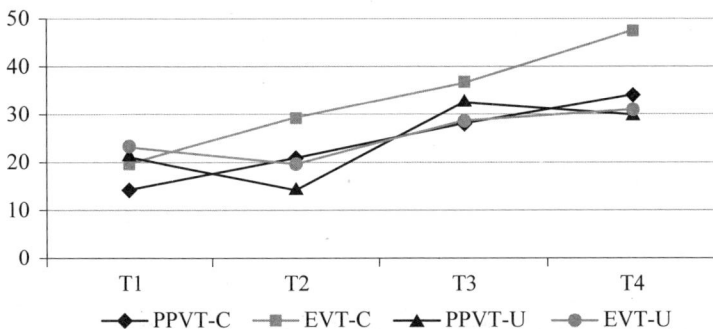

图5-5　学前民族儿童汉语和维语的理解性语义与表达性语义
　　　　发展的追踪情况分析

基于语义是儿童语言发展的关键因素,直接影响儿童双语发展质量方面的考虑,本研究通过多种角度考察了新疆维族儿童双语语义习得发展,发现了在学前双语教育情境中民族儿童双语共同发展的一些证据。本项研究重点考察新疆学前双语教育情境下民族儿童的汉语和母语的语义发展情况,研究结果揭示了维族儿童获得了两种语言在理解性和表达性语义上的持续发展态势。语义发展是儿童语言发展的核心要素,是第二语言学习的儿童语言习得的难点和重点。本研究中为幼儿园引入图画书阅读资源,并且由教师开展指导儿童阅读图画书活动,良好的语言输入对参与研究的维族儿童的语言发展产生了影响。四次追踪测查的研究结果告诉我们,维族儿童的汉语理解性语义和表达性语义都获得了长足的进步,为入学打下了良好语言经验的基础。与此同时,维族儿童的维语理解性语义和表达性语义也出现发展和提升的状态。虽然发展的速率随着汉语语义发展的加速有所减缓,但是,维语语义持续发展本身证明了维族儿童双语共同发展的现象,引导我们进一步思考民族儿童的双语教育如何坚持双语共同发展。

值得我们关注的是,在维族儿童两种语义发展的追踪过程中,研究发现了表达性语义处于优势发展状态。无论是汉语的理解性语义和表达性语义,还是维语的理解性语义和表达性语义,研究数据都表现出表达性语义水平在不同年龄阶段优于理解性语义水平。根据国际已有研究的经验,儿童语义习得过程中,理解性语义的习得先于语言的表达,理解性语义所代表的儿童概念习得水平与认知发展关系更为密切(Gleason,2005)。研究结果需要我们进一步反思新疆学前双语教育的现场,并深入思考新疆学前双语教育的课程、教材和教学过程。根据教育部发布的《3—6岁儿童学习与发展指南》的要求,新疆学前双语教育不应以"会说"为根本教学目标,而应将"认真听并能听懂常用语言"放在幼儿园语言教育的首位,"为幼儿创设自由、宽松的语言交往环境,鼓励和支持幼儿与成人、同伴交流,让幼儿想说、敢说、喜欢说并能得到积极回应。为幼儿提供丰富、适宜的低幼读物,经常和幼儿一起看图书、讲故事,丰富其语言表达能力,培养阅读兴趣和良好的阅读习惯,进一步拓展学习经验"。

第四节　学前民族儿童双语语义理解与语义表达的教育环境差异分析

在民族儿童汉语和维语的理解性语义及表达性语义总体发展呈现良好态势的基础上,我们进一步考察处于不同区域环境儿童的语言发展情况。

首先,从不同区域教育环境的角度考察学前民族儿童两种语言的语义发展水平。

W市是新疆社会文化和经济发展迅速的中心都会城市,汉语人口和使用比例居高,普通话已经是这座城市非常普及的交流语言。相比较而言，T县的民族居住人口比例较高，而且民族语言的使用比较普遍。因此，两个不同的语言环境中，儿童的两种语言的语义习得存在着一定的差异。

从表5-3和图5-6可以看出，从汉语语义理解和表达的水平来分析，在整体上，W市儿童得分均显著高于T县儿童（$p_s < .001$）。W市儿童的起点测查得分几乎是T县儿

表5-3　W市和T县儿童汉语与维语理解性语义和表达性语义得分追踪比较

		T1	T2	T3	T4
PPVT-C	W市	16.49	17.82	21.87	27.33
	T县	6.20	8.52	13.08	19.78
EVT-C	W市	24.35	28.11	34.07	44.63
	T县	7.79	13.78	21.92	26.87
PPVT-U	W市	19.54	15.77	25.43	24.22
	T县	18.19	10.82	19.50	17.82
EVT-U	W市	23.79	23.32	26.58	29.17
	T县	25.19	14.34	28.34	31.95

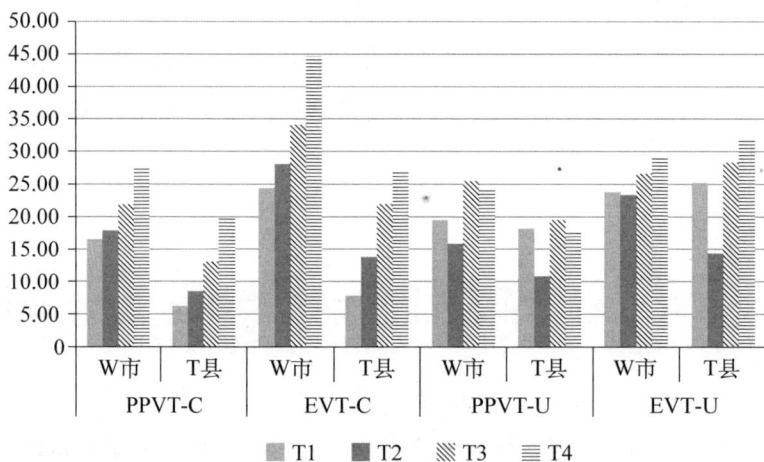

图5-6　W市和T县儿童汉语与维语理解性语义和表达性语义发展追踪比较

童的三倍。在一年半的双语学习过程中，W市儿童和T县儿童都有了长足的发展。在第四次测查的时候W市儿童仍然高于T县儿童几乎10分，但是两个区域儿童的差距在缩小。两地儿童的维语语义理解和表达水平测查结果不同，他们在起点测验得分比较接近，T县儿童的维语理解水平略低于W市儿童，但他们的维语表达水平得分略高于W市儿童。经过一年半的双语学习之后，在第四次测查时，T县儿童在汉语理解水平比较快速增长的同时，他们的维语理解水平仍然显著低于W市儿童（$F(1,194)=4.53$，$p<.05$），而他们的维语语义表达水平超过了W市儿童。

上述研究结果告诉我们，无论在W市还是T县，两地儿童的双语教育都对儿童的汉语和维语共同发展起到了促进作用。但是，W市的语言环境可能对这里生活着的儿童来说，有更多的汉语学习和使用的机会，因此儿童的汉语语义理解和表达能力发展速率比较快一些。而T县更为浓郁的民族语言环境，则对那里生活的儿童使用维语表达的能力产生了影响。值得我们关注的是，T县儿童的维语语义理解水平仍然在原有水平基础上徘徊。这个问题需要我们考虑，T县儿童在生活中可能有更多使用维语的机会，但是他们的语言环境中同时缺乏有质量的维语语言输入。

其次，从不同教育质量环境的角度考察民族儿童两种语义发展的水平。

根据教育部门评价标准，我们将此次参加研究的民族儿童所在的幼儿园分为优质园和普通园两种类型。在分析不同地域、不同教育模式条件下儿童语言发展水平的基础上，进一步探讨不同类型幼儿园学前民族儿童两种语言的语义理解与语义表达的发展状况。研究结果显示，优质园儿童的汉语语义理解和语义表达水平，在研究起点即高于普通园儿童（$F(1,376)_{PPVT-C}=31.19$，$p<.001$；$F(1,376)_{EVT-C}=79.59$，$p<.001$），优质园民族儿童的家庭资源对儿童汉语学习水平可能存在一定的影响。而在追踪的四次测查中，优质园民族儿童的语义理解（$F(1,118)=21.35$，$p<.001$）和语义表达水平（$F(1,117)=41.79$，$p<.001$）显著高于普通园儿童，随时间增长出现显著的差异。由此可见，幼儿园质量水平对于维族儿童汉语语义能力的发展具有更为重要的影响。

与此同时，再次考察分析不同类型幼儿园民族儿童维语语义发展水平。两种类型幼儿园民族儿童在第一次测查，即研究起点时期维语的理解性语义（$F(1,342)=3.38$，$p>.05$）和表达性语义（$F(1,342)=.32$，$p>.05$）平均成绩差异不显著。但是，随着时间增长儿童在发展过程中出现了与起点不同的结果。在两类儿童维语语义均有发展的前提下，优质园民族儿童的维语语义理解水平，在第三阶段（$F(1,286)=6.25$，$p<.05$）和第四阶段（$F(1,194)=6.90$，$p<.05$）超越了普通园民族儿童，而他们的维语语义表达水平

与普通园儿童处于相似而差异不显著状态（F(1,286)$_{EVT3}$＝2.72，p＞.05；F(1,187)$_{EVT4}$＝.42，p＞.05）。可以说，在汉语语义能力的发展优于普通园儿童的同时，优质园儿童维语语义理解能力的发展水平显著高于普通园儿童，而他们的维语语义表达水平与普通园儿童水平相当。

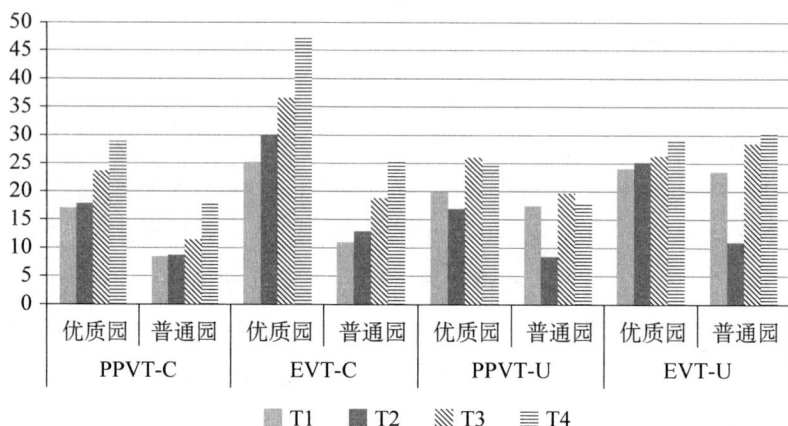

图 5-7　不同类型幼儿园民族儿童汉语与维语理解性语义和表达性语义发展追踪比较

　　研究结果表明，新疆学前双语教育情境下，身处不同地域和不同水平园所的民族儿童，他们的汉语和维语的语义习得存在着显著的发展差异。儿童的汉语学习与发展不仅可能受到园所地域和园所质量因素的影响，而且儿童母语的保持与发展，可能更多受到有质量的教育环境而非语言物质环境的影响。从这样的角度看待新疆学前双语教育，才能全面提升学前教育质量内涵，才能将双语教育成效最终落实到儿童全面发展上。

　　再次，从不同教育模式的角度考察民族儿童两种语义发展的水平。

　　浸入式第二语言教学模式，近年在加拿大和美国受到理论和实践研究者的高度关注（Siegel，2009）。这种具有整合理念的教学模式缘起于当代课程发展变革，体现了当代儿童学习、儿童发展、儿童教育的新观念（周兢，2008）。浸入式第二语言学习通常采用整合课程的学习方式，在集聚相关内容的方式下呈现学习内容，使儿童在各种不同主题单元中浸入地学习第二语言。考察我国新疆地区的学前儿童双语教育，目前主要存在两种浸入汉语教学的教育模式。一种是全天浸入的教育模式，即儿童在园时间均沉浸于汉语学习过程之中，而他们的母语学习主要在家庭中实现。另外一种是部分浸入的教育模式，即儿童的主体课程采用汉语学习，而在园一日生活其他环节则仍然使用母语进行交流。

在两种浸入式的教育模式下学习语言,维族学前儿童汉语和维语的理解性语义发展和表达性语义发展有什么样的差别呢?

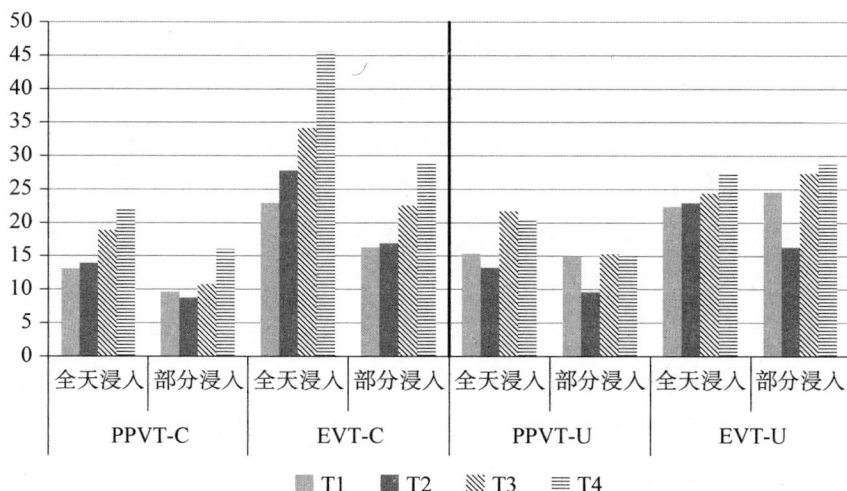

图5-8　两种教育模式下儿童汉语与维语理解性语义和表达性语义发展追踪比较

从汉语的理解性语义和表达性语义发展情况来看,全天浸入教育模式下学习的维族儿童发展速率均高于部分浸入式学习的儿童($F_{(1,117)PPVT-C} = 19.51$, $p < .001$; $F_{(1,116)EVT-C} = 21.64$, $p < .001$)。仔细观察这两种教育模式下的儿童表现,无论是理解性语义发展,还是表达性语义发展,都在随着年龄增长的追踪过程中呈现出发展差别距离增大的倾向。

更值得我们关注的是两种教育模式下儿童的维语发展情况。在追踪研究的开端,两组儿童的维语语义理解($F_{(1,334)} = .18$, $p > .05$)和语义表达发展水平相似($F_{(1,334)} = 1.30$, $p > .05$),但在不同浸入式教育学习过程中出现发展差异。采用部分汉语浸入的教育模式,维族儿童拥有一定的在幼儿园学习和使用维语交流的环境,但是这部分维族儿童的维语并未表现出比全天汉语浸入教育儿童发展更好的倾向。追踪研究的第四次测查结果显示,部分汉语浸入教育的维族儿童,他们的维语理解性语义发展水平低于全天汉语浸入教育的儿童($F_{(1,185)} = 10.22$, $p < .05$; $PPVT-U_{部分浸入} = 26.01$; $PPVT-U_{全天浸入} = 19.00$),而他们的维语表达性语义水平与全天汉语浸入教育儿童没有显著性差异($F_{(1,178)} = .86$, $p > .05$)。换言之,部分汉语浸入教育模式,试图留有一定的在园时间给儿童学习和使用母语,然而研究结果却显示,这种教育模式中学习的维族儿童的母语并没有因此具有比全天汉语浸入式学习的儿童发展更好的优势。究竟是什么原因造成这样的结果,值得我们高度重视并予以深入探讨。

研究还发现了新疆学前双语教育情境下,身处不同地域和不同水平园所的民族儿童,他们的汉语和维语的语义习得存在着显著的发展差异。上述结果述说一个不够新颖但仍需我们重视的问题,不仅儿童的汉语学习与发展可能受到园所地域和园所质量因素的影响,而且儿童的母语保持与发展,也可能更多受到有质量的教育环境而非语言物质环境的影响。从这样的角度看待新疆学前双语教育,全面提升学前教育质量内涵才能将双语教育成效最终落实到儿童全面发展上。

在比较了两种浸入式汉语教育模式的儿童语义发展情况之后,发现在现有条件下全天浸入式更加有利于民族儿童的双语学习与发展。在全天汉语浸入教育模式下学习的民族儿童,他们的汉语理解性语义、汉语表达性语义以及维语理解性语义发展水平均显著高于部分汉语浸入教育模式的民族儿童。此研究结果证明了国际双语教育有关浸入式研究的已有结论,采用完整浸入式教育方式对早期第二语言学习具有良好的促进发展作用(Siegel,2004;周兢,2004)。研究中发现全天汉语浸入式教育中民族儿童母语的理解性语义发展存在优势,可能预示了本研究通过图画书阅读进行有质量地语言输入,促进了新疆民族儿童汉语学习中汉语语义理解水平的提升,从而产生了“一个概念,两种符号”的母语理解性语义获得的作用。但是,有关新疆学前双语教育浸入式教育模式如何更好地促进儿童双语乃至全面发展的问题,仍需要更为深入的探讨研究。

综上所述,如何在新疆学前双语教育工作中,帮助民族儿童获得汉语发展的良好学习环境,同时保持民族儿童母语的健康发展,这是我国早期教育和语言教育研究者面临的重大挑战。基于语义是儿童语言发展的关键因素,直接影响儿童双语发展质量方面的考虑,研究通过多种角度考察了新疆维族儿童双语语义习得发展,发现了在学前双语教育情境中民族儿童双语共同发展的一些证据:(1)追踪研究结果表明,在新疆学前双语教育情境下民族儿童获得了两种语言在理解性和表达性语义上的持续发展态势。四次追踪测查的研究结果显示,民族儿童的汉语理解性语义和表达性语义都获得了长足的进步,与此同时,维族儿童的维语理解性语义和表达性语义也呈现发展和提升的状态。虽然发展的速率随着汉语语义发展的加速有所减缓,但是,维语语义持续发展本身证明了维族儿童双语共同发展的现象,引导我们进一步思考民族儿童的双语教育如何坚持双语共同发展的观念。(2)研究也发现了新疆学前双语教育情境下,身处不同地域和不同水平园所的民族儿童,他们的汉语和维语的语义习得存在着显著的发展差异。需要重视的是,儿童的汉语学习与发展不仅可能受到园所地域和园所质量因素的影响,而且儿童母语的保持与发展,可能更多受到有质量的教育环境而非语言物质环境的影响。从这样的角度看待新疆学前双语教育,全面提升学前教育质量内涵才能将双语教育成效最终落实到儿童全面发展上。(3)研究比较了两种浸入式汉语教育模式的儿童语义发展情况,在现有条件下发现,比起部分汉语浸入式教育模式,全天浸入式更加有利于民族儿童的双语学习与发展。这种研究结果证明了国际双语教育有关浸入式研究的已有结论,采用完整浸入式教育方式对早期第二语言学习具有良好的促进发展作用(Siegel,2004;周兢,2004)。研究中发现全天汉语浸入式教育中民族儿童母语的理解性语义发展存在优势,可能预示了本研究通过图画书阅读进行有质量地语言输入,促进了新疆民族儿童汉语学习中汉语语义理解水平的提升,从而产生了"一个概念,两种符号"的母语理解性语义获得的作用。但是,有关新疆学前双语教育浸入式教育模式如何更好地促进儿童双语乃至全面发展的问题,仍需要更为深入的探讨研究。

本章主要参考文献

1. Abutalebi J. (2008). Neural aspects of second language representation and language control. Acta Psychologica, 128(3),466 - 478.

2. Alice G. , Green D. W. , Nilufa A. , Crinion J. T. & Price C. J. (2009). Structural correlates of semantic and phonemic fluency ability in first and second languages. Cerebral Cortex, 19(11),2690 - 2698.

3. Baker C. (2004). Foundations of Bilingual Education and Bilingualism (4th ed.). Clevedon: Multilingual Matters.

4. Benedict H. (1979). Early lexical development: comprehension and production. Journal of Child Language, 6(2),183 - 200.

5. Bialystok E. & Craik F. I. (2010). Cognitive and linguistic processing in the bilingual mind. Current directions in psychological science, 19(1),19 - 23.

6. Carlisle J. F. (1999). Relationship of metalinguistic capabilities and reading achievement for children who are becoming bilingual. Applied Psycholinguistics, 20(4),459 - 478.

7. Cha K. & Goldenberg C. (2015). The complex relationship between bilingual home language input and kindergarten children's Spanish and English oral proficiencies. Journal of Educational Psychology, 107,935 - 953.

8. Cheung H. , Chung K. K. H. , Wong S. W. L. , Mcbridechang C. , Penney T. B. & Ho S. H. (2010). Speech perception, metalinguistic awareness, reading, and vocabulary in chinese-english bilingual children. Journal of Educational Psychology, 102(2),367 - 380.

9. Cummins J. (2000). Language, Power and Pedgogy: Bilingual Children in the Crossfire. Clevedon: Multilingual Matters.

10. Cummins J. (1979). Cognitive/academic language proficiency, linguistic interdependence, the optimum age question and some other matters. Working papers on bilingualism, no. 19. Academic Achievement, 9.

11. Farkas G. & Beron K. (2004). The detailed age trajectory of oral vocabulary knowledge: differences by class and race. Social Science Research, 33(3),464 - 497.

12. Gilliam W. S. & de Mesquita P. B. (2000). The Relationship Between Language and Cognitive Development and Emotional-Behavioral Problems in Financially-Disadvantaged Preschoolers: A Longitudinal Investigation. Early Child Development and Care, 162(1), 9 - 24.

13. Green D. W. , Crinion J. & Price C. J. (2007). Exploring cross-linguistic vocabulary effects on brain structures using voxel-based morphometry. Bilingualism: Language and Cognition, 10 (2 (Special Issue: Neurocognitive Approaches to Bilingualism: Asian Languages)), 189.

14. Hall W. S. , Nagy W. E. & Linn R. L. (1984). Spoken words, effects of situation and social group on oral word usage and frequency. Lawrence Erlbaum.

15. Hammer C. S. , Hoff E. , Uchikoshi Y. , Gillanders C. , Castro D. & Sandilos L. E. (2014). The language and literacy development of young dual language learners: a critical review. Early Childhood Research Quarterly, 29(4),715 - 733.

16. Hart B. & Risley T. R. (1995). Meaningful differences in the everyday experience of young American children. Paul H Brookes Publishing.

17. Haycraft. (1978). Second language reading and vocabulary learning. Norwood, NJ:

Ablex.

18. Jean Berko Gleason. 2005. The development of language, 6th edn. Boston, MA: Pearson.

19. Laufer B. (1998). The development of passive and active vocabulary in a second language: same or different? Applied Linguistic, 19(2),255 – 271.

20. Mechelli A. , Crinion J. T. , Noppeney U. , O'Doherty J. , Ashburner J. & Frackowiak R. S. , et al. (2004). Neurolinguistics: structural plasticity in the bilingual brain. Nature, 431(7010),757.

21. Nation I. S. P. (1990). Teaching and Learning Vocabulary. New York: Newburry house Publishers.

22. NICHD Early Child Care Research Network. (2005). Pathways to reading: the role of oral language in the transition to reading. Developmental psychology, 41(2),428 – 442.

23. Perani D. , Abutalebi J. , Paulesu E. , Brambati S. , Scifo P. & Cappa S. F. , et al. (2003). The role of age of acquisition and language usage in early, high-proficient bilinguals: an fMRI study during verbal fluency. Human Brain Mapping, 19(3),170 – 182.

24. Portocarrero J. S. , Burright R. G. & Donovick P. J. (2007). Vocabulary and verbal fluency of bilingual and monolingual college students. Archives of Clinical Neuropsychology, 22(3),415 – 422.

25. Qi C. H. , Kaiser A. P. , Milan S. & Hancock T. (2006). Language performance of low-income African American and European American preschool children on the PPVT – III. Language, Speech, and Hearing Services in Schools, 37(1),5 – 16.

26. Restrepo M. A. , Schwanenflugel P. J. , Blake J. , Neuharth-Pritchett S. , Cramer S. E. & Ruston H. P. (2006). Performance on the PPVT – III and the EVT: Applicability of the measures with African American and European American preschool children. Language, Speech, and Hearing Services in Schools, 37(1),17 – 27.

27. Siegel L. Bilingualism and reading. In Handbook of Children's Literacy (pp. 673 – 689). Springer Netherlands, 2004.

28. Valdes G. (1997). Dual-language immersion programs: a cautionary note concerning the education of language-minority students. Harvard Educational Review, 67(3),391 – 429.

29. Washington J. A. & Craig H. K. (1999). Performances of at-risk, African American preschoolers on the peabody picture vocabulary test-III. Language, Speech, and Hearing Services in Schools, 30(1),75 – 82.

30. Wells G. (1986). The meaning makers：Children learning language and using language to learn. Heinemann Educational Books Inc.，70 Court St.，Portsmouth，NH 03801.

31. Williams K. T. （1997）. Expressive vocabulary test. Circle Pines，Minn. American Guidance Service.

32. 陈思. 新疆维吾尔族学前儿童汉语早期阅读干预的有效性研究[D]. 华东师范大学,2014.

33. 陈永香,朱莉琪,等. 词汇学习中"快速映射"现象的机制[J]. 心理科学进展,2009(1)：71－77.

34. 邓联健. 二语产出性词汇能力发展研究综述[J]. 外语与外语教学,2006(2)：25－27.

35. 耿军,罗志春. 汉语作为第二语言写作的词汇教学[R]. 创新教育国际学术会议,2012：427－430.

36. 华东师范大学儿童语言研究中心(2011a). 毕保德图片词汇测试—维语版.

37. 华东师范大学儿童语言研究中心(2011b). 表达性词汇测试—维语版.

38. 李传江. 新疆少数民族学前儿童汉语语义发展研究[D]. 华东师范大学,2013.

39. 李宇明. 儿童语言的发展[M]. 武汉：华中师范大学出版社,1995：93－95.

40. 陆莉,刘鸿香. 修订毕保德图画词汇测验[M]. 台北：心理出版社,1994.

41. 王晓,黄晖,乐宝珍,等. 家庭环境因素与流动人口学龄前儿童图片词汇测试结果相关因素分析[J]. 中国儿童保健杂志,2009(3)：358－360.

42. 辛宏伟. 3－6岁维吾尔族儿童汉语语言发展研究[D]. 华东师范大学,2011.

43. 中华人民共和国教育部. 3－6岁儿童学习与发展指南[M]. 北京：首都师范大学出版社,2012.

44. 周兢,李传江,杜丽君,等. 新疆学前双语教育情境中民族儿童的汉语发展研究[J]. 华东师范大学学报(教育科学版),2014(1)：11－19.

45. 周兢. 对我国学前儿童英语教育定位的思考[J]. 学前教育研究,2004(12)：4－6.

46. 周兢. 论幼儿园整合课程的有机联系——兼谈幼儿教育整体观在课程实践中兑现的几个问题[J]. 学前教育,2008(5)：16－19.

第六章

新疆学前民族儿童叙事语言成长的追踪研究 杨晓岚

叙事（narrative）又称说故事（story-telling），是一种脱离语境进行有组织表述的语言能力。有关儿童叙事能力发展的研究，涉及诸多学科领域（Riessman，1993）。三十余年来，学者们试着从语言学、社会语言学、心理语言学等学科探讨儿童的叙事能力，分析叙事者在叙事中反映出来的语言能力、社会能力以及认知心理状况。本研究聚焦新疆学前民族儿童的叙事语言发展，跟踪考察在新疆学前双语教育情景中，学前民族儿童叙事语言发展的情况，并据此对新疆学前双语教育提出一些建议。

第一节　研究背景与研究设计

一、儿童叙事语言发展研究概述

（一）叙事的定义

叙事（narrative）一词源于拉丁文的 narratio，本意指的是行为和具有连续性的体验（杨宁，2005）。在我们日常的交谈中，"叙事"这一术语最普遍的意思是指任何口头或书面的陈述（也就是讲故事）。尽管以往学者对叙事的定义各不相同，但比较共识的叙事内涵是：叙事是对时间上相互承接事件的叙述（杜丽君，2013）。叙事把情感、认知、社会和文化等多方面信息融合在一起，所有这些构成了个人、家庭和社会的历史（McCabe，1996）。在叙事过程中体现了儿童多种综合能力的发展水平。当一名儿童可以顺利地完成一个叙事任务的时候，体现的并不仅仅是其语言表达能力的发展，而是包括了认知、情感和社会性等各个方面的能力。叙述也是一种很好的激发儿童想象力的方法。书本并不是儿童接触文字最常见、最为重要的方式，最直接的方式往往是来自儿童自己去回顾过往,思考过去,并谈论过去的经历(Dennie Palmer Wolf, 1993;张放放,2010)。

(二)学前儿童叙事能力

近 20 年来,有关儿童叙事能力的研究逐渐受到重视(周兢,2009)。儿童语言发展研究者们不仅关注儿童在语音、语义、语法方面的发展,同时也开始关注儿童在说一个以上的句子时所表现和所需要的语言能力(例如,如何使用连接词连接不同句子的能力),即所谓延展言谈能力,这逐渐成为学者研究的目标。事实上,在学龄前和小学低年级阶段,儿童延展言谈能力的发展是其语言发展中最明显的部分(Karmiloff-Smith, 1986)。延展言谈能力包括叙事、解释、说明等能力,其中叙事能力是儿童一项重要的语言能力(周兢,2009)。儿童的叙事能力逐渐受到重视,原因有以下四个方面:首先,儿童的叙事能力和其日后的语言能力有密切的关系。其次,儿童在叙事时需要具备多重的语言能力,除了基本的词汇、语法外,儿童在叙事时还要知道如何排列所叙事的内容,如何使用恰当的连接词来联结不同的句子。再次,儿童所叙述的故事不仅是其语言能力的表现,也是自我的表述。最后,不同的文化和社会族群有其特有的叙事方式,儿童的叙事能力和风格能反映出这种文化上的差异(周兢,2009)。

儿童的叙事能力一般随着年龄、语言、认知能力的发展而发展。Eisenberg(1985)和Sachs(1982)的研究显示:两岁左右的美国儿童就能开始和大人一起叙述过去的经验和生活故事,不过这个阶段孩子所叙述的故事既简短,又没有条理,而且必须依赖大人的提示和帮助。随着其认知以及语言能力的发展,三四岁儿童可以在没有大人的协助下,独立叙述,并且在叙述时提到两个以上的事件。孩子在此阶段已会使用时间和指称用语。儿童到了五六岁,一般都可以叙述一个较长和完整的故事,与三四岁儿童相比,他们更能掌握时间和指称用语的用法。Berman 和 Slobin(1983 - 1994)用青蛙故事(frog story)对儿童叙事能力发展进行的研究显示了相同结果:三岁儿童可用一系列词汇、语法描述图书中的个别事件,五岁儿童叙说青蛙故事时有了一定的结构,能用恰当的语言形式对事件以及事件之间的关系作进一步解释。九岁儿童能运用丰富的语言形式把故事组织得更清楚、更连贯,同时,也表现出特有的文化规范。成人的叙述能力最强,能够灵活自如地运用各种表达方式建构出一个主题明确、脉络清晰、连贯流畅的青蛙故事(Berman &Slobin,1994)。

(三)儿童叙事能力的研究概述

在儿童叙事能力的研究中,研究者们主要从叙事结构、叙事顺序、叙事观点、叙事语言等多个维度开展儿童叙事能力的研究,除此之外,还注重比较成年人和儿童在整个叙事过程中的不同以及比较不同文化中各自独有的叙事方式。这些研究的主要思路是让儿童讲述自己生活中的故事(Willian labov,1967,1972;Peterson & McCabe,1983;Eisenberg,1985;张鑑如,2002);或者利用图画,以青蛙为主要人物的无字图画书使用最多,《青蛙,你在哪里?》(Mayer,1969;Courtenay Frazier Norbury and Dorothy V. M. Bishop,2003;Sylvia Pantaleo,2009;John Heilmann,Jon F. Miller & Claudia Dunaway,2010)录像(Phyllis Schneider,Kara Kvile,Nikki Dooley,Kelly Millar,and Carla Monteleone)等材料激发儿童的叙述或者请儿童根据研究者提供的主题创编故事,然后通过分析儿童叙事语料来研究叙事能力的发展。更有研究者发现材料呈现方式不同,儿童所表现出来的叙事水平也不同,例如同样内容的材料,制作成动画的形式呈现给儿童比静止的图片呈现更能够激发儿童的叙事能力(Phyllis Schneider,Kara Kvile,Nikki Dooley,Kelly Millar,and Carla Monteleone)。在20世纪80年代的儿童叙事能力研究中,研究者们普遍倾向于研究儿童在叙事个人生活故事和脚本时候的表现。20世纪90年代以后,运用想象故事(无字图画书)的方法进行儿童叙事能力的研究成为主流。从研究对象来看,主要以母语为英语、法语、德语的儿童为主,以汉语普通话为研究对象的较少(杜丽君,2013)。此外,国外已有不少研究者开展了对双语儿童叙事能力发展方面的研究,研究的关注点主要集中在双语儿童第二语言叙事能力发展的特征、社会文化因素对双语儿童叙事的影响、第一语言和第二语言叙事能力的比较等。Johanne Paradis和Phyllis(2009)对以英语为第二语言的双语儿童进行测试发现,双语儿童拥有更完整的故事叙事结构,因为这是一种语言认知表面的技能,可以和儿童本身在母语中掌握的技能共享。Serratrice和Ludovica(2007)在对英印双语儿童叙事中的指称代词进行研究时也发现,具备双语能力的儿童,他们掌握的两种语言都能达到更高的语用水平。Sarah在他的著作《叙事能力的跨文化差异和对儿童学业成功的影响》中也明确指出不同种族和社会文化背景会使儿童表现出不同的叙事风格。他举例说,工薪阶层、非洲裔美国背景的儿童在叙事的时候比较零散而不是围绕着某个单一的主题进行。

叙事能力是儿童语言能力的重要组成部分,是儿童语言学习的重要内容,对促进儿童其他方面的发展具有重要作用。研究发现,叙事能力不仅对儿童从口语向读写的顺利过渡起着重要作用,而且也与儿童入学后的学习成绩呈正相关,尤其与阅读理解的成绩呈正相关。叙事能力虽然从3岁就开始出现,但直到儿童晚期,甚至成年期,才能达到一般意义上的完善。叙事能力的发展对表征发展、知识基础建构、问题解决策略的形成起着重要的支撑作用,因此许多研究者针对儿童叙事能力发展的进程和特点做了大量研究,而且一些研究者还关注了如何促进和干预儿童叙事能力的发展。促进与干预研究对儿童叙事能力的发展具有直接的现实意义,干预类研究的对象为经济收入不高、农村地区或少数民族地区的儿童。干预研究的最终目的是缩小这些儿童与正常儿童在叙事发展上存在的差距,提高他们的叙事水平,为进入小学学习做好准备。在研究者创设的叙事情境中,与儿童密切接触的成人——父母、教师以及实验人员有意识地利用某些语言手段(如讨论、提问等),引导儿童更好地理解故事内容,使儿童领悟并使用更多的叙事要素,最终提高儿童的叙事能力(曾维秀,李甦,2006)。

(四)新疆儿童叙事能力发展研究现状

自 2005 年 7 月推出《自治区关于加强少数民族学前"双语"教育的意见》后,我国第一次把双语教育的焦点放在了学前阶段,提倡少数民族孩子从小学好汉语,解决他们今后工作、学习、生活中的语言障碍。新疆儿童的叙事语言能力发展水平是反映其汉语综合水平的一项重要指标。然而目前国内针对儿童叙事能力的研究,大都关注单语儿童,对双语儿童叙事能力的研究凤毛麟角。杜丽君在 2013 年对新疆双语儿童叙事能力的研究发现,新疆维吾尔族双语儿童汉语看图叙事的故事语法水平随年龄的变化而发展,且4-5岁是新疆维吾尔族双语儿童汉语看图叙事故事语法水平的高速发展期;新疆维吾尔族双语儿童在各故事语法结构点上呈现不平衡的发展水平,角色内心动态结构点的发展水平最低。研究还发现图画书内容本身的适宜性也是影响儿童叙事能力的一个因素。随着年龄的增长,叙事语言的五大语言指标也随之提高,4-5岁年龄段的发展速率较快。而从综合宏观的故事语法水平和微观的叙事语言发展水平这两个维度来看,发现叙事语言发展水平对故事语法水平具有较强的影响力,且随着叙事任务难度的增加而影响力有所增强。

与此同时,前期研究也发现新疆学前双语教育情境中民族儿童汉语的整体学习情况都呈现不断递升的发展图景,3-6岁学前民族儿童在汉语理解性语义和表达性语义、叙事语言和学业语言,以及汉语平均语句长度等方面呈现逐渐发展的态势,因而反映出民族学前儿童良好的汉语入学准备前景(周兢等,2014)。国际和国内的有关研究已经提出,丰富而有效的语言输入是帮助儿童获得语言成长的重要途径(Valdes,1998;Cummins,2000;陈思,2014)。因此,研究者试图将早期阅读理念和图画书资源引入新疆学前双语教育,为民族儿童的语言学习构建较高质量的语言输入过程。本文将重点考察在提供早期阅读材料和教育策略干预过程中,新疆少数民族儿童汉语叙事语言的发展规律和特点,以期为新疆学前双语教育质量提升提供有效数据(周兢等,2014)。

二、新疆学前民族儿童叙事语言研究设计

(一)被试选择

研究选取乌鲁木齐市和托克逊县 12 所公立幼儿园 4 - 6 岁维吾尔族学前儿童 384 名,男女按照 1：1 比例抽取。(1)每个班级随机抽取 8 名维吾尔族儿童,所选班级均为少数民族和汉族儿童混合班级,共计 48 个班级。(2)抽测班级实行汉语教学或以汉语教学为主,儿童在幼儿园接触到的语言以汉语为主。(3)由班级中汉语教师随机选取少数民族儿童,抽取儿童前未告诉老师测查内容,仅告知选取原则：①小班抽取年龄为 48 个月(4 岁组),中班抽取年龄为 60 个月(5 岁组),大班抽取年龄为 72 个月(6 岁组),上下浮动 3 个月。

(二)测查工具

研究采用国际标准化并有汉语常模的儿童语言测试工具,主要通过叙事结构和叙事语言两个方面来考察儿童的叙事能力。本研究选用加拿大 Alberta 大学 Schneider 等人研究设计的一套通过 4 - 9 岁儿童的故事讲述来收集语言信息的工具：The Edmonton Narrative Norms Instrument,以下简称 ENNI(Schneider, Dubé & Hayward, 2005),以图画故事阅读理解与表达来评估儿童叙事语言的发展水平。ENNI 评测工具包括了两个系列的无字图画书和多个分析工具,比如故事语法分析工具、首次提及分析工具、故事理解分析工具等。该测试是由 A 和 B 两个平行的部分组成,每个部分由三个由浅入深的无文字连环画故事构成。作为 ENNI 测评工具的无字图画书,书中的图画都是由专业的儿童绘画师所绘制。每个系列包含三个故事,每个故事中的角色从 2 个到 4 个依次递增,情节也越来越复杂。这样设计的原因是希望通过不同难度的故事,更好地发现儿童叙述故事时的年龄趋势和年龄差异。

测试中儿童有 5 分钟时间自主阅读图画故事,然后依次复述 3 个故事并录音,之后施测者根据三个不同的故事,依次用汉语向儿童提问以测量儿童对阅读的理解程度。研究者依据儿童现场表现和录音对每个儿童叙述的故事进行故事语法水平打分,从而对儿童叙事结构能力进行评估。同时通过回收儿童叙述故事的录音,将语料按照"国际儿童语言资料交换系统"(Child Language Data Exchange System,简称 CHILDES)中规定的"转

录分析编码"格式(Codes for the Human Analysis of Transcripts,简称 CHAT)进行转录,在此基础上运用"计算机语言分析系统"(Computerized language Analysis,简称 CLAN)进行语料的分析,对儿童的叙事性语言发展水平进行评估。

(三)研究过程

(1)研究为新疆参与研究的幼儿园每个班级提供了汉语图画书和维汉双语图画书,选择适宜儿童语言学习发展需要且具有较丰富的词汇和有趣内容的故事类图画书,丰富儿童在双语幼儿园中的阅读环境。

(2)为教师提供培训。培训的内容包括对儿童语言学习与发展的认识和早期阅读教育的观念方法,并在开始提供早期阅读活动设计的基础上,逐渐带领教师设计指导儿童阅读图画书的系列活动,同时通过网络形式组织教师开展对于阅读图画书指导活动的反思。

(3)研究团队跟随研究进程,对参与研究的维族儿童进行追踪性的叙事性语言测试。四轮数据收集的时间分别为:2012 年 4 月(T1)、2012 年 9 月(T2)、2013 年 3 月(T3)和 2013 年 9 月(T4)。

第二节　学前民族儿童叙事语言结构能力的发展

故事的叙事结构是指故事中潜在的一些特点或者规则。发展心理学家(Mandler JM, 1978; Stein NL, 1988)认为叙事结构就是故事语法。故事语法被认为是评估儿童故事宏观叙述结构的有效工具。故事语法水平分析分为整体结构的分析和故事语法结构点的具体分析。整体结构分析主要描述的是故事的整体内容和组织结构,故事语法结构点主要描述的是整体结构中按照一定顺序出现的信息的类别。它们是一个故事被认为是好故事的基本要素(Stein & Albro, 1997; Stein & Glenn, 1979)。新疆维吾尔族双语儿童汉语叙事结构能力主要依据故事语法得分情况来评估(杜丽君,2013)。

本研究中所用到的 ENNI 评测工具主要是:A 系列无字图画书和故事语法分析工具。一个完整的故事语法结构包括:Setting 故事情境设置(人物、地点)、Initiating Event [IE]故事开端、Internal Response [IR]主角对事件的反应、Internal Plan [IP]主角的内心计划、Attempt [ATT]故事发展、Outcome 故事结果、Reaction [R]故事结局与反应。其中故事开端、故事发展和故事结果是三个核心的故事语法点(杜丽君,2013)。在儿童叙述的过程中,研究者对照故事语法评分表进行故事语法结构点得分点捕捉信息,根据 ENNI 故事语法评分表上给出的评分标准,对每个儿童叙述的故事进行故事语法打分。在对他们叙述中的故事语法各个结构点进行了打分之后,研究者将每一名儿童的故事语法所得总分进行统计,得到每个儿童三个故事语法的三个总得分以及各个故事语法结构点的得分情况。以下分别就民族儿童叙事性故事语法总分和各语法结构要素发展结果进行介绍:

(一)故事语法总分情况

故事语法总分是指三个难度系数不同的故事各自的总得分,以及儿童的总体得分情况。

表 6-1　新疆学前民族儿童叙事性故事语法总分追踪情况

项目	T1	T2	T3	T4
a1	3.38	6.00	7.68	9.07
a2	5.04	8.20	8.25	11.75
a3	8.98	14.39	17.86	21.70
总分	16.94	28.22	34.33	42.12

如上表 6-1 所示,在双语教育情境中儿童故事语法的总得分呈现较为明显的上升趋势,且重复测量方差分析结果显示,A 系列中三个故事的得分及总分的四次测量增长差异变化都达到极其显著的效果($F_{(3,165)}a1 = 40.82$, $p < 0.001$, $\eta_p^2 = 0.43$; $F_{(3,165)}a2 = 22.52$, $p < 0.001$, $\eta_p^2 = 0.29$; $F_{(3,165)}a3 = 35.09$, $p < 0.001$, $\eta_p^2 = 0.39$; $F_{(3,144)}$总分 $= 41.71$, $p < 0.001$, $\eta_p^2 = 0.47$)。进一步多重比较结果显示,a1 的四次测量分值之间都呈现显著差异,a2 的第二次与第三次测量结果没有显著差异,其余都有显著差异,a3 的四次测量分值之间呈现显著增长,总分的四次测量之间增长显著。

由于 ENNI 故事语法测量中 A 系列三个故事的难度不同,相应语法总分也不同,因此仅凭借原始语法得分的比较还不足以分析儿童对不同难度故事进行叙事性讲述的能力水平差异,而采用不同故事讲述的得分率则能很好地对三个故事的讲述水平进行比较。

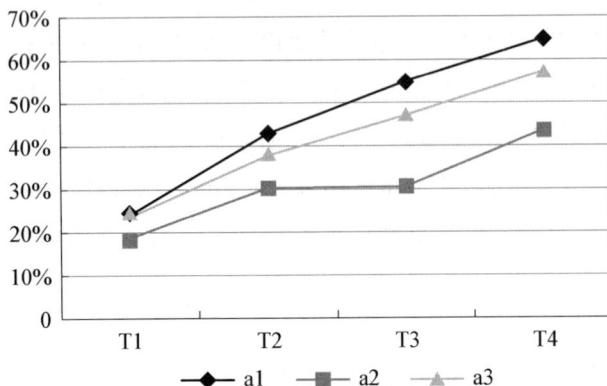

图 6-1　不同难度故事四个阶段得分率变化趋势

从三个故事的得分率变化趋势图 6-1 来看,总体而言,a1、a2、a3 故事的得分率在研究过程中都有较大幅度的增长。在研究的起始阶段 a1 和 a3 的得分率基本一致,约为 24% 左右,与前期研究成果相似。a2 是三个故事中得分率最低的,约为 19%。这是由于 a2 故事中和游泳相关的生活经验新疆学前民族儿童比较缺乏,影响了儿童的得分率。从第二阶段开始,a1 和 a3 故事的得分率都有了较大幅度的增长,其中内容结构相对简单的 a1 故事得分率增长最快,到第三阶段得分率已经超过了 50%,第四阶段时已经达到 65%,也就是说儿童已经能够较好地讲述出大部分故事结构语法点。a3 故事是三个故事中角色最多、情节也最为复杂的,经过教育干预后民族儿童的叙事能力得分率也有了明显提升,并且在第四阶段达到了 57%,即儿童能够基本理解并讲述出超过半数的故事结构语法点,比研究初始阶段的得分率增长了一倍以上。随着儿童升入中大班后生活经验和课程内容的不断丰富,a2 故事的得分率尽管在第二阶段和第四阶段也有一定的提升,但受到民族儿童相关生活经验缺失的限制,得分率始终没有达到 50%。这一结果表明民族儿童叙事能力的提高很大程度上受到其生活经验的影响和制约,因此,在语言输入的过程中不仅要关注数量和频率,更要注重内容的质量和丰富性。

1. 不同年龄儿童的故事语法总分发展

以往研究表明,不同年龄段儿童的叙事语言能力发展速度可能存在差异(杜丽君,2013),因此,为了进一步揭示不同年龄儿童叙事语言能力发展速率的特点,我们对不同年龄的班级儿童叙事能力发展的阶段特点进行了深入分析。

如图 6-2 所示,随着研究的开展,不同年龄的班级儿童的叙事能力总分都有了显著的增长,小班和中班四个阶段差异显著(F(3,42)小班＝26.28，p＜0.001，η_p^2＝0.65；F(3,90)中班＝22.967，p＜0.001，η_p^2＝0.43),但大班差异不显著(F(3,6)大班＝0.689，p＞0.05，η_p^2＝0.26)。具体而言,小班儿童在各阶段发展中叙事能力稳步提高,多重比较结果显示各阶段差异都极其显著;中班儿童在第二到第三阶段得分出现瓶颈期,差异不显著,第三阶段到第四阶段又有了明显提高;而大班儿童前三阶段的得分虽然有所增长,但都没有达到显著差异,特别是在第四阶段还出现了回落现象,这是由于第四阶段大班儿童流失量较大,影响了该年龄段儿童的整体得分结果。

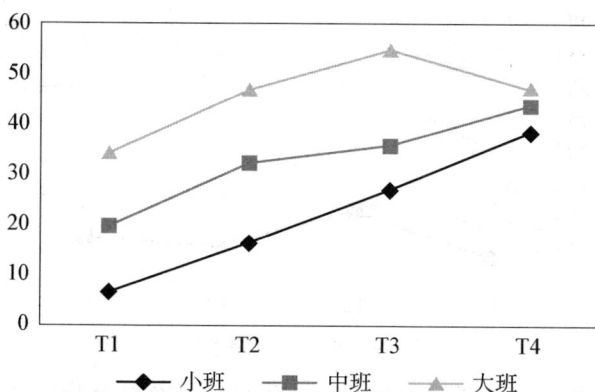

图 6-2 不同年龄班儿童叙事总分追踪对比图

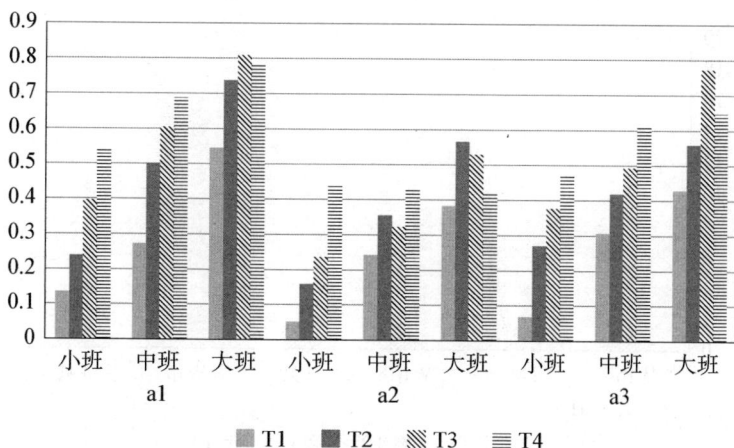

图 6-3 不同年龄儿童三类故事得分率发展对比图

从不同年龄儿童三类故事得分率发展的对比图来看,仍然是故事 a2 得分率较低,尽管有一定的发展,但仍然低于难度更大的故事 a3。

2. 不同地域环境儿童的故事语法总分发展

我们进一步考察了处于不同区域环境儿童的语言发展情况。W 市是新疆社会文化和经济发展迅速的中心都会城市,汉语人口和使用比例居高,普通话已经是这座城市非常普及和共用的交流语言。相比较而言,T 县的民族居住人口比例较高,而且民族语言的使用比较普遍。因此,两个不同的语言环境中,儿童的两种语言的语义习得存在着一定的差异。

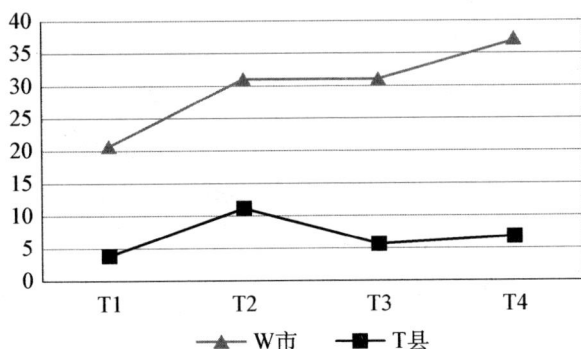

图 6-4 不同地域儿童故事语法总分四个阶段发
展趋势对比图

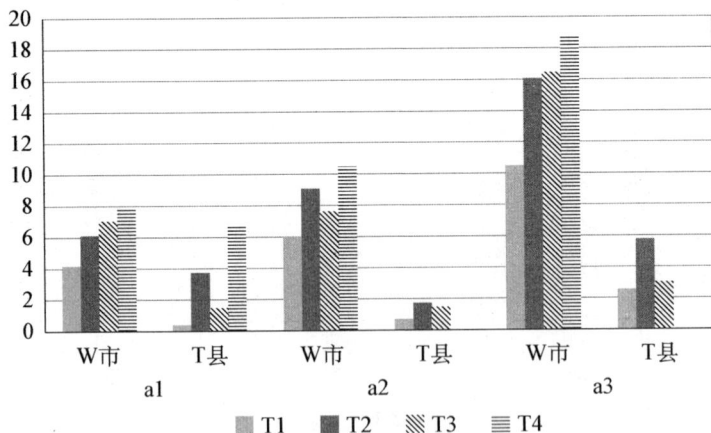

图 6-5 不同地域儿童三类故事得分发展对比图

如上述图表显示,从故事总分的角度来看,不同地域幼儿园差距一直很大($F_{(1,378)T1} = 30.19$,$p < 0.001$;$F_{(1,157)T2} = 18.72$,$p < 0.001$;$F_{(1,230)T3} = 71.92$,$p < 0.001$;$F_{(1,165)T4} = 36.78$,$p < 0.001$)。具体分析不难发现,较为简单的故事 a1 的得分情况,不同地域幼儿园在第一个阶段时差异显著($F_{(1,378)T1} = 35.08$,$p < 0.001$),到第四个阶段,没有明显差异($F_{(1,165)T4} = 1.22$,$p > 0.05$),这表明 T 县儿童在故事 a1 的得分上有了明显提高。而较为复杂的故事 a2 和故事 a3 的得分,两个地域幼儿园一直保持较为显著的差异,且故事的难度越大,不同地域幼儿园的差距也越大。在叙事故事难度提升的过程中,简单的故事比较容易习得,但较为复杂的人物和情节对 T 县儿童叙事能力的要求更高,存在困难。特别是 a2 故事中涉及有关游泳池的部分内容,这对于生活经验匮乏的 T 县儿童来讲难度更大。

3. 不同类型幼儿园儿童的故事语法总分发展

我们根据教育部门评价标准,将此次参加研究的民族儿童所在的幼儿园分为优质园和普通园两种类型。在分析不同地域、不同教育模式条件下儿童语言发展水平的基础上,进一步探讨不同类型幼儿园学前民族儿童叙事故事语法的发展状况。

从故事总分的角度上来看,不同类型幼儿园差距一直很大($F_{(1,378)T1} = 54.93$,$p < 0.001$;$F_{(1,157)T2} = 16.95$,$p < 0.001$;$F_{(1,230)T3} = 99.90$,$p < 0.001$;$F_{(1,165)T4} = 101.16$,$p < 0.001$)。具体比较三个不同难度系数故事的发展情况,两种不同类型的幼儿园在初次测查过程中得分差异就非常显著($F_{(1,378)a1} = 57.65$,$p < 0.001$;$F_{(1,}$

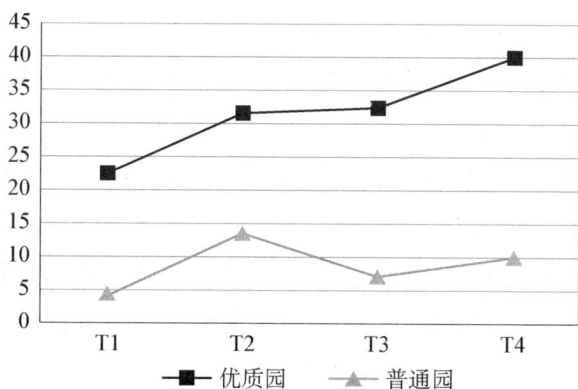

图 6-6　不同类型幼儿园故事语法总分四个阶段
发展趋势对比图

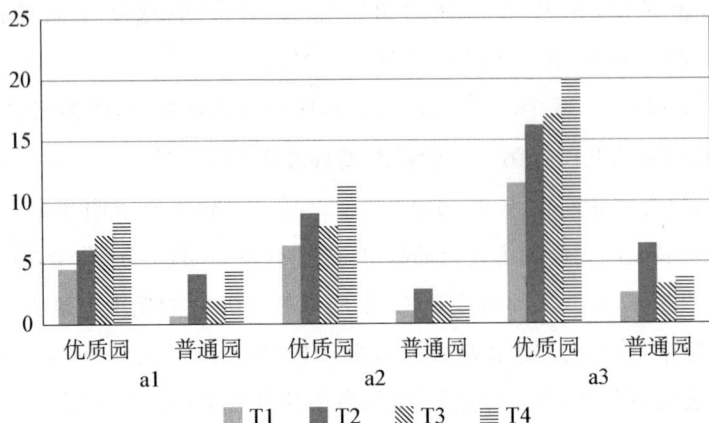

图 6-7 不同类型幼儿园三种故事得分发展对比图

$378)_{a2} = 47.54$，$p < 0.001$；$F(1,378)_{a3} = 48.38$，$p < 0.001$）。随着研究的开展，优质园三个故事的发展总体呈现上升趋势，但普通园儿童的故事得分发展却呈现波动。在第四次测查过程中，不同类型幼儿园儿童在三个故事上的得分差异仍然非常显著（$F(1,165)_{a1} = 32.97$，$p < 0.001$；$F(1,165)_{a2} = 93.31$，$p < 0.001$；$F(1,165)_{a3} = 83.40$，$p < 0.001$），并且差距逐渐加大。

4. 不同教育模式中儿童的故事语法总分发展

浸入式第二语言教学模式，近年在加拿大和美国受到理论和实践研究者的高度关注（Siegel, 2009）。这种具有整合理念的教学模式缘起于当代课程发展变革，体现了当代儿童学习、儿童发展、儿童教育的新观念（周兢，2008）。浸入式第二语言学习通常采用整合课程的学习方式，在集聚相关内容的方式下呈现学习内容，使儿童在各种不同主题单元中浸入地学习第二语言。考察我国新疆地区的学前儿童双语教育，目前主要存在两种浸入汉语教学的教育模式。一种是全天浸入的教育模式，即儿童在园时间均沉浸于汉语学习过程之中，而他们的母语学习主要在家庭中实现。另外一种是部分浸入的教育模式，即儿童的主体课程采用汉语学习，而在园一日生活其他环节则仍然使用母语进行交流。在两种浸入式的教育模式学习语言，维族学前儿童汉语和维语的故事语法得分发展有什么样的差别呢？

从故事语法总分的角度上来看，采用不同教育模式的幼儿园之间差距不断增大（$F(1,378)_{T1} = 6.68$，$p < 0.05$；$F(1,157)_{T2} = 5.62$，$p < 0.05$；$F(1,230)_{T3} = 21.03$，$p < 0.001$；$F(1,165)_{T4} = 22.41$，$p < 0.001$）。具体比较三个不同难度系数故事的发展情况，

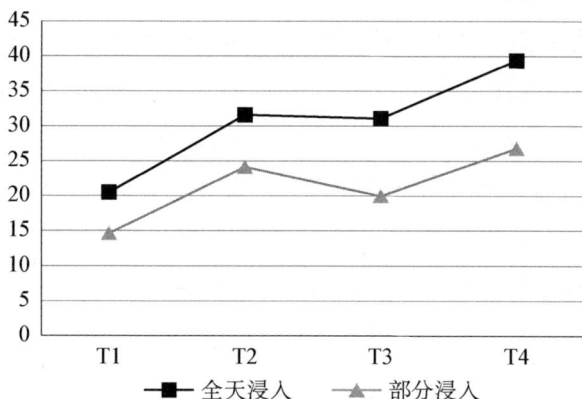

图 6-8　不同教育模式幼儿园儿童故事语法总分发
展趋势对比图

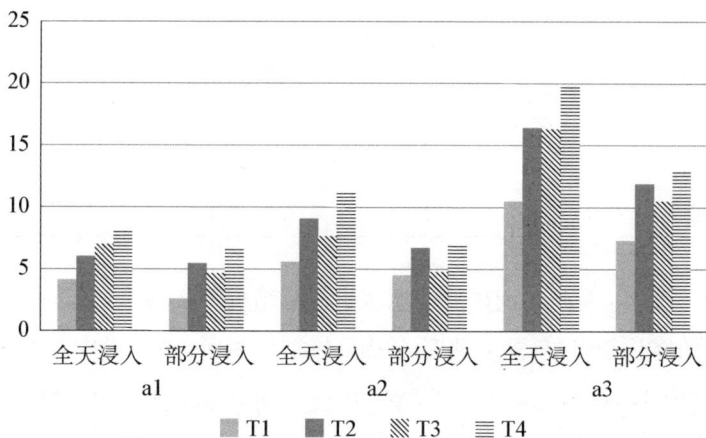

图 6-9　不同教育模式幼儿园儿童三类故事得分发展对比图

两种不同类型的幼儿园在初次测查过程中,故事 a1 和 a3 的得分差异显著($F(1,378)_{a1}=$
9.76,$p<0.05$;$F(1,378)_{a3}=7.93$,$p<0.05$),但 a2 故事得分差异不显著($F(1,378)_{a2}=$
2.23,$p>0.05$)。随着研究的开展,不同教育模式下,幼儿园儿童三个故事的发展总体呈
现上升趋势,但部分浸入式幼儿园的三个故事得分发展速率相对较慢,在第四次测查过
程中,不同教育模式下的幼儿园在三个故事上的得分都呈现显著差异($F(1,165)_{a1}=$
5.70,$p<0.05$;$F(1,165)_{a2}=22.88$,$p<0.001$;$F(1,165)_{a3}=20.84$,$p<0.001$),特别是
a2 和 a3 两个故事的得分差距逐渐加大。

(二) 故事结构要素发展情况

在本研究中根据在数据整理过程中的初步判断以及便于统计分析，研究者将涉及人物内心活动的两个故事语法结构点合并为一个，即 Internal Response[IR] 主角内心反应、Internal Plan[IP] 主角内心计划合并划分为一个语法结构点，命名为——"主角内心动态"，也就是说在本研究中共有六个故事语法结构点。ENNI 故事语法分析工具针对每个故事设定了故事语法结构点的评分标准。其中故事开端、故事发展、故事结果这三个核心的故事语法结构点计为 2 分，其余的各个结构点为 1 分。表 6-2 呈现了新疆学前民族儿童叙事故事结构要素的追踪情况。

表 6-2　新疆学前民族儿童叙事故事结构要素追踪情况

故事结构要素	T1	T2	T3	T4
情景设置	4.31	6.49	8.35	10.47
故事开端	3.00	4.98	5.76	8.22
内心动态	0.45	0.29	1.18	1.82
故事发展	3.43	6.65	5.45	5.02
故事结果	4.04	6.73	8.39	9.47
角色反应	1.71	3.08	5.20	6.43

如上表 6-2 所示，新疆学前民族儿童叙事故事结构要素的 6 个方面在追踪研究过程中都呈现一定的增长趋势，且重复测量方差分析结果显示，各要素四次测量结果之间差异都极其显著（$F_{(3,144)}$情景设置 $=38.2$，$p<0.001$，$\eta_p^2=0.44$；$F_{(3,144)}$故事开端 $=22.17$，$p<0.001$，$\eta_p^2=0.32$；$F_{(3,144)}$内心动态 $=13.16$，$p<0.001$，$\eta_p^2=0.22$；$F_{(3,144)}$故事发展 $=10.22$，$p<0.001$，$\eta_p^2=0.18$；$F_{(3,144)}$故事结果 $=35.5$，$p<0.001$，$\eta_p^2=0.43$；$F_{(3,144)}$角色反应 $=38.09$，$p<0.001$，$\eta_p^2=0.44$）。多重比较结果显示，故事开端部分在第二次与第三次测量中的得分没有显著差异；内心动态部分在第一次与第二次测量中得分没有显著差异；故事发展部分在第三次与第四次测量中得分没有显著差异；情景设置、故事结果和角色反应部分四次测量的得分之间都存在显著差异。

与上述故事结构语法总分的分析过程相似，如果仅凭借原始得分无法分析比较儿童对各个故事结构要素的掌握情况，因此我们又进一步对各故事要素的得分率进行了分析。六种故事结构要素的标准总分分别为：情景设置 13 分；故事开端 12 分；内心动

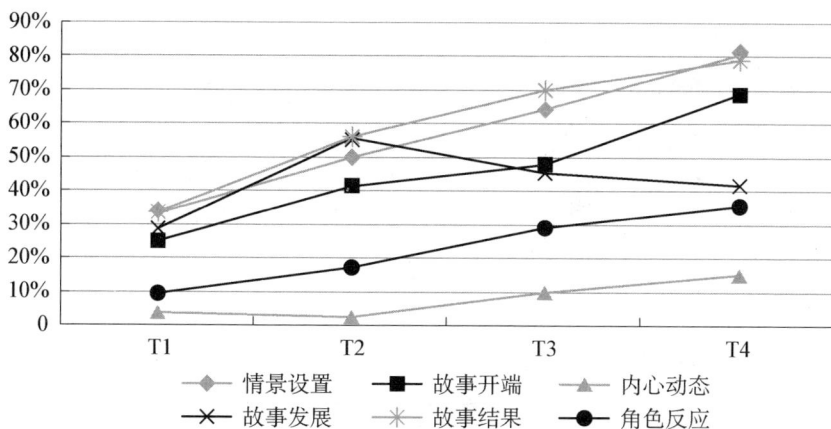

图 6-10 四个阶段儿童各故事结构要素的得分率变化趋势图

态 12 分;故事发展 12 分;故事结果 12 分;角色反应 18 分。如图 6-10 所示,六个方面故事要素中,除了故事发展要素在第三和第四阶段有所下降之外,其他五个方面要素的得分率都呈现上升趋势。其中情景设置和故事结果的得分率最高,且发展速率最快,基本呈直线上升趋势,在研究的初始阶段得分率就达到 30% 以上,到第四阶段得分率已经达到 80%。故事开端要素的得分率发展速度也很快,从第一阶段的 25% 增长到了第四阶段的 69%。上述结果表明经过教育干预之后,学前民族儿童在叙事性讲述中能够较好地把握情景设置、故事开端和故事结果三个结构要素。故事发展要素的得分率在第二阶段从 29% 迅速增长到 55%,又在第三阶段和第四阶段逐渐回落,表明儿童在讲述中开始不再关注故事发展要素,同时可能暗示儿童在叙事讲述中,故事发展要素提升的空间还很大。角色反应和内心动态两个要素在追踪研究中的得分总体偏低,到第四阶段故事角色反应要素的得分率为 36%,而内心动态要素的得分率只有 15%,可见角色反应和内心动态是叙事过程中学前民族儿童最难掌握的部分,这也与国外相关研究结果一致。

图 6-11 呈现的是儿童在四个阶段中各故事结构要素得分率的对比图,从图中更能清晰地看出儿童在叙事中内心动态要素方面的薄弱。此外,我们发现儿童在第二阶段研究中尽管在内心动态要素方面没有变化,但是儿童对于故事发展和故事结果要素方面的叙事能力有了较大提高,但是在第三和第四阶段的发展中,儿童叙事的兴趣从故事发展要素转移到了故事结果要素,甚至在第四阶段得分率接近 80%,达到了与情景设置要素同样高的比率。

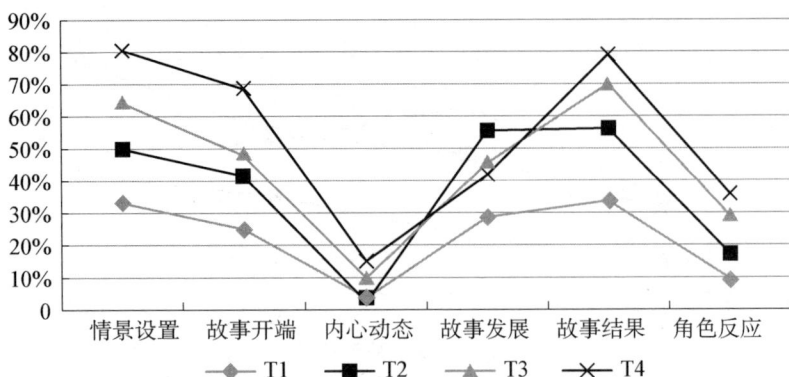

图 6-11　儿童四个阶段各故事结构要素得分率对比图

1. 各年龄班儿童叙事要素的发展对比

如图 6-12 所示,随着纵向研究的开展,各年龄班儿童叙事要素的发展呈现出不同的特点。在叙事情景设置要素上,各年龄班儿童的得分不断提高,其中小班和中班差异非常显著($F_{小班}=14.918$,$p<0.001$;$F_{中班}=23.427$,$p<0.001$),大班差异不显著。在故事开端要素上,小班儿童的得分显著增长($F=21.912$,$p<0.001$),特别是在第三到第四个阶段有了突飞猛进的发展。中班儿童叙事中故事开端的得分发展也达到了极其显著

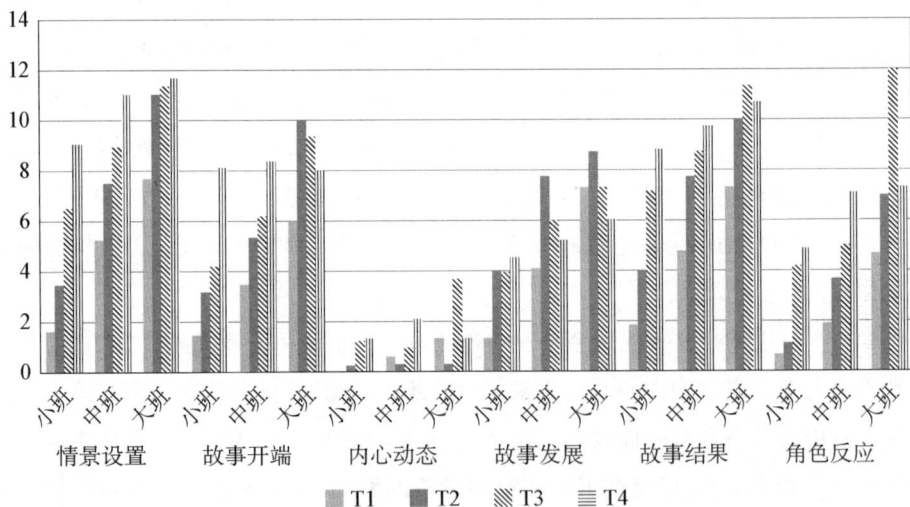

图 6-12　各年龄班儿童叙事要素得分发展对比图

的水平($F_{中班}=27.641$，$p<0.001$)，大班儿童变化差异不显著，并且在第二阶段以后得分出现了回落。在内心动态要素上，小班和中班儿童在前两个阶段的研究中内心动态的得分都比较低，表明中班以前的儿童对人物内心动态的关注非常少，但小班和中班儿童各阶段的内心动态得分存在显著差异($F_{小班}=17.212$，$p<0.01$；$F_{中班}=13.323$，$p<0.01$)。多重比较结果显示，小班和中班儿童在第三阶段开始对叙事角色内心动态的关注有了明显提高。而大班儿童在内心动态要素的得分上波动较大，没有显著趋势。在故事发展要素上，小班儿童的故事发展要素的发展存在显著差异变化($F_{小班}=13.312$，$p<0.01$)，多重比较结果显示这一差异也主要是存在于第一阶段到第二阶段的发展过程中，第二阶段以后小班儿童对故事发展要素的关注变化不大。中班和大班儿童在故事发展要素上的得分都没有显著变化。上述结果表明儿童在小班后期对于故事发展过程的叙事关注较少，也可以说儿童对于故事发展过程的叙事能力发展一直处于停滞不前的状态。在故事结果要素上，如上图6-12所示，小班和中班故事结果四阶段的发展存在显著差异($F_{小班}=45.617$，$p<0.001$；$F_{中班}=40.551$，$p<0.001$)，多重比较结果显示中班儿童在第二阶段以后发展没有显著变化。大班儿童整体发展没有显著差异。在角色反应要素上，小班和中班儿童在四个阶段叙事能力的发展存在显著变化($F_{小班}=33.983$，$p<0.001$；$F_{中班}=56.282$，$p<0.001$)，大班儿童的发展变化没有达到显著效应。多重比较结果显示，小班儿童在第二到第三阶段发展比较显著，但一、二阶段和三、四阶段发展没有显著差异；中班儿童各阶段发展都存在显著差异，表明中班儿童在叙事中对角色反应的关注呈现比较稳定的增长状态；大班儿童对角色反应的叙事能力在第三阶段达到顶峰，但最后一个阶段时受被试流失过多的影响，得分出现回落。

2. 不同地域儿童的故事要素的发展对比

如图6-13所示，从总体上来看，W市儿童在情景设置、故事开端、故事结果以及角色反应四个要素上的发展都呈现不断增长的趋势，而T县儿童各个要素的发展波动较大。需要特别指出的是，T县儿童在研究的第二个阶段，在情景设置、故事开端、故事发展、故事结果、角色反应几个要素上的得分都有较大增长，但在第三和第四阶段得分又有所下降。通过具体分析各个故事要素两地区儿童的得分差异，发现在情景设置要素上，两地区儿童除第二阶段差异不显著外，其余三个阶段差异都非常显著，且逐渐增大($F(1,378)_{T1}=30.66$，$p<0.001$；$F(1,157)_{T2}=3.84$，$p>0.05$；$F(1,230)_{T3}=35.88$，$p<0.001$；$F(1,165)_{T4}=37.60$，$p<0.001$)；在故事开端要素上，两地区儿童四个阶段差异都非常显著($F(1,378)_{T1}=26.18$，$p<0.001$；$F(1,157)_{T2}=13.55$，$p<0.001$；

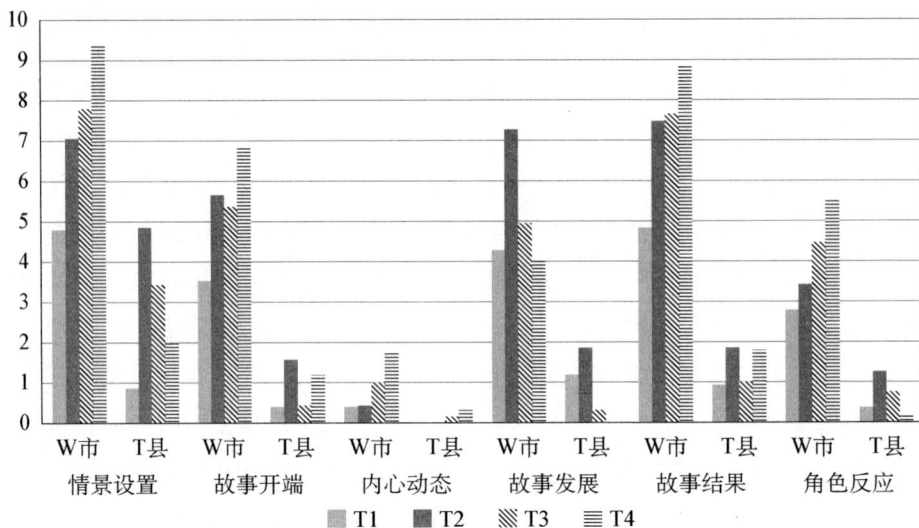

图 6-13　不同地域儿童故事要素得分发展对比图

$F_{(1,230)T3} = 56.09$，$p < 0.001$；$F_{(1,165)T4} = 21.95$，$p < 0.001$）；在内心动态要素上，两地区儿童在研究过程中得分都有所增长，除第二阶段外，得分呈现显著差异（$F_{(1,378)T1} = 7.76$，$p < 0.05$；$F_{(1,157)T2} = 3.30$，$p > 0.05$；$F_{(1,230)T3} = 8.75$，$p < 0.05$；$F_{(1,165)T4} = 6.22$，$p < 0.05$）；在故事发展要素上，两地区儿童在研究过程中得分都呈现了先增长后下降的趋势，表明不同地域儿童对于故事发展要素的关注逐渐在减弱。总体上来看，W 市儿童四个阶段的得分显著高于 T 县儿童（$F_{(1,378)T1} = 18.87$，$p < 0.001$；$F_{(1,157)T2} = 25.76$，$p < 0.001$；$F_{(1,230)T3} = 46.92$，$p < 0.001$；$F_{(1,165)T4} = 19.99$，$p < 0.001$）；在故事结果要素上，两地区儿童在研究过程中得分差距逐渐加大（$F_{(1,378)T1} = 30.09$，$p < 0.001$；$F_{(1,157)T2} = 27.45$，$p < 0.001$；$F_{(1,230)T3} = 91.78$，$p < 0.001$；$F_{(1,165)T4} = 41.38$，$p < 0.001$）；在角色反应要素上，两地区儿童在研究过程中得分差距也一直非常显著（$F_{(1,378)T1} = 24.50$，$p < 0.001$；$F_{(1,157)T2} = 10.85$，$p < 0.05$；$F_{(1,230)T3} = 42.09$，$p < 0.001$；$F_{(1,165)T4} = 23.57$，$p < 0.001$）。

3. 不同类型幼儿园的故事要素的发展对比

如图 6-14 所示，从总体上来看，优质幼儿园儿童除故事发展要素以外，在情景设置、故事开端、内心动态、故事结果以及角色反应几个要素上的发展都呈现不断增长趋势，而普通幼儿园儿童只有故事结果要素呈现逐渐增长趋势，其他各个要素的发展都波

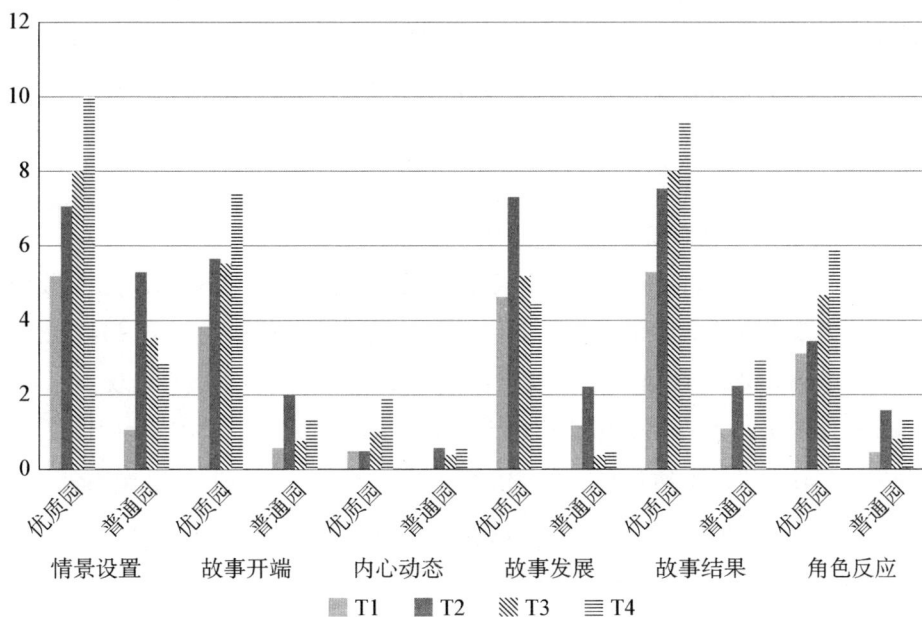

图 6-14　不同类型幼儿园儿童故事要素得分发展对比图

动较大。与 T 县儿童故事要素发展的模式类似,在研究的第二个阶段,普通幼儿园儿童各个要素的得分都有较大增长,但在第三和第四阶段又有所下降。通过具体分析不同级别幼儿园各个故事要素的发展特点,发现在情景设置要素上,不同级别幼儿园儿童除第二阶段差异不显著外,其余三个阶段差异都非常显著,且逐渐增大($F(1,378)_{T1} = 54.48$,$p < 0.001$;$F(1,157)_{T2} = 2.72$,$p > 0.05$;$F(1,230)_{T3} = 49.94$,$p < 0.001$;$F(1,165)_{T4} = 98.51$,$p < 0.001$);在故事开端要素上,不同类型幼儿园儿童四个阶段差异都较为显著($F(1,378)_{T1} = 43.64$,$p < 0.001$;$F(1,157)_{T2} = 12.28$,$p < 0.05$;$F(1,230)_{T3} = 68.58$,$p < 0.001$;$F(1,165)_{T4} = 70.29$,$p < 0.001$);在内心动态要素上,不同类型幼儿园儿童除第二阶段外,得分都呈现显著差异($F(1,378)_{T1} = 14.57$,$p < 0.001$;$F(1,157)_{T2} = 2.79$,$p > 0.05$;$F(1,230)_{T3} = 5.82$,$p < 0.05$;$F(1,165)_{T4} = 11.50$,$p < 0.05$);在故事发展要素上,不同类型幼儿园儿童在研究过程中得分都呈现了先增长后下降的趋势,表明不同类型幼儿园儿童对于故事发展要素的关注也在逐渐减弱。总体上来看,优质幼儿园儿童四个阶段的得分显著高于普通幼儿园儿童($F(1,378)_{T1} = 37.33$,$p < 0.001$;$F(1,157)_{T2} = 25.25$,$p < 0.001$;$F(1,230)_{T3} = 65.56$,$p < 0.001$;$F(1,165)_{T4} = 48.36$,$p < 0.001$);在故事结果要素上,不同类型幼儿园儿童的得分总体上都呈现不断增长趋势,但普通幼儿

园增长速率不及优质幼儿园（$F(1,378)_{T1}=53.41$，$p<0.001$；$F(1,157)_{T2}=27.10$，$p<0.001$；$F(1,230)_{T3}=139.69$，$p<0.001$；$F(1,165)_{T4}=94.98$，$p<0.001$）；在角色反应要素上，两种类型幼儿园儿童在研究过程中得分差距也一直较为显著（$F(1,378)_{T1}=45.10$，$p<0.001$；$F(1,157)_{T2}=8.61$，$p<0.05$；$F(1,230)_{T3}=61.19$，$p<0.001$；$F(1,165)_{T4}=40.67$，$p<0.001$）。

4. 不同教育模式幼儿园儿童的故事要素发展对比

如图 6-15 所示，从总体上来看，全天浸入模式和部分浸入模式下，幼儿园儿童的各个叙事故事要素发展趋势都非常相似，除了故事发展要素先增长后下降以外，在情景设置、故事开端、内心动态、故事结果以及角色反应几个要素上的发展都呈现不断增长趋势。然而相比较而言，全天浸入教育模式下儿童在上述各要素方面发展速度更快。通过具体分析不同教育模式下幼儿园各个故事要素的发展特点，发现在情景设置要素上，两种不同浸入模式下，幼儿园儿童除第二阶段差异不显著外，其余三个阶段差异都较为显著，且在第四次研究测查中差距极为显著（$F(1,378)_{T1}=7.86$，$p<0.05$；$F(1,157)_{T2}=0.57$，$p>0.05$；$F(1,230)_{T3}=8.09$，$p<0.05$；$F(1,165)_{T4}=20.99$，$p<0.001$）。在故事开端要素方面，随着研究的开展，不同教育模式的幼儿园之间的得分差距逐渐增大，甚至

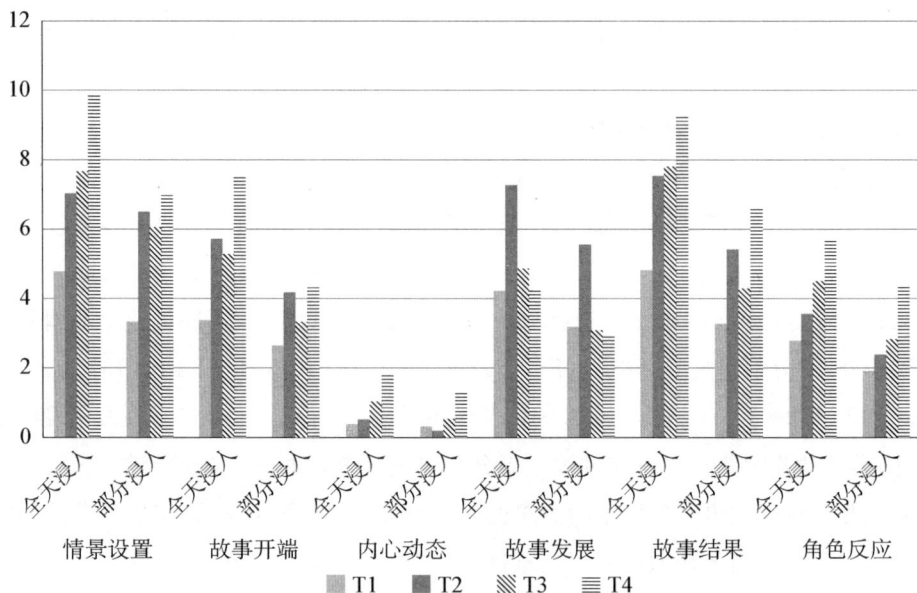

图 6-15 不同教育模式幼儿园儿童故事要素得分发展对比图

差异由第一阶段的不显著发展到极为显著（$F(1,378)_{T1}=2.69$，$p>0.05$；$F(1,157)_{T2}=4.33$，$p<0.05$；$F(1,230)_{T3}=13.80$，$p<0.001$；$F(1,165)_{T4}=28.18$，$p<0.001$）。在内心动态要素方面，不同教育模式的幼儿园，儿童的得分也同样呈现出差异逐渐加大的现象（$F(1,378)_{T1}=0.63$，$p>0.05$；$F(1,157)_{T2}=2.91$，$p>0.05$；$F(1,230)_{T3}=4.48$，$p<0.05$；$F(1,165)_{T4}=3.95$，$p<0.05$）。在故事发展要素方面，两种教育模式，幼儿园儿童的得分发展趋势基本相似，总体而言，全天浸入式教育模式下儿童的得分略高于部分浸入教育模式，在四次测查过程中，两者之间得分的差异也基本保持在同样水平（$F(1,378)_{T1}=4.55$，$p<0.05$；$F(1,157)_{T2}=5.38$，$p<0.05$；$F(1,230)_{T3}=10.82$，$p<0.05$；$F(1,165)_{T4}=7.03$，$p<0.05$）。在故事结果要素方面，不同教育模式的幼儿园儿童的得分差距不断加大（$F(1,378)_{T1}=9.31$，$p<0.05$；$F(1,157)_{T2}=8.40$，$p<0.05$；$F(1,230)_{T3}=40.84$，$p<0.001$；$F(1,165)_{T4}=21.57$，$p<0.001$）。在角色反应要素方面，两种教育模式下，儿童的角色反应得分呈现出相似的发展趋势，总体而言全天浸入式得分略高于部分浸入式（$F(1,378)_{T1}=5.88$，$p<0.05$；$F(1,157)_{T2}=7.21$，$p<0.05$；$F(1,230)_{T3}=13.65$，$p<0.001$；$F(1,165)_{T4}=4.68$，$p<0.05$）。

（三）结论与建议

叙事性讲述的过程是儿童语言、认知、情感和社会性等各方面能力的综合体现。叙事性语言也被作为衡量儿童语言能力发展的一项重要指标。本节主要从宏观叙事结构角度综合考察了学前双语教育情境中民族儿童的叙事性语言发展水平，其中具体考察了儿童的故事语法总分和故事结构要素发展情况，主要结论有：

1. 学前民族儿童的叙事语法能力提高显著

四次追踪研究结果显示，儿童在叙事性讲述的过程中，对不同难度故事的结构和各个故事结构要素的掌握能力都有了很大提升。故事语法是一种评估儿童对故事整体内容和故事组织结构掌握程度的有效方法（Hughes，McGillivray & Schmidek，1997），通过儿童对故事的叙述，也能够反映出儿童是否具备能够从倾听者的立场清楚地讲述故事的能力。以往研究表明儿童看图叙事故事语法的得分随着年龄的增长而提高，也就是说儿童随着年龄的增长，他们看图叙事的结构更加完整，内容更加符合图画书本身所要表达的意义，更加符合故事语法的结构模式，从而让听者能够理解故事（杜丽君，2013）。尽管如此，儿童的叙事故事语法能力并非持线性增长，加拿大部分研究者在对 377 名 4 - 9 岁儿童的研究中发现，儿童叙事故事语法能力的提升存在瓶颈，随着年龄的增长，儿童故事语法得分的差异会逐渐趋于平缓（Phyllis Schneider et al.，2006）。然而，本研究的结论发现,经过引进丰富的双语图画书资源以及有指导的图画书阅读活动,新疆民族儿童的叙事故事语法和故事结构要素得分都呈现持续增长的趋势,且提升幅度非常显著,大部分儿童能够较为准确地把握故事的角色和情节发展过程,这表明良好的语言输入和阅读指导能够有效帮助民族双语儿童提高汉语叙事能力。前期研究认为4-5岁阶段是儿童看图叙事故事语法水平的高速发展期(杜丽君,2013),对此,研究者的解释是可能与新疆民族儿童在这个阶段接触和学习汉语有关。本研究发现在有效的双语资源和教育活动的支持下,各年龄段儿童的故事叙事能力都得到了飞速发展,与前期研究的结论不谋而合。因此,我们认为,为新疆民族儿童提供持续、有效的教育资源和教育活动,是提升他们看图叙事能力的一种有效途径。

2. 生活经验是影响学前民族儿童叙事能力发展的重要因素

语言的发展与儿童认知经验的不断丰富是紧密相关的。Kaderavek 和 Sulzby(2000)做了一项研究,让学龄前儿童叙述个人生活故事和复述一本熟悉的故事书,结果发现,儿童在叙述个人生活故事时会更多地讲述故事的发展和结尾,表明儿童在叙述自己熟悉的内容时,叙事的结构更加完整。国内也有部分学者通过研究发现,图画画面的形象特点及图画意义的隐含性和深刻性均对儿童的图画讲述有很大影响(李甦、李文馥、杨玉芳,2006)。本研究中的三个故事a1、a2、a3从人物数量、故事情节上来看,难度是不断增加的,但新疆民族儿童在叙事时主要的困难却集中在中间难度的a2故事上。从研究中我们发现,民族儿童因缺乏游泳生活经验,在讲述有游泳相关内容的故事a2时困难较大。随着儿童语言和认知能力的发展,尽管在讲述三个不同难度故事时儿童的叙事水平都有较大的提高,但对于与游泳相关的a2故事,儿童的理解和讲述还是不能够很好把握,得分率始终不高。在研究中,我们为儿童提供了拥有多种认知经验的图画书资源,并开展了有关这些图画书的教育指导活动,但儿童对于相关故事内容的理解和讲述能力仍然非常有限。可见,一方面通过多种途径丰富儿童的直接经验和间接经验,是提高儿童叙事能力必不可少的重要途径,另一方面针对儿童认知经验的不足,提供专门性的教育资源和教育活动指导也是非常有必要的。

3. 学前民族儿童对各叙事要素的掌握速率存在差异

前期研究结果发现,新疆维吾尔族双语儿童在各故事语法结构点上发展水平不平衡,其中角色内心动态结构点的发展水平最低,本研究再次验证了这一结论。追踪研究结果显示,学前民族儿童四次测量结果中对角色内心动态的讲述得分率都很低,即使是在经过了一年半的教育干预之后,得分率也仍然不到20%,与此同时另外一个比较关注角色状态的结构要素"角色反应"得分率也不高。可以发现,学前民族儿童在故事讲述时更加关注情景设置、故事开端和故事结果三大要素,也就是只关心开头和结尾,对于故事的发展过程,特别是对主要角色的外部行为反应以及内心动态关注较少,这也与国内外已有研究者得出的结论是一致的。研究者普遍发现,一些描述角色内心活动的故事语法结构点,较少被儿童提及,特别是小年龄段的儿童(Hughes,McGillivray & Schmidek,1997;Stein & Glenn,1979;李林慧等,2011)。研究者认为,角色内心动态这个结构点是对学龄前儿童认知发展水平的一个极大挑战,根据3-6岁儿童"心理理论",儿童在4-5岁左右才开始形成心理理论,识别和理解他人心理状态的水平有限(王益文,张文新,2002)。本研究中还发现,随着儿童认知和叙事能力的提高,儿童对于故事发展过程要素的关注有所下降,而对于角色反应和内心动态的关注越来越多,可能是由于儿童试图通过描述角色反应和内心动态来讲述故事的发展过程。在开展教育指导的过程中,针对儿童较难掌握的故事角色内心动态部分,教师可以通过丰富多样的移情教育活动,充分调动儿童已有的情感体验,引导儿童尝试理解他人的内心动态,并在故事讲述的时候大胆进行想象和表达,从而丰富儿童的叙述内涵,帮助他们成为会讲故事的人。

4. 不同地域、幼儿园类型和教育模式下,儿童的叙事语法能力存在差异

儿童语言的发展会在很大程度上受到周围社会环境的影响,因此当地的语言文化习惯、幼儿园的教育理念和资源配置水平、双语教育模式都可能对儿童的综合语言能力产生或多或少的影响。研究发现,新疆学前双语教育情境下,身处不同地域和不同水平园所、不同双语教育模式下的民族儿童,他们在对故事叙事语法和结构要素的把握上存在着显著的发展差异。随着研究的进行,可以明显看出两类幼儿园儿童叙事语言能力发展在速率上存在差距,得分上的差距更是逐渐加大。特别需要一提的是,在对不同教育模式下幼儿园儿童的叙事能力分析中,我们发现,在第一阶段的测查时,采用全天浸入和部分浸入模式的幼儿园,儿童叙事能力没有显著差异,但随着研究的开展,这种差异逐渐显著,全天浸入模式下,儿童的叙事能力表现良好。国际双语教育有关浸入式研究的已有结论表明,采用完整浸入式教育方式对早期第二语言学习具有良好的促进发展作用(Siegel,2004;周兢,2004),本研究的结论也再次证实,全天浸入式的双语教育模式更加有利于民族儿童汉语叙事能力的学习和发展。这启示我们,在开展新疆双语教育的过程中,不仅需要为儿童提供优质阅读教育资源和与之相应的教育活动指导,同时,提升整体教育环境和水平也是非常必须的,包括提升全方位幼儿园环境资源配置和教育质量、开展适宜的双语教育模式,以及创设整个民族地区良好双语教育环境。

第三节 学前民族儿童叙事语言表达能力的发展

儿童在看图叙事的过程中,除了对其认知领域的能力有所要求之外,还需要儿童具备一定的语言讲述和表达能力,因此我们对学前民族儿童在看图叙事中表现出的语言发展水平也进行了详细分析,着重从儿童语言发展领域的几个重要指标,来对民族儿童看图叙事语言的发展水平和趋势进行考察。本节所论及的看图叙事语言,主要界定为儿童叙事过程中语言的发展水平。

李宇明(1995)将儿童语言的发展分系统进行了研究,将其分为语音系统、词汇语义系统、语法系统以及语用的发展等几个方面。本研究选定的五个指标分属于儿童语言发展的两大方面。其中语法方面的指标有:MLU(mean length of utterance)平均语句长度,由 Brown 提出并推广,是儿童语法发育或句子复杂性的有效指标,能较准确地反映儿童不同年龄阶段的语言能力差别(Williams et al., 2003；Bornstein et al., 2000)；MLU5 最长五句话平均长度,是衡量个体语法技能最高水平的有效指标(Klatter-Folmer et al., 2006)。语义方面的指标有:NTW(number of total words)词汇总数、NDW(number of different words)相异词汇数、D 值(词汇多样性)。NTW 可反映出说话者说话的速度、句子形成的能力、词汇寻取效能、言语动作成熟度等；NDW 在临床上可当作语义多样性(semantic diversity)的指针,用以诊断语言问题(Miller,1991)；D 值(词汇多样性)计算的是进入到语句中的新词汇出现的概率。D 值越高,说明儿童在叙事过程中所用的词汇越丰富多样。D 值的测定,经常为儿童语言研究及其他临床和语言学研究领域中所需要(Brian Mac Whinney,2010)。研究者们希望能够通过对儿童语言发展这两大方面的研究,考察新疆维吾尔族双语儿童看图叙事过程中语言的发展水平。

(一) 叙事语言语法发展

表 6 - 3 新疆学前民族儿童叙事语言语法追踪情况

语法	T1	T2	T3	T4
MLU	3.62	5.17	5.28	6.89
MLU5	6.06	8.85	9.55	11.92

从整体而言,随着纵向教育干预研究的开展,重复测量方差分析结果显示,学前民族儿童的叙事语言语法能力有了显著提高（$F_{(3,105)\text{MLU}} = 17.1$, $p < .001$, $\eta_p^2 = .33$; $F_{(3,165)\text{MLU5}} = 33.69$, $p < .001$, $\eta_p^2 = .38$）。后续多重比较结果显示,平均语句长度（MLU）和最长 5 句话的平均语句长度（MLU5）水平,在第一到第二阶段（$p < 0.01$）和第三到第四阶段（$p < 0.001$）的增长均达到了显著水平,但在第二到第三阶段（$p > 0.05$）的研究中均没有达到显著差异。这表明学前民族儿童的叙事语言语法能力发展过程中可能存在平台期。

1. 不同年龄儿童的叙事语言语法发展

如图 6-16 所示,各年龄班儿童在平均语句长度 MLU 指标上,总体呈现上升趋势,其中小班儿童发展速度最为显著（$F_{(3,33)\text{小班}} = 15.06$, $p < .0001$, $\eta_p^2 = .58$）,基本呈直线增长；中大班儿童在第三阶段发展有所回落,但在第四阶段又有了明显增长,其中,中班儿童第四阶段的发展非常显著（$F_{(3,60)\text{中班}} = 7.86$, $p < .0001$, $\eta_p^2 = .28$）,大班儿童没有显著差异（$F_{(3,6)\text{大班}} = 0.45$, $p > 0.05$, $\eta_p^2 = .19$）。如图所示,在 MLU5 的发展过程中,小班和中班儿童的最长五句话平均语句长度呈现较为明显的上升趋势（$F_{(3,51)\text{小班}} = 21.46$, $p < .0001$, $\eta_p^2 = .56$; $F_{(3,102)\text{中班}} = 17.94$, $p < .0001$, $\eta_p^2 = .35$）,但大班儿童在第二阶段达到最高值,在第三和第四阶段却出现了一定的回落,发展变化不显著（$F_{(3,6)\text{大班}} = 0.44$, $p > 0.05$, $\eta_p^2 = .18$）。

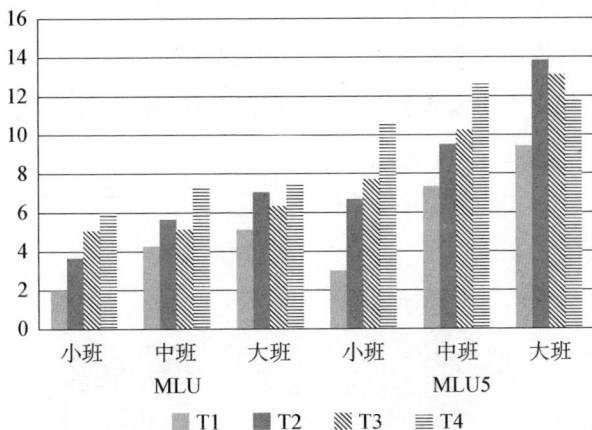

图 6-16 不同年龄儿童叙事语言语法发展对比图

2. 不同地域儿童的语法发展

如图 6-17 所示,对比 W 市和 T 县儿童在平均语句长度 MLU 指标上的发展,基本呈现相似的不断上升的趋势,其中,T 县儿童总体增长速率要更快,特别是在研究的第二阶段增长非常迅速。具体通过差异分析显示，在第一阶段，W市和T县儿童的平均语句长度存在显著差异（$F(1,378)_{T1}=29.73$，$p<0.001$），但在第二阶段和第三阶段，这种差距不断减小（$F(1,120)_{T2}=5.46$，$p<0.05$；$F(1,231)_{T3}=11.14$，$p<0.05$），到第四个阶段，W市和T县儿童的平均语句长度之间的差异已经不再显著（$F(1,165)_{T4}=7.13$，$p>0.05$），W市儿童的平均语句长度略高于T县儿童。

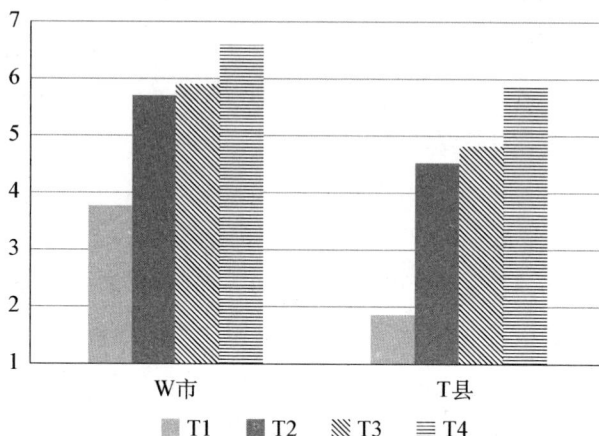

图6-17　不同地域儿童叙事语言语法发展对比图

3. 不同类型幼儿园儿童的语法发展

如图6-18所示，优质园和普通园儿童平均语句长度MLU的发展总体呈现上升趋势，并且都在研究的第二个阶段有较为迅速的提升，但不同的是优质园儿童的语法能力

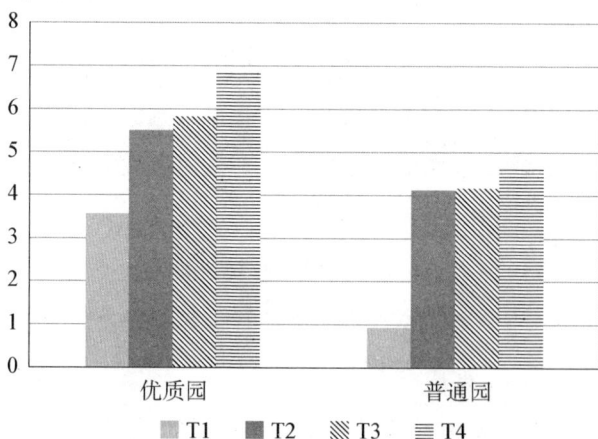

图6-18　不同类型幼儿园儿童叙事语言语法发展对比图

持续上升,但普通幼儿园儿童的语法能力在第二阶段快速增长以后,第三阶段基本处于停滞状态,第四阶段又有小幅提升。具体差异分析显示,四个阶段不同类型幼儿园儿童的语法能力都存在显著差异($F_{(1,378)_{T1}}=65.44$,$p<0.001$;$F_{(1,120)_{T2}}=5.46$,$p<0.05$;$F_{(1,231)_{T3}}=27.19$,$p<0.001$;$F_{(1,165)_{T4}}=28.43$,$p<0.001$),优质幼儿园儿童的平均语句长度随着研究的进展显著高于普通幼儿园儿童。

4. 不同教育模式幼儿园儿童的语法发展

如图 6-19 所示,不同教育模式下,幼儿园儿童的平均语句长度 MLU 的发展总体都呈现上升趋势,其中全天浸入式教育模式下,儿童的语法能力匀速提高,但在部分浸入式教育模式下,儿童语法能力的提升存在较大波动,在第二阶段迅速提高,甚至超过了全天浸入模式幼儿园,但在第三和第四个阶段又出现了回落。具体差异分析显示,四个阶段不同教育模式幼儿园儿童的语法能力都存在显著差异($F_{(1,378)_{T1}}=15.02$,$p<0.001$;$F_{(1,120)_{T2}}=8.60$,$p<0.05$;$F_{(1,231)_{T3}}=5.25$,$p<0.05$;$F_{(1,165)_{T4}}=11.77$,$p<0.05$),但不难发现,两种教育模式下儿童的叙事语法能力差异在不断缩小。

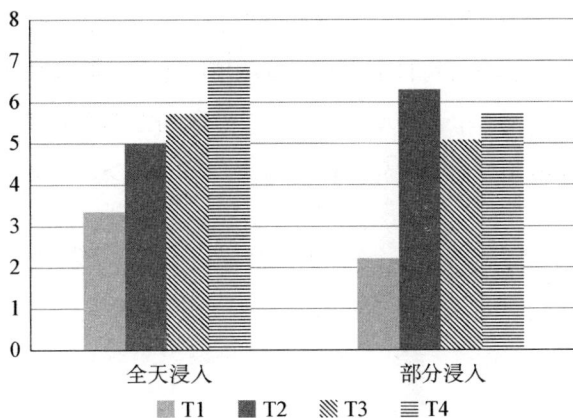

图 6-19　不同教育模式幼儿园儿童叙事语言语法
发展对比图

(二) 叙事语言语义发展

如表 6-4 所示,儿童各阶段词汇总数量(NTW)、不同词汇数(NDW)和新词数(D值)总体呈现增长趋势,重复测量方差分析结果显示三者均达到显著差异($F_{(3,105)_{NTW}}=5.4$,$p<0.01$,$\eta_p^2=.13$;$F_{(3,105)_{NDW}}=4.81$,$p<0.01$,$\eta_p^2=.12$;$F_{(3,165)_D}=12.328$,

$p < 0.001$，$\eta_p^2 = .18$）。特别值得一提的是，尽管儿童在第三阶段的词汇总数（NTW）和不同词汇数（NDW）有所下降，但是儿童语句中新词汇出现的概率仍然呈现较好的增长势态，这表明尽管在第三次测查中儿童叙事时所说的语句和词汇并不多，但是儿童语句中使用的新词数量并未减少，叙事语言词汇的丰富性一直在持续发展。

表 6-4　新疆学前民族儿童叙事语言语义追踪情况

语义	T1	T2	T3	T4
NTW	161.89	190.83	149.17	231.83
NDW	53.67	68.11	60.56	75.47
D	15.15	21.92	24.14	25.55

1. 不同年龄儿童叙事语义的发展

如图 6-20 所示，不同年龄班儿童叙事语言的词汇总数总体呈现上升趋势，其中小班和中班儿童的词汇总数在第三阶段测试中有所下降，但第四阶段又有了显著回升（$F(3,33)_{小班} = 4.63$，$p < 0.05$，$\eta_p^2 = .30$；$F(3,60)_{中班} = 6.35$，$p < 0.05$，$\eta_p^2 = .24$），但大班儿童的词汇总数结果与平均语句长度发展趋势相似，在第二阶段发展非常迅速，多重比较显示差异显著（$F = 35.68$，$p < 0.05$），但在第二阶段词汇总数达到顶峰后逐渐回落，总体四个阶段发展过程不存在显著差异（$F(3,6)_{大班} = 1.16$，$p > 0.05$，$\eta_p^2 = .37$）。

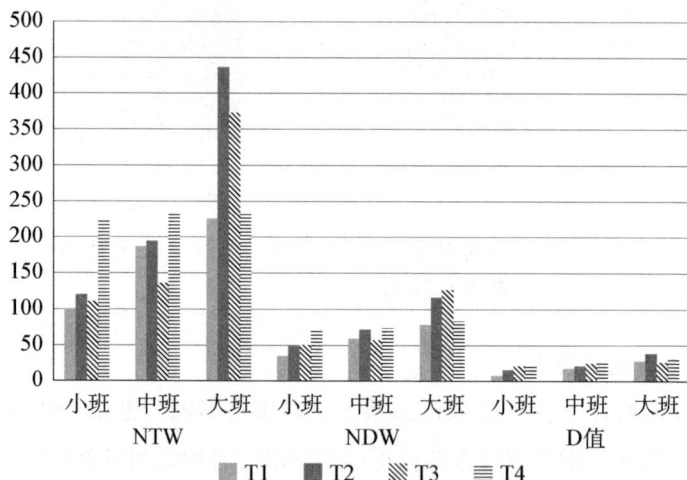

图 6-20　不同年龄儿童叙事语言词汇总数、不同词汇数和新词数的发展对比图

各年龄班儿童叙事语言中不同词汇数量的发展趋势与总词汇数量的发展趋势基本相似,小班和中班儿童的不同词汇数量都在第三阶段出现回落后在第四阶段又有所增加,大班儿童的不同词汇数量则在第三阶段达到最高值,第四阶段又出现回落。总体而言,随着研究的开展,小班和中班儿童各阶段叙事语言中不同词汇数的发展呈现显著差异($F(3,33)_{小班}=3.88$, $p<0.05$, $\eta_p^2=.26$; $F(3,60)_{中班}=3.77$, $p<0.05$, $\eta_p^2=.16$),大班儿童的不同词汇数总体发展没有显著差异($F(3,6)_{大班}=1.00$, $p>0.05$, $\eta_p^2=.33$)。

新词数(D值)的发展是各年龄班儿童叙事语义中发展最为缓慢的项目,总体而言,小班和中班儿童的新词数量都呈现上升趋势,但大班儿童的新词数在四个阶段的研究中几乎没有发生变化。小班和中班儿童的新词数在四个阶段上的发展差异极其显著($F(3,51)_{小班}=7.84$, $p<0.001$, $\eta_p^2=.32$; $F(3,102)_{中班}=6.54$, $p<0.001$, $\eta_p^2=.16$)。多重比较结果显示,新词量的变化主要是在第一阶段到第二阶段增长明显,第二阶段以后变化不显著。大班新词数量的发展波动较大,在第二阶段达到最高值后出现回落,但值得欣喜的是第四阶段又呈现增长状态,多重比较结果显示没有达到统计显著性。

2. 不同地域幼儿园儿童叙事语义的发展

如图6-21所示,W市儿童的叙事语句词汇总数和不同词汇数都呈现波动上升的发展趋势,而T县儿童的这两种语义指标在前三个阶段都稳步上升,在第三个阶段达到峰值,在第四阶段测查中明显下降。这种发展趋势可能与第四阶段T县研究对象大量流失有关。分别对W市和T县儿童的四个阶段的词汇总数和不同词汇数进行差异分析,结

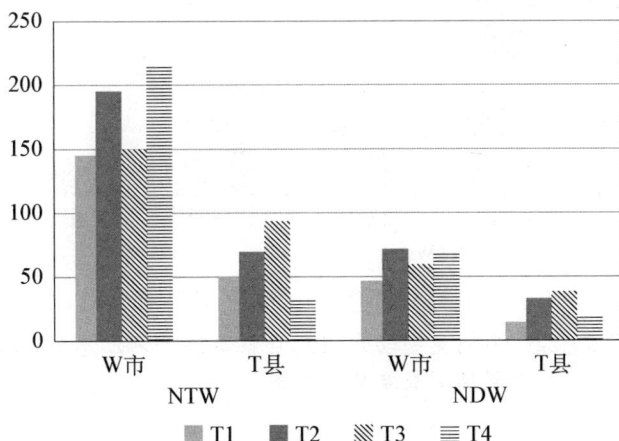

图6-21 不同地域儿童叙事语言词汇总数、不同词汇
数发展对比图

果显示：W 市和 T 县儿童的叙事语句词汇总数（$F(1,378)_{T1}=19.90$，$p<0.001$；$F(1,120)_{T2}=21.77$，$p<0.001$；$F(1,231)_{T3}=13.79$，$p<0.001$；$F(1,165)_{T4}=26.75$，$p<0.001$）和不同词汇数（$F(1,378)_{T1}=25.16$，$p<0.001$；$F(1,120)_{T2}=25.57$，$p<0.001$；$F(1,231)_{T3}=18.34$，$p<0.001$；$F(1,165)_{T4}=33.45$，$p<0.001$）在四个阶段均存在显著差异，W 市儿童的语义指标得分明显高于 T 县儿童。

  3. 不同类型幼儿园儿童叙事语义的发展

  如图 6-22 所示，不同类型幼儿园儿童的叙事语句词汇总数和不同词汇数都呈现波动上升的发展趋势，普通幼儿园儿童的两种语义指标（NTW 和 NDW）在前三个阶段都稳步上升，在第四阶段测查中略微下降，而优质幼儿园儿童的两种语义指标则在第二阶段迅速发展，第三阶段和第四阶段先下降又回升。差异分析结果显示：优质幼儿园和普通幼儿园儿童的叙事语句词汇总数（$F(1,378)_{T1}=41.27$，$p<0.001$；$F(1,120)_{T2}=21.77$，$p<0.001$；$F(1,231)_{T3}=21.85$，$p<0.001$；$F(1,165)_{T4}=46.41$，$p<0.001$）和不同词汇数（$F(1,378)_{T1}=51.03$，$p<0.001$；$F(1,120)_{T2}=25.57$，$p<0.001$；$F(1,231)_{T3}=32.56$，$p<0.001$；$F(1,165)_{T4}=64.75$，$p<0.001$）在四个阶段均存在极其显著的差异，优质幼儿园儿童的语义指标得分明显高于普通幼儿园。

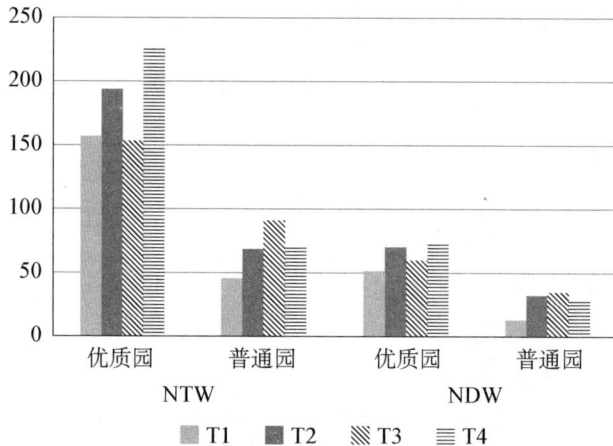

图 6-22　不同类型幼儿园儿童叙事语言词汇总数、不同词汇数发展对比图

  4. 不同教育模式幼儿园儿童叙事语义的发展

  如图 6-23 所示，不同教育模式儿童的叙事语句词汇总数和不同词汇数都呈现波动

上升的发展趋势,都在第二个阶段有较快发展,第三个阶段发展得分出现回落,发展速度减慢,到第四个阶段又有较快提升。差异分析结果显示:全天浸入模式幼儿园和部分浸入幼儿园儿童的叙事语句词汇总数在第一和第四阶段测查中存在显著差异($F_{(1,378)_{T1}} = 6.04$,$p < 0.05$;$F_{(1,165)_{T4}} = 7.39$,$p < 0.05$),但在第二和第三阶段没有显著差异($F_{(1,120)_{T2}} = 1.09$,$p > 0.05$;$F_{(1,231)_{T3}} = 1.46$,$p > 0.05$)。不同教育模式下儿童叙事语言的不同词汇数量除第二个阶段外均存在得分差异($F_{(1,378)_{T1}} = 11.48$,$p < 0.05$;$F_{(1,120)_{T2}} = 0.93$,$p > 0.05$;$F_{(1,231)_{T3}} = 5.30$,$p < 0.05$;$F_{(1,165)_{T4}} = 12.58$,$p < 0.05$),总体而言全天浸入模式下儿童的语义指标得分高于部分浸入模式下的儿童得分。

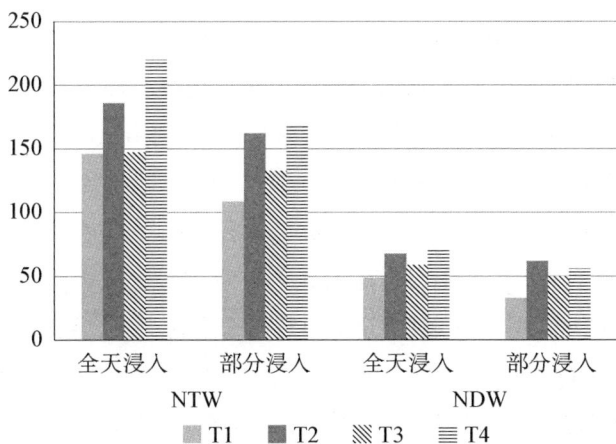

图6-23　不同教育模式幼儿园儿童叙事语言词汇总数、不同词汇数发展对比图

(三) 结论与建议

如果说儿童对故事语法和故事结构要素的掌握是儿童对叙事内容理解能力的最佳体现,那么,儿童在叙事中运用什么样的语言来表达、词汇是否丰富,则体现了儿童叙事表达中的综合运用语言能力。本节从儿童叙事语言的微观层面,分析了儿童叙事语言表达的语法和语义特征,主要结论如下:

1. 学前民族儿童的叙事语言表达能力提高显著

四次追踪研究结果显示,儿童在叙事性讲述的过程中,叙事性言语的语法和语义水平也有了显著发展。这表明在阅读丰富的双语图画书资源以及参与有指导的阅读活动

中,大部分儿童能够尝试使用更为丰富的语句和词汇把自己理解的故事讲述出来,良好的语言输入和阅读指导有效提高了民族双语儿童的综合语言运用能力。前期研究表明,儿童叙事语言的语法和语义水平都随着年龄的增长而提高,并且 4－5 岁组儿童在看图叙事的语法和语义指标上的发展速率更快(杜丽君,2013),辛宏伟在研究维吾尔族儿童汉语语言发展的过程中也发现,4－5 岁是维吾尔族儿童汉语语言发展的快速增长期(辛宏伟,2011)。同样,本研究结果也证明,小班和中班儿童的叙事语言在语法和语义上提升幅度更大、速度也更快,大班儿童语法和语义的发展变化却并不显著。因此,综合提升民族地区儿童的汉语语言叙事表达能力,一方面需要把握儿童汉语能力学习和发展快速增长期,另一方面需要针对不同年龄儿童语言发展的特点,为他们提供适宜的优质教育资源和教育指导帮助。

2. 民族儿童叙事语言的语义发展存在波动性特点

在追踪研究中我们发现,与儿童叙事语言语法结构呈线性增长趋势不同,叙事语义的发展趋势波动较大,在第一到第二阶段出现增长,第二到第三阶段发展减慢,各指标得分下降,第三到第四阶段又出现了快速提升。儿童的语义能力及词汇发展具有一定的阶段性。以往研究表明,学前儿童词汇数量增长的高速期有两个,一个是在 3 岁,一个是在 6 岁(吴鸿业,朱霁青,1980)。也有部分学者认为儿童词汇量增长的高峰是 3 岁和 5 岁,且儿童早期词汇量的增加呈现阶段性,这是由量的积累到产生飞跃的发展规律所决定的(赵寄石,楼必生,2004)。可见,学前儿童语义能力的发展存在阶段性和波动性的特点,这在民族儿童的汉语语义习得过程中也同样有所体现。因此,在对民族儿童开展双语教育的过程中,有必要充分关注和了解儿童语义发展波动性的规律和特点,在保证大量丰富的词汇输入的同时,为儿童提供适宜有效的教育指导,帮助儿童顺利度过词汇发展的平台期。

3. 不同地域、幼儿园类型和教育模式下,儿童的叙事语法能力遵循普遍的发展规律,语义能力存在显著差异

在上一节有关民族儿童叙事故事结构的研究中我们发现,不同地域、幼儿园类型以及教育模式下儿童的叙事结构能力存在显著差异,并且随着研究的开展,这种差距逐渐增大。但在本节对于儿童叙事语言表达语法能力的研究中却发现,不同地域和不同教育模式下,儿童的语法能力虽然存在一定的差异,但这种差异不断缩小,特别是不同地域的儿童在第四阶段研究中的平均语句长度已经没有显著差异。可见,儿童的平均语句长度作为反映其基础语言能力和认知发展水平的重要指标,并不会受到地域和教育模式的影

响,但是不同类型幼儿园儿童的语言语法能力却仍然存在显著差异。前期研究中也发现,相比较其他因素而言,幼儿园的质量水平对于维族儿童汉语能力的发展具有更为重要和显著的影响(周兢等,2014)。本研究的这一结果似乎也再次验证了前期研究的结论。在叙事语言表达的语义发展方面,与前期研究结果相似(周兢等,2014),不同地域、不同幼儿园类型和不同教育模式下,儿童的叙事语义能力都存在显著差异。儿童在叙事表达中的语义能力,反映着他们是否能够把习得的词汇真正运用到实际的语言交流中,也反映着他们的语言表达是否丰富和多样,实际上这也是民族儿童汉语运用综合水平的重要体现。儿童语义的发展受到多种因素的影响,李传江在民族儿童汉语语义发展的研究中发现,父母的语言水平、亲子沟通质量、家庭文化资源、幼儿园师幼比例、教师学历水平、班级规模、教育资源、教师的教育策略等都会对儿童的语义能力发展产生重要影响。因此,为儿童提供优质的图画书教育资源、开展有指导的阅读教育活动,是促进儿童叙事语言表达语义能力发展的一种有效途径,还需要从家庭、幼儿园等多方面入手,综合提升双语教育的质量内涵。

本章主要参考文献

1. Berman R. A. & Slobin D. I. Relating events in narrative: A cross-linguistic developmental study. Hillsdale, NJ: Lawrence Erlbaum, 1994.

2. Bornstein M. H., Haynes O. M., Painter K. M., et al. Child language with mother and with stranger at home and in the laboratory: method logical study. J Child Lang, 2000, 27 (2): 407 - 420.

3. Courtenay Frazier Norbury and Dorothy V. M. Bishop. Narrative skills of children with communication impairments [J]. Vol. 38, No. 3, 2003: 287 - 313.

4. Cummins J. Language, Power and Pedgogy: Bilingual Children in the Crossfire. Clevedon: Multilingual Matters, 2000.

5. Eisenberg A. R. (1985). Learning to describe past experiences in conversation. Discourse Processes, 8, 177 - 204.

6. Hughes D., McGillivray L. & Schmidek M. (1997). Guide to narrative language: Procedures for assessment. Eau Claire, WI: Thinking Publications.

7. John Heilmann, Jon F. Miller, Claudia Dunaway. Properties of the Narrative Scoring Scheme Using Narrative Retells in Young School-Age Children [J]. Vol. 19, May, 2010: 154 – 166.

8. Kaderavek J. N. & Sulzby E. (2000). Narrative production by children with and without Specific Language Impairment: Oral narratives and emergent readings. Journal of Speech, Language, and Hearing Research, 43: 34 – 49.

9. Karmiloff-Smith A. (1986). Some fundamental aspects of language development after age 5. In P. Fletcher & M. Garmen (Eds.), Language acquisition (pp. 455 – 474). Cambridge, MA: Cambridge University Press.

10. Klatter-Folmer, Jetske, vanHout, Roeland, Kolen, Esther, Verhoeven, Ludo. Language Development in Deaf Children's Interactions With Deaf and Hearing Adults: A Dutch Longitudinal Study, 2006,11(2): 238 – 251.

11. Mandler J. M. A code in the node: the use of story schema in retrieval [J]. Discourse Processes, 1978,1: 14.

12. McCabe A. (1996). Chameleon readers: Teaching children to appreciate all kinds of good stories. New York: McGraw-Hill.

13. Phyllis Schneider, Kara Kvile, Nikki Dooley, Kelly Millar & Carla Monteleone. Animated versus static picture stimuli as story elicitation contexts. Speech Pathology & Audiology, University of Alberta.

14. Sachs J. (1982). Talking about the there and then: The emergence of displaced reference in parent-child discourse. In K. E. Nelson (Ed.), Children's language (pp. 1 – 28). Hillsdale, NJ: Lawrence Erlbaum.

15. Schneider P., Dubé R. V. & Hayward D. (2005). The Edmonton Narrative Norms Instrument. Retrieved [date] from University of Alberta Faculty of Rehabilitation Medicine website: http://www. rehabresearch. ualberta. ca/enni.

16. Siegel L. Bilingualism and reading. In Handbook of Children's Literacy (pp. 673 – 689). Springer Netherlands, 2004.

17. Stein N. L. & Glenn C. G. (1979). An analysis of story comprehension in elementary school children. In R. O. Freedle (Ed.), New directions in discourse processing Norwood, NJ:

Ablex，1985：53－120.

18. Stein N. L. The development of children's story telling skill [M]. In：Franklin MB, Barten SB, Eds. Child language：A reader. New York：Oxford University Press，1988：282－297.

19. Williams L. , DeThornc L. , Galvanoni T . [References to MLU：Review of JS LHR articles from 1999－2003]. Unpublished raw data.

20. Wolf, Dennie Palmer. (1993). There and Then, Intangible and Internal：Narratives in Early Childhood. In B. Spodek（Ed. ）Handbook of Research on the Education of Young Children. Hillsdale，NJ：Lawrence Erlbaum Associates：42－54.

21. Brian Mac Whinney 著，许文胜，高晓妹译.国际儿童语言研究方法——CHILDES 国际儿童语料库数据储存和分析系统[M].北京：教育科学出版社，2010.

22. 杜丽君.4－6 岁新疆维吾尔族双语儿童汉语看图叙事能力发展研究[D].华东师范大学，2013.

23. 李林慧，周兢，刘宝根，高晓妹.学前儿童图画故事书阅读理解研究[J].中国特殊教育，2011（2）.

24. 李甦，李文馥，杨玉芳.3－6 岁儿童图画讲述能力的发展特点[J].心理科学，2006（1）：25－29.

25. 王益文，张文新.3－6 岁儿童"心理理论"的发展[J].心理发展与教育，2002（1）：11－15.

26. 吴鸿业，朱霁青.2－6 岁儿童言语发展的调查研究[J].儿童心理与教育心理，1980.

27. 辛宏伟.3－6 岁维吾尔族儿童汉语语言发展研究[D].华东师范大学，2011.

28. 杨宁.叙事性思维和儿童道德教育[J].南京师范大学学报（社会科学版），2005（5）.

29. 曾维秀，李甦.儿童叙事能力发展的促进与干预研究[J].中国心理卫生杂志，2006（9）.

30. 张放放.4－6 岁汉语特定型语言障碍儿童叙述语言发展研究[D].华东师范大学，2010.

31. 张鑑如.汉语儿童叙事语言发展研究[M].汉语儿童语言发展研究（5），2009.

32. 赵寄石，楼必生.学前儿童语言教育[M].北京：人民教育出版社，2004.

33. 周兢，李传江，杜丽君，等.新疆学前双语教育情境中民族儿童的汉语发展研究[J].华东师范大学学报，2014（1）.

34. 周兢，张莉，闵兰斌，陈思.新疆学前双语教育中两种语义习得研究[J].新疆师范大学学报（哲学社会科学版），2014（6）.

35. 周兢.对我国学前儿童英语教育定位的思考[J].学前教育研究，2004（12）.

36. 周兢. 汉语儿童语言发展研究——国际儿童语料库研究方法的应用与发展[M].北京：教育科学出版社，2009.

第七章

新疆学前民族儿童学业语言成长的追踪研究 李传江　杨晓岚

　　学业语言是儿童语言发展过程中所学习运用的一种特殊语言,是一种可以通过口头语言进行交流,但是具有书面语言特征的语言。近年的国际研究发现,掌握好学业语言对于儿童未来在学校学习中获得优秀的读写成绩及学科领域知识具有积极的促进意义,而学业语言是儿童无法从日常生活的口语表达中习得的,在教育情境中培养儿童的学业语言是必不可少的一种途径。本研究特别关注新疆学前民族儿童的学业语言发展,通过追踪考察在新疆学前双语教育情景中,民族儿童的学业语言发展特点与教育规律。

第一节　研究背景与研究设计

一、学前儿童学业语言研究概述

　　近些年来,国际语言学和教育学界日益关注儿童学业语言(academic language)的发展,以下两点是主要驱动力:一是它与儿童未来学业成就乃至终身发展联系紧密(Bailey, Butler, Stevens, Lord, 2007;Snow, 2010;Uccelli et al., 2015),比如,掌握好学业语言对于儿童获得优秀的读写成绩及学科领域知识具有积极的促进意义(Schleppegrell, 2012;Townsend et al., 2012)。其次它是处境不利儿童、移民儿童和少数民族儿童语言学习与发展的软肋(Heppt, Henschel, Haag, 2016)。比如对于二语学习者,他们能够从同伴、周围的人群中获得学习社交语言的机会,并快速掌握这些社交语言(Marzano, Pickering, 2010),但是仅仅学会社交语言只是一个方面,他们在今后的教育中很难获得成功(Colorado,2007),究其原因是因为他们在语言学习和学业成就上的学业语言能力不足,会在科学类学科的学习过程中出现"学习困难",在深度学习、知识理解、信息获得和学术沟通等方面出现障碍(Fenner，2013；Snow，Uccelli，2009)。

尽管学业语言受到越来越多的关注，但是有关"学业语言"的定义却一直未有统一的概念。学业语言被认为是在某些特定背景(如学校课程中进行阐述、争论、辩护、总结，并且具有指导文本或教科书性质的语言学特点)中出现的一种语言形式或语域(language register)(Aarts，Demir，Vallen，2011；Aarts et al.，2015)。学业语言是儿童语言发展过程中所学习运用的一种特殊语言，是一种可以通过口头语言进行交流，但是具有书面语言特征的语言。从语用学角度来看，这种语言分类超越了一般语言学的抽象的词汇语法系统规则。无论是口头语言形式还是书面语言形式，儿童学习成长过程中越来越多地需要在课堂或各种专业教育情境中使用这类语言，因而学业语言的发展对于儿童学习科学内容十分重要。

学业语言，不同于随意的社会交往语言，也不同于具有故事性的叙事语言，通常呈现出简洁、明确、客观和有逻辑的特点。学业语言显著的特征包括：避免句子冗余以达到简洁性；运用大量高信息负载的单词以保证表达的精确性；依靠语法加工将复杂的想法压缩为几个单词(Fang，2006)。Snow(2010)认为学业语言的核心特征是语法的嵌入、精深抽象的词汇、选词的精确性、复杂部分的名词化和表达的客观性与权威性。总之它在词汇、语法和文本层面都具有独特的语言学特征，去语境化交流、多样化和精确的学术词汇、复杂的句式结构、良好的语篇组织等都是其体现(Aarts 等，2015；Barnes，Grifenhagen，Dickinson，2016；周兢，陈思，Snow，Uccelli，2013)。学业语言与儿童脱离语境讲述的能力具有较强的相关关系(Dickinson，Smith，1991)，去语境化语言是指在脱离对话语言环境的支持下使用的语言(Rowe，2012；Snow，1983)。学业语言在传递信息时往往使用简单、准确且符合表达主题内容的词汇，这是学业语言能力构成的第一结构要素。它在词汇和结构上都不同于社交语言(social language)，大量学业语言的词汇主要是来自教学的科目，例如数学、自然科学、历史、地理和音乐等。学业语言需要通过一些特定的关系词汇来连接和组织复合句式，增加一些内嵌结构(Snow，2010)，从造句法层面呈现学业语言"高密度"信息组织的语用特征。最后，学业语言呈现出根据不同语用场合和目的灵活选择词汇和语法，以客观的立场体现良好的语篇组织能力(Schleppegrell，2002)等特点。

学业语言的发展对所有儿童都不容易，尤其对那些成长过程中很少有机会接触学业语言，并且在校外生活中很少使用这类语言的儿童来说，更是一种成长发展的挑战。比如处境不利环境中的少数民族儿童，他们需要花费更多的精力学习两种语言，而稀缺的教育资源和社会资源让他们难以接触学业语言,这使得他们在未来的学业成就中获得成功变得更加困难,不利于他们融入主流语言社会。因此对于这些儿童,需要在学业语言方面采取针对性的教育支持,帮助他们在获得双语能力的同时,尽可能地掌握学业语言。

学业语言是儿童无法从日常生活的口语表达中习得的,在教育情境中培养儿童的学业语言是必不可少的一种途径。比如一些基础的语言能力,又叫"自发性增加"的能力,如语音意识、叙事、对词汇的解码等,是能够通过日常的口语和听力的输入习得,但学业语言相关的语言能力,包括词义丰富的词汇、语言结构、语言推理等知识和能力,必须通过大量有目的的阅读和专门的训练才能逐渐掌握,这部分的语言知识被认为是需要"策略性增加"的能力。

学前教育机构中,通过提供词汇和知识丰富的学习材料和环境,适当开展使用学业语言的活动,能够促使学前儿童初步使用学业语言进行表达交流,培养学前儿童根据不同的语用环境选择适当的词汇句法和语篇组织方式的能力。首先,高质量的对话和嵌入句法的使用与儿童词汇(Beck,McKeown,2007)、复杂句法(Huttenlocher et al.,2002)和阅读成绩(Dickinson,Porche,2011)的发展高度相关,而许多优秀图画书包含了诸多学业词汇和嵌套句式,这些复杂语句一般是儿童口语交流中不常见到和使用的,通过与儿童分享这些图画书,就让儿童接触了一些平均语句长度大于教师日常语言平均语句长度两倍的复杂语句,这有利于师生之间产生高质量的对话(Price,Kleeck,Huberty,2009),也可以让儿童具体感知到学业语言的独有特点。其次,开展一些去语境化的讲述活动,比如在分享活动中让儿童讲述自己制作的积木作品,教师适当提供词汇和语言组织和使用上的鹰架。这类活动潜移默化地锻炼了儿童的说明性讲述能力,使他们能逐渐使用自己学到的学业语言词汇、句式和语言组织方式,同时学会考虑听众的立场,学习站在别人的角度思考问题。

国内关于学前儿童学业语言发展的相关研究,主要是周兢教授近年来所开展的。通过与哈佛大学的合作,她的研究团队设计了学前儿童学业语言评估工具,包括理解及表达两个方面。使用这个评估工具进行的前期研究,发现(王飞霞,2013)新疆少数民族儿童汉语学业语言的习得呈现随年龄增长而发展的趋势,但整体水平较差,尤其对指代关系的理解水平较低。此外,民族儿童在学业语言表达上水平较低,但随着年龄增长水平略有提高。这项前期研究提出新疆学前双语教育必须重视民族儿童的学业语言发展,也为后续民族儿童的早期阅读干预研究奠定了基础。

二、新疆学前民族儿童学业语言发展研究设计

1. 研究对象

研究依据群组随机抽样的方法,选取乌鲁木齐市和托克逊县12所公立幼儿园中4-6岁维吾尔族学前儿童381名,男女按照1∶1比例抽取。其中:(1)每个班级随机抽取8名维吾尔族儿童,所选班级均为少数民族和汉族儿童混合班级,共计48个班级。(2)抽测班级实行汉语教学或以汉语教学为主,儿童在幼儿园接触到的语言以汉语为主。(3)由班级中汉语教师随机选取少数民族儿童,抽取儿童前未告诉老师测查内容,仅告知选取原则:①小班抽取年龄为48个月(4岁组),中班抽取年龄为60个月(5岁组),大班抽取年龄为72个月(6岁组),上下浮动3个月。②少数民族儿童汉语水平正常,能够代表班级基本水平,不可以选择水平过低或过高的儿童。研究对象基本信息表如表7-1所示。

表7-1 研究对象基本信息表

年龄(岁)	总数	男(人)	女(人)	被试选取幼儿园个数(个)	被试选取班级个数(个)
4	104	56	48	8	13
5	158	81	77	12	20
6	119	58	61	8	15
总计	381	195	186	12	48

2. 研究工具

研究选用华东师范大学儿童语言研究中心与哈佛大学教育研究院基于"英语儿童学业语言发展水平测试"(Uccelli,Barr,2011)研发的学前儿童汉语学业语言评估工具(Chinese Academic Language Assessment,CALA)(Chen,Zhou,2016)。工具主要由两部分组成:学业语言理解能力测试和表达能力测试。结合汉语特点和学业语言特征,学业语言理解部分包含三个板块:指代关系、修饰限定关系和逻辑关系。指代关系,是指篇章结构中某些词之间的指称与被指称、替代与被替代的关系。学业语言的一个特点是语法的嵌入,句子或者篇章的结构比较紧凑,原因之一是学业语言中运用了大量的指代关系。学业语言还具有精确性,汉语在语法结构和词汇选择上同样具有这样的特点,从

修饰的限定副词即可看出，如程度副词、范围副词、时间副词、肯定否定副词以及语气副词等。此外汉语中语序和虚词是用来表达语法意义的最主要方式，虚词的使用对于汉语结构的严谨来说非常重要。汉语中关联词语的使用能让我们的语句结构减少歧义，更具有逻辑性，结构也更加严谨，这也是学业语言的核心特征。学业语言表达能力测试主要指对儿童说明性讲述能力的评估，该任务是让儿童依据图片"苹果"和"球"进行说明性讲述。教师以引导为目的，讲解例题"香蕉"图片，以儿童故事的呈现方式讲解其物理属性、化学属性、社会属性等，在确保儿童完全理解故事的基础上，让儿童自主讲解"苹果"和"球"，并对儿童的说明性讲述进行录音和回收。儿童的说明性语言录音回收后由CHILDES系统的计算机语言分析软件CLAN进行相关计算，获得儿童学业语言表达能力的各项评估指标。

3. 研究过程

新疆参与研究的幼儿园每个班级都被提供了汉语图画书和维汉双语图画书，选择了适宜儿童语言学习发展需要且具有较丰富的词汇和有趣内容的故事类图画书，丰富儿童在双语幼儿园中的阅读环境。

此外，还为教师提供培训。培训的内容包括对儿童语言学习与发展的认识和早期阅读教育的观念方法，并在提供早期阅读活动设计的基础上，逐渐带领教师设计指导儿童阅读图画书的系列活动，同时通过网络形式组织教师开展对于阅读图画书指导活动的反思。

研究团队跟随研究进程，对参与研究的维族儿童进行追踪性的学业语言测试。四轮数据收集的时间分别为：2012年4月（T1）、2012年9月（T2）、2013年3月（T3）和2013年9月（T4）。

第二节　学前民族儿童学业语言理解能力的发展

1. 民族儿童学业语言理解能力的基本发展状况

学前儿童学业语言理解能力测试包括三个子项目，分别是对指代关系的理解测试、对限定修饰关系的理解测试和对逻辑关系的理解测试。指代关系项目包含7题，限定修饰关系和句子逻辑关系项目各5题，每题计1分，因此学业语言理解能力总分为17分。学前民族儿童学业语言理解能力的四轮测试的描述性数据见表7-2。从数据中可以看出,在早期阅读教育纵向干预的影响下,新疆学前民族儿童学业语言理解能力不断提高,对指代、限定修饰和句子逻辑关系的理解得分都在不断提高。

表7-2 新疆学前民族儿童学业语言理解能力得分追踪情况

	T1	T2	T3	T4
指代关系理解	2.29	2.57	3.14	3.57
限定修饰关系理解	2.50	2.29	2.79	3.64
句子逻辑关系理解	1.50	1.57	2.14	3.00
学业语言理解总分	6.03	7.23	7.83	9.29

由于学业语言测查工具中三种关系的题目数量不同,因此有必要进一步通过各类题目的得分率来考察民族儿童对三种语句关系的理解程度。图7-1为新疆学前民族儿童学业语言理解能力得分率的追踪情况。从图中可知,整体而言,民族儿童学业语言理解得分率显著提升（$F_{(3, 294)} = 22.709$, $p < 0.001$）。具体到每个子项目,其发展的显著性并不相同。指代关系的纵向发展并不显著（$F_{(3,36)} = 2.080$, $p > 0.05$）,限定修饰关系（$F_{(3,36)} = 3.6$, $p < 0.05$）和句子逻辑关系（$F_{(3,36)} = 4.062$, $p < 0.05$）都具有显著性。这些数据表明,首先民族儿童对指代关系的理解较为困难,第一轮测查时成绩显著低于对限定修饰关系理解（$t = -2.491$, $p < 0.05$）的得分。干预一年半之后,儿童对指代关系理解的得分率仅仅维持在42.21%,与对限定修饰关系（$t = -12.391$, $p < 0.001$）、句子逻辑关系（$t = -7.932$, $p < 0.001$）理解的得分差异更大。究其原因主要是与学业语言特点

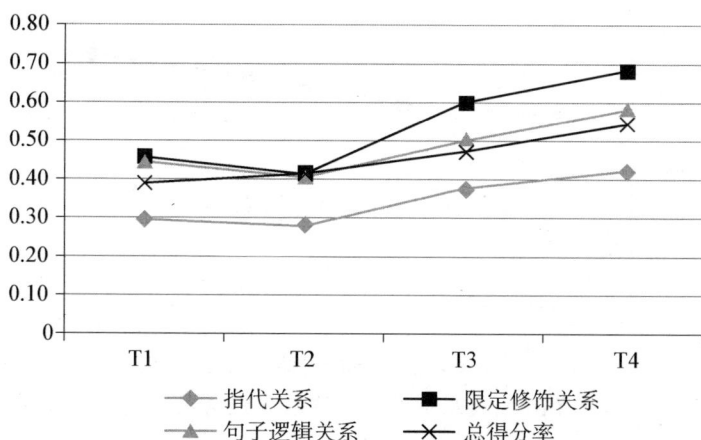

图7-1 新疆学前民族儿童学业语言理解能力得分率追踪情况

有关,学业语言使用大量的指代词汇使得句子或者篇章的结构比较紧凑,这对于二语学习者来说尤其是学前儿童较为困难。其次是和句子逻辑关系相比,儿童对限定修饰关系的理解程度较好,且干预效果较好,第一轮和第二轮测查结果显示,民族儿童对两种词汇理解的得分率大致相同,但经过长时间的早期阅读干预后,儿童对限定修饰关系的理解程度显著上升,得分率达到了 68.18%,干预后,得分率提升了 22.56%。

2. 不同年龄民族儿童学业语言理解能力的发展状况

研究对不同年龄民族儿童学业语言理解能力的发展状况作了分析,结果表明尽管各年龄班儿童的学业语言理解总得分率在纵向研究中都有一定的提高(图 7-2),但小班和中班的进步更为显著($F_{(小班)}=12.931$,$p<0.001$;$F_{(中班)}=5.935$,$p<0.01$),大班儿童四次测量结果变化没有显著差异。第四次数据显示,小中大班之间不存在显著差异,民族儿童似乎在汉语学业语言的发展上进入了高原期而停滞不前,或许是因为汉语学业语言对民族儿童而言较为困难,仅仅依靠以故事类图画书为载体的早期阅读干预效果并不明显,需要加强有针对性的促进儿童学业语言发展的专业性活动。具体到各个子项目上(图 7-3),各年龄班在指代关系理解的发展上呈现不同特征,小班儿童随测查进展成绩逐渐递增,中班儿童也略有提高,大班儿童则波动较大。限定修饰关系的理解上,小班进步最大,中班儿童也略有提高,大班儿童则波动较大。句子逻辑关系的理解上,小班儿童进步最快,中班和大班儿童都具有一定的波动。大班儿童因升入小学导致流失率过高,影响了早期阅读干预的实施。这些研究表明,早期阅读干预对于小班儿童的效果最好,越早对民族儿童进行汉语早期阅读的干预,可能学业语言的提升效果越明显。

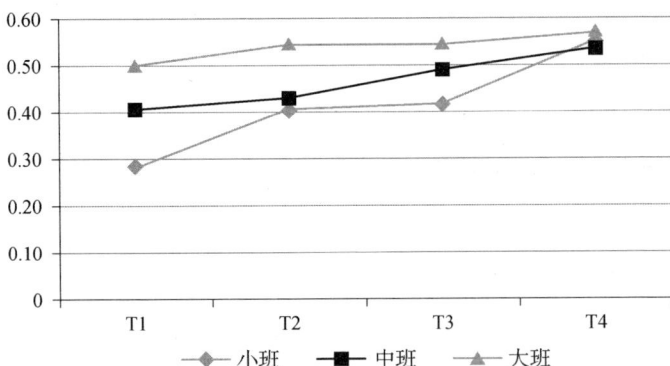

图 7-2 不同年龄民族儿童学业语言理解能力的总得分率发展状况

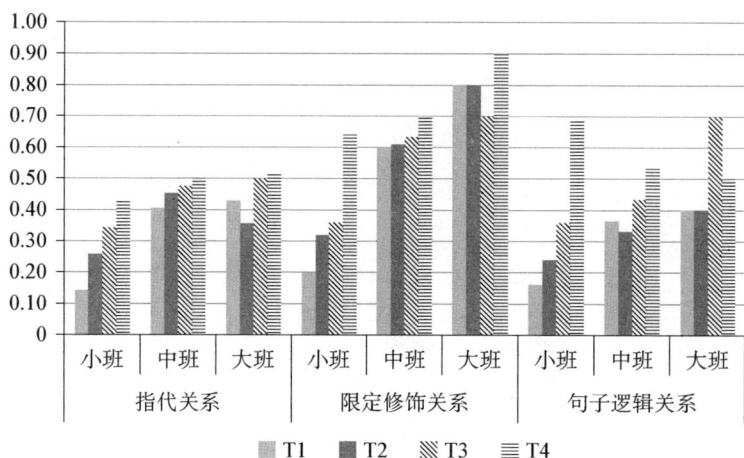

图7-3 不同年龄民族儿童学业语言理解能力子项目的发展状况

3. 不同地域民族儿童学业语言理解能力的发展状况

研究对不同地域民族儿童学业语言理解能力的发展状况作了对比分析,将研究地域分成了城市区和农郊区,城市区汉语人口和使用比例较高,农郊区以流动人口和少数民族人口为主,社区和家庭中以少数民族语言为主。结果表明(图7-4和图7-5),首先城市儿童在总得分率、限定修饰和句子逻辑子项目的理解中普遍高于农郊儿童,重复测量方差分析显示区域主效应差异显著(F分别是21.782,13.456,5.874,p<0.05),但在指代关系的理解中两者差异不显著(F=2.229,p>0.05),发展水平都较低。其次,通过早

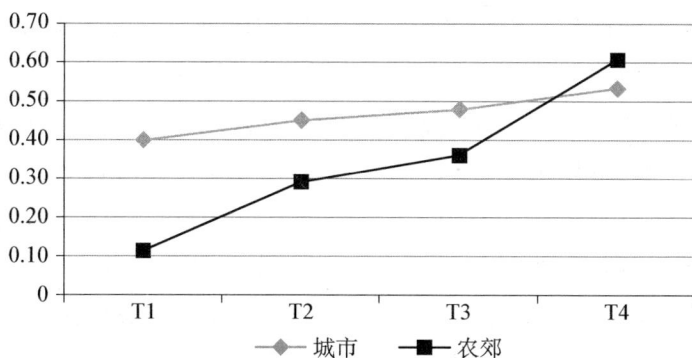

图7-4 不同地域民族儿童学业语言理解能力的总得分率发展状况

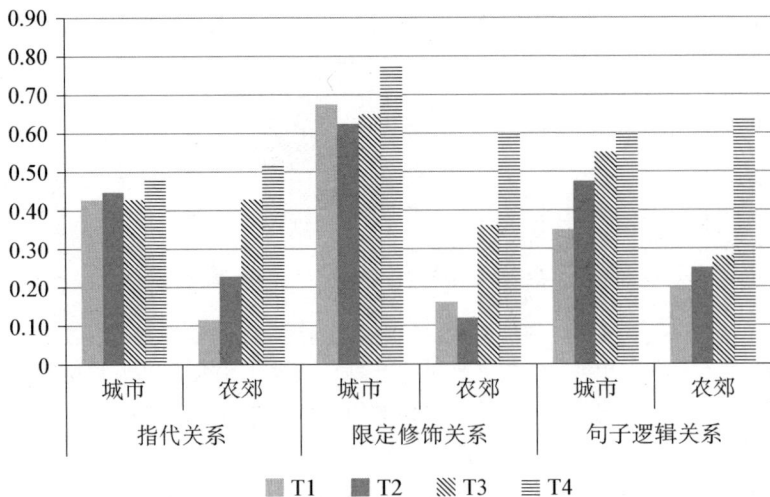

图 7-5 不同地域民族儿童学业语言理解能力子项目的发展状况

期阅读干预,农郊区民族儿童学业语言理解的得分率提升明显快于城市儿童,虽然他们在第一次数据中总分和各项目得分率都很低,但是经过一年的干预后,从第四次数据中反映出其发展迅速,甚至总得分率高于城市儿童(t=4.270,p<0.001)。这些研究表明,虽然农郊儿童在早期阅读干预开始时,对学业语言理解的各个项目尤其是在对限定修饰关系的理解上,远低于城市中心儿童,但随着早期阅读干预项目的开展,农郊地区儿童进步巨大,体现了早期阅读对提升儿童学业语言理解能力的有效性。

4. 不同类型幼儿园民族儿童学业语言理解能力的发展状况

我们根据新疆教育部门的评价标准,将此次参加研究的民族儿童所在的幼儿园分为优质园和普通园两种类型,优质园指区级或市级示范园,普通园指一级园和二级园。图7-6显示,优质园的民族儿童在学业语言理解上的总得分率在前三次数据中均显著优于普通园的儿童(t分别是 8.351、5.225、3.329,p<0.01),但两者之间差距逐渐减小,到第四次数据时已经不再显著(t=-1.804,p>0.05)。此外,具体到每个子项目中,同样也呈现上述趋势(图 7-7),在每个子项目上两者之间的差距逐渐减小。这表明,普通园在经过早期阅读教育干预后,提升了民族儿童的汉语学业语言理解能力,达到了与优质园儿童相似的水平。同时对于优质园儿童在每个项目的纵向发展没有显著差异这一现象,需要我们思考的是:是否当民族儿童学业语言理解能力达到一定程度时便会出现高原反应?是否需要采取专门性的学业语言发展活动,而不是广义的早期阅读教育活动?

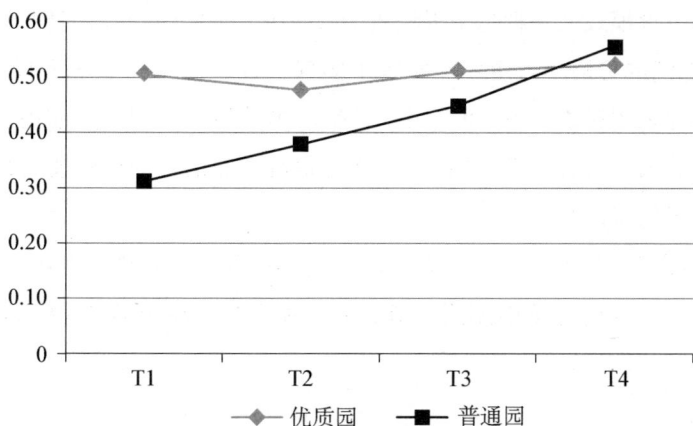

图 7 - 6　不同类型幼儿园民族儿童学业语言理解能力的总得
　　　　　分率发展状况

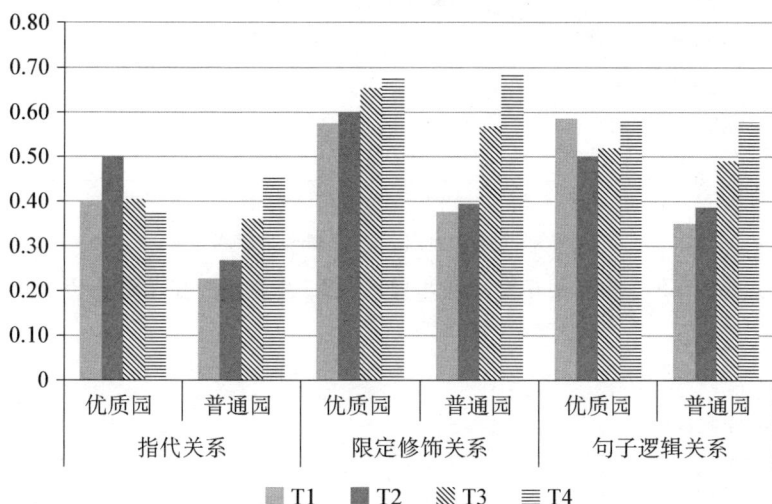

图 7 - 7　不同类型幼儿园民族儿童学业语言理解能力子项目的发展
　　　　　状况

5. 不同教育模式幼儿园民族儿童学业语言理解能力的发展状况

浸入式第二语言教学模式,近年在加拿大和美国受到理论和实践研究者的高度关注
(Siegel,2009)。这种具有整合理念的教学模式缘起于当代课程发展变革,体现了当代儿
童学习、儿童发展、儿童教育的新观念(周兢,2008)。浸入式第二语言学习通常采用整合
课程的学习方式,在集聚相关内容的方式下呈现学习内容,使儿童在各种不同主题单元
中浸入地学习第二语言。考察我国新疆地区的学前儿童双语教育,目前主要存在两种浸

入汉语教学的教育模式。一种是全天浸入的教育模式,即儿童在园时间均沉浸于汉语学习过程之中,他们的母语学习主要在家庭中实现。另外一种是部分浸入的教育模式,即儿童的主体课程采用汉语学习,而在园一日生活等其他环节则仍然使用母语进行交流。在两种浸入式的教育模式下学习语言,民族儿童对学业语言的理解能力是否具有差异,我们对此进行了初步研究。

结果表明(图7-8和7-9),汉语教育模式影响着民族儿童对学业语言的理解。前两轮测试中,全浸入模式下的民族儿童在总得分率上显著高于半浸入模式下的儿童(t均

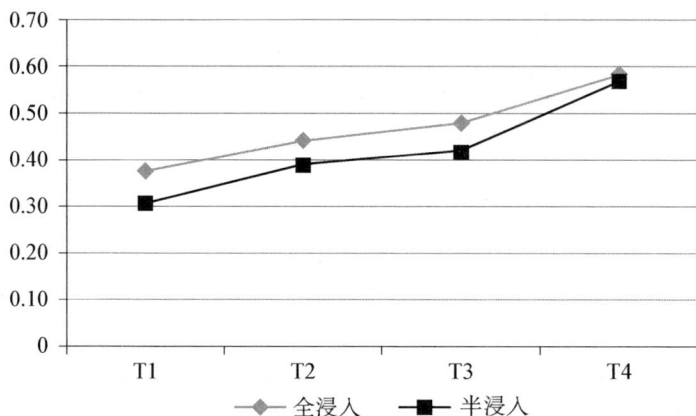

图 7-8　不同教育模式幼儿园民族儿童学业语言理解能力的
　　　　总得分率发展状况

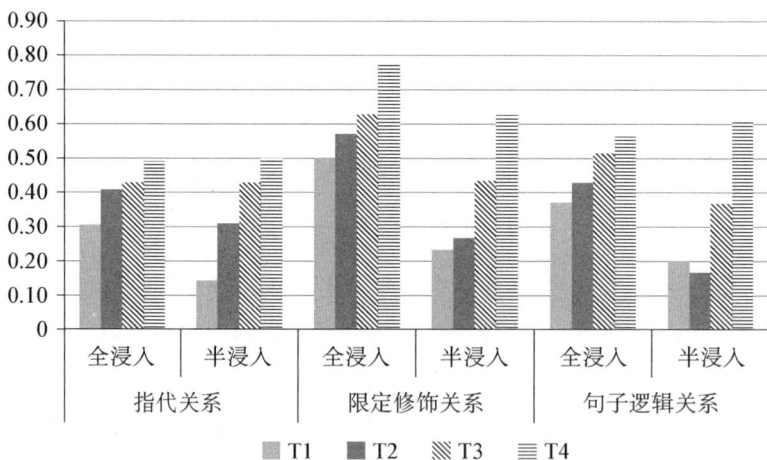

图 7-9　不同教育模式幼儿园民族儿童学业语言理解能力子项目的
　　　　发展状况

大于 2.916，p＜0.01)，后两轮测试中，两组之间没有显著差异。具体到每个子项目中，限定修饰关系的理解上，全浸入模式下的民族儿童表现优于半浸入模式(F＝4.977，p＜0.05)，两组儿童对指代关系和句子逻辑关系的理解没有差异。这些研究说明，全浸入模式有助于民族儿童对学业语言的理解，尤其是对限定修饰关系的理解。同前述研究一致，民族儿童对学业语言的理解发展到一定程度时，便出现发展缓慢的高原期，这或许是半浸入模式和全浸入模式在第四次数据上没有差异的原因之一。

6. 结论与建议

(1) 新疆学前民族儿童学业语言理解能力不断提升，但整体水平较低，且呈现分化发展的趋势

研究结果显示，首先学前民族儿童在学业语言理解上的总得分率和各个子项目上的得分率呈现持续发展的基本态势，但整体得分率不高，无论是高质量幼儿园、市中区幼儿园和全浸入模式幼儿园，还是普通幼儿园、农郊幼儿园和半浸入模式幼儿园，其最高水平维持在 60％得分率的中低水平。其次民族儿童对学业语言不同方面的理解呈现分化的趋势，表现在对限定修饰关系的理解最好，对指代关系的理解较差，而且不同年龄、地域、幼儿园质量类型和教育模式下的民族儿童都呈现相似的分化发展趋势。国内有研究者从对儿童不同词类的习得研究中也发现，儿童习得代词比名词、形容词甚至副词都要困难得多(张兴峰，吴卫东，2007)。

这提示我们，新疆学前双语教育需要总结民族儿童二语发展的基本规律和特点，关注影响民族儿童二语发展的外界因素，坚持重点有序的原则来制定双语教育政策、优化资源配置和实施课程改革。比如在全面发展民族儿童汉语口语的同时，重视民族儿童的汉语学业语言的发展，针对儿童学业语言发展的不同方面开发重点有序的课程(如关注儿童对指代关系的理解)，使得教师关注儿童学业语言核心经验的掌握。

(2) 新疆学前民族儿童学业语言理解能力的发展容易遇到高原期或困难期，需要教育的特殊支持

前期横向研究(王飞霞，2013)认为，新疆少数民族儿童汉语学业语言的习得呈现随年龄增长而发展的趋势，但整体水平较差，尤其对指代关系的理解水平较低。本纵向研究发现，民族儿童对学业语言的理解同样呈现整体水平较低的面貌，以大班儿童为例，在经过一年的早期阅读干预后，整体得分率和部分子项目得分率仍然处于 60％的中低水平，仅对限定修饰关系的理解水平获得了显著提升，达到了 80％-90％的得分率。这表明大班儿童在学业语言方面还没有完全达到入学准备水平。同样优质园和市中区幼儿

园的表现也不尽如人意,这些幼儿园的儿童学业语言理解发展到一定程度时,同样遇到了高原期而发展缓慢。综合这些研究结果,我们认为新疆学前民族儿童在学业语言发展上面临着一定的困难,除了依靠整合意义上的早期阅读课程来继续进行教育干预外,还需要针对性地对学前儿童学业语言发展提供专业的教育支持。

如前所述,国际研究已经证明,学业语言的习得对二语学习者而言尤为困难,而新疆地区学前双语教育基础薄弱,整体教育水平不高,更加剧了民族儿童的双语学习的困难处境。这种局面下,教育支持的作用便能得到极大的体现,也日益得到政策制定者的重视(闵兰斌,刘宾,2015;闵兰斌,周兢,2016)。本研究也发现,农郊区幼儿园和普通质量的幼儿园在早期阅读干预的支持下,民族儿童的表现与市中区和优质园的差距逐渐缩小,经过一年的干预后甚至没有差异。同时小班儿童的干预效应最大,他们在各项目上的得分率提升最多,说明早期阅读干预越早开展,产生的价值越大。这些研究验证了早期阅读对儿童学业语言习得的积极作用,对民族儿童越早进行干预,教育支持发挥的价值越大。

新疆学前早期阅读干预项目提供了丰富的适合儿童年龄的图画书资源,设计了提高儿童语言学习与发展核心经验的早期阅读课程资源,开展了提高教师专业性及早期阅读课程实施的专项线上线下培训,这是一个比较宏大且系统的工程,全方面地促进了民族儿童学业语言理解能力的提升。国际研究认为早期阅读教育干预对于提高儿童词汇和阅读理解等语言能力发展的作用毋庸置疑,是帮助儿童语言能力发展的重要支持(Lonigan, Purpura, Wilson, Walker, Clancy-Menchetti, 2013; Tsybina, Eriks-Brophy, 2010)。我们相信早期阅读干预在促进新疆民族儿童提高整体汉语能力的同时,也促进了少数民族儿童汉语学业语言的初步发展。

我们同样认为,除了整合性质的早期阅读活动和教育支持外,还需要开展专业性的教育活动来帮助民族儿童对汉语学业语言的理解与习得,这有利于他们度过学业语言发展的高原期或困难期,做好学业语言发展的入学准备。诸如加强科学知识类图画书为载体的早期阅读课程设计,关注说明性讲述核心经验的活动开发与实施,创设一部分以逻辑、简洁和适用为特色的语言运用环境,组织一些围绕核心主题的谈话与游戏活动,尽可能地给儿童提供使用学业语言的机会,帮助他们锻炼学业语言的准确使用。

(3)不同地域、幼儿园质量类型和教育模式影响着儿童学业语言理解能力的发展,彼此间存在显著的差异,但在早期阅读教育干预影响下,差异呈现逐渐缩小的趋势

研究发现,不同地域、不同质量类型和不同教育模式下幼儿园的民族儿童,其学业语

言的理解能力具有显著性的差异，但随着研究的进展，这种差异在逐渐缩小。国际研究发现，通过实施早期阅读教育干预，对处境不利儿童和双语儿童的语言发展产生了积极影响（Lawrence et al.，2012），也逐渐引起了教育政策的变化。相比优质园，农郊区和普通幼儿园的民族儿童接触的教育资源较少，同样实施早期阅读教育干预，往往农郊区和普通幼儿园会更加关注和重视这些教育资源的使用，使得他们的干预效果更加明显。因此干预初期普通园及农郊园与优质园的差异较大，但随着早期阅读干预的进行，两者的差异开始变小甚至普通园、农郊园还出现反超。此外，全浸入模式下民族儿童对学业语言的理解要优于半浸入模式下的儿童，这与已有研究结论基本一致，采用完整浸入式的教育方式对早期第二语言学习具有良好的促进作用（周兢，2004）。

第三节　学前民族儿童学业语言表达能力的发展

1. 民族儿童学业语言表达能力的基本发展状况

语言学习的输入和输出过程密不可分，仅仅能听懂和理解学业性语言只是达到了语言学习"听"的要求，还需要进一步提高运用学业语言"说"的能力。本研究中采用学前儿童汉语学业语言评估工具（Chinese Academic Language Assessment，CALA）的第二部分来考察儿童的学业语言表达能力，其评估方式是通过收集儿童说明性讲述"苹果"和"皮球"的语料，进一步分析儿童的语法发展，以此反映儿童的学业语言表达能力。在说明性讲述的过程中儿童不仅需要理解成人的学业语言表达，还需要调动自身认知经验和语言组织能力，将事物的特征运用规范的学业语言表达出来，因此，说明表述的过程实际上是儿童学业语言综合运用能力的最佳体现。

平均语句长度（Mean Length of Utterance，MLU）是考察学前儿童句法复杂度的有效指标（Jalilevand，Ebrahimipour，2014），最长五句话的平均语句长度（Mean Length of Five Longest Utterances，MLU5）是标识汉语语法发展最高水平的有效指标（周兢，2009）。由于早期儿童学业语言的学习难于叙事性语言，新疆民族儿童汉语学业语言整体表达能力有限，难以使用"叙事语言成长分析"一章中的词汇总数（Number of Total Words，NTW）、相异词汇数（Number of Different Words，NDW）和词汇多样性（Diversity，D）进行有效分析。因此本研究选用 MLU 和 MLU5 两个指标来考察民族儿童的学业语言语法能力,以此反映儿童的学业语言表达能力。

研究分析了民族儿童四次测查中 MLU 和 MLU5 的得分(图 7-10),随着年龄增长其 MLU 和 MLU5 的得分均显著提高($F_{(MLU)}(3,108)=18.613$,$p<0.001$;$F_{(MLU5)}(3,102)=20.360$,$p<0.001$),事后检验发现除去第二和第三次数据之间没有差异外,其他组间均有显著差异。这表明民族儿童的学业语言表达能力在显著提升。

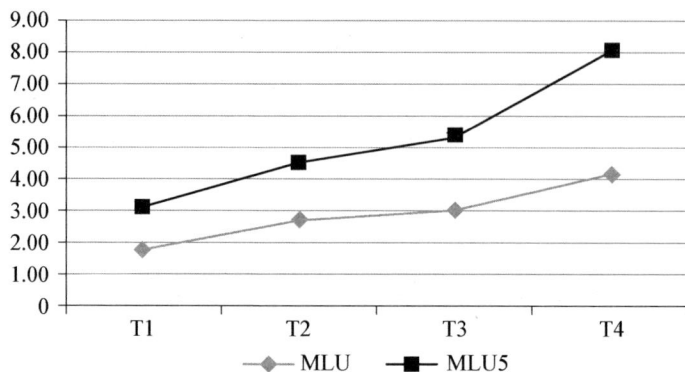

图 7-10 新疆学前民族儿童学业语言表达能力得分率追踪情况

2. 不同年龄民族儿童学业语言表达能力的发展状况

图 7-11 研究结果表明,不同年龄儿童的学业语言表达能力均呈现逐步提升的发展趋势,以小班儿童为例,他们在 MLU 和 MLU5 上都呈现极其显著的增长态势($F_{(MLU)}(3,72)=27.489$,$p<0.001$;$F_{(MLU5)}(3,66)=29.340$,$p<0.001$),小班的增长速度显著快于中大班,这表明早期阅读干预越早,儿童学业语言表达能力的提升效应越明显。

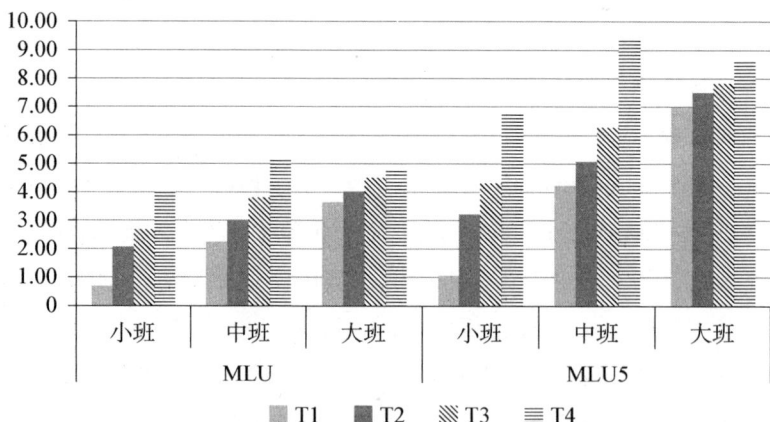

图 7-11 不同年龄民族儿童学业语言表达能力的发展状况

3. 不同地域民族儿童学业语言表达能力的发展状况

通过分析不同地域民族儿童学业语言的 MLU 和 MLU5(见图 7 - 12),首先,可以发现,城市区儿童的表现在每次测查中显著优于农郊区儿童(t>2.772,p<0.01)且差异巨大。农郊区儿童的 MLU5 最长仅为 6,仅仅在第四批数据中两者在 MLU 上没有差异(t=0.322,p>0.05)。其次,可以看到,不同地区儿童的 MLU 和 MLU5 都随着年龄增长而显著提升,但农郊区儿童的增长速度快于城市区,到第四次数据时,两者在 MLU 上的差异几乎消失。这些数据表明,城市区的民族儿童的学业语言表达显著优于农郊区儿童,句子平均长度更长。农郊区儿童学业语言表达在研究开始时非常弱,仅仅是 Brown 提出的 MLU 发展的第一阶段(Brown,1973),但随着早期阅读干预的进行,农郊区儿童的表达能力与城市区儿童的差距逐渐缩小。

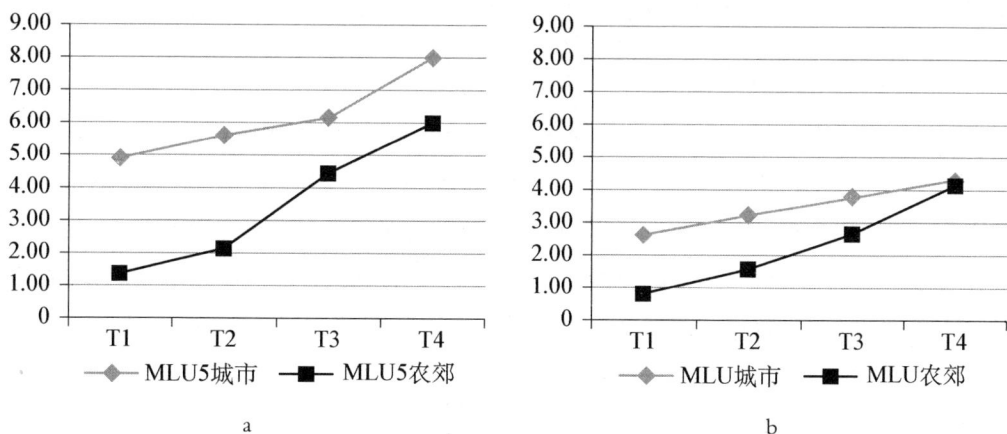

a   b

图 7 - 12 不同地域民族儿童学业语言表达能力的发展状况

4. 不同类型幼儿园民族儿童学业语言表达能力的发展状况

研究结果表明(图 7 - 13),首先,优质园和普通园民族儿童随着干预进行,其学业语言的 MLU 和 MLU5 都在显著增长($F_{(MLU)}(3,105)=17.402$,$p<0.001$;$F_{(MLU5)}(3,99)=20.596$,$p<0.001$)。其次,优质园民族儿童在 MLU 和 MLU5 上的表现显著优于普通园,但随着教育干预的进行,两者之间的差距在逐渐缩小。这说明幼儿园教育质量影响着民族儿童学业语言表达的发展,但当民族儿童学业语言的 MLU5 发展到 7 - 8 句左右时,两类幼儿园不再具有差异,可能普遍遇到困难,其学业语言长度难以继续增加。再次,普通园儿童虽然在干预开始时表现非常弱,但提升速度快于优质园,到干预后期和优

质园之间已经没有差异。

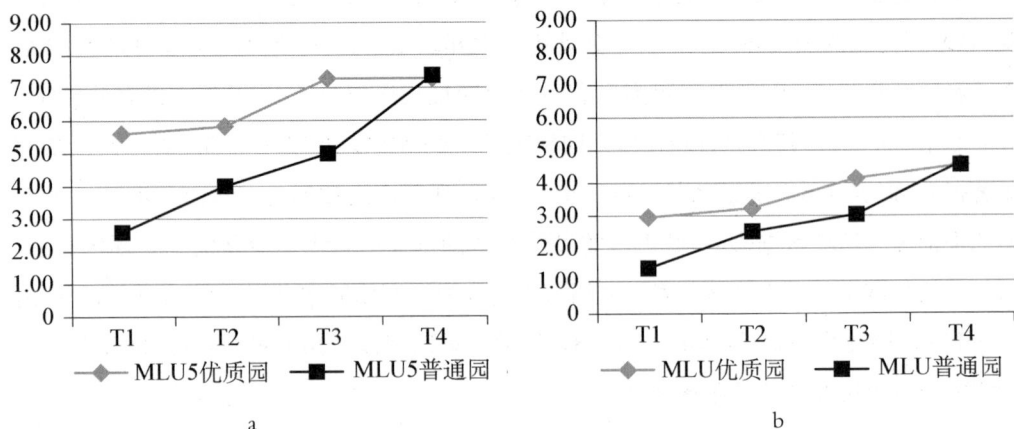

图 7-13　不同类型幼儿园民族儿童学业语言表达能力的发展状况

5. 不同教育模式幼儿园民族儿童学业语言表达能力的发展状况

通过分析不同教育模式对民族儿童学业语言表达能力的影响(图 7-14),我们发现全浸入模式下的民族儿童表现显著优于半浸入模式,除去第四次 MLU 数据,其他批次数据中两组之间均具有显著差异($t > 3.501$,$p < 0.01$)。另重复测量方差分析显示,时间主效应显著($F_{(MLU)}(3,105) = 18.530$,$p < 0.001$;$F_{(MLU5)}(3,99) = 19.803$,$p < 0.001$),表明两组儿童随着时间推移,其 MLU 和 MLU5 指标都在显著增长。

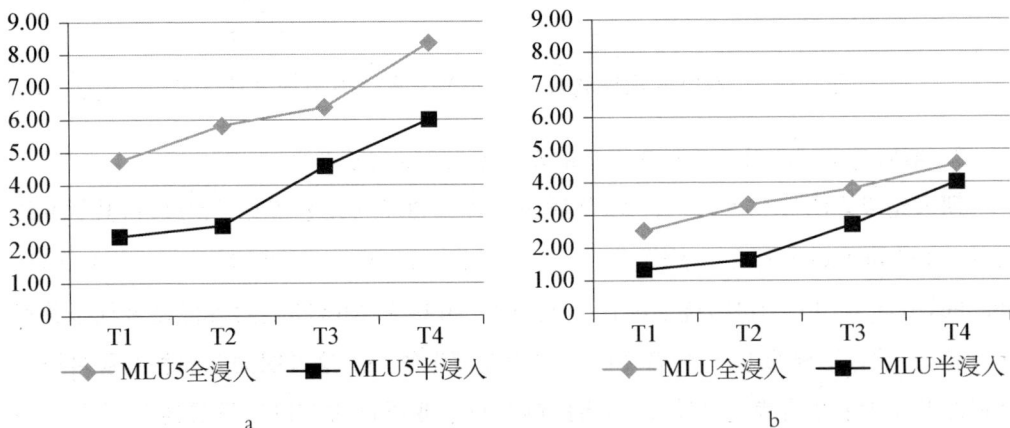

图 7-14　不同教育模式幼儿园民族儿童学业语言表达能力的发展状况

6. 结论与建议

（1）新疆学前民族儿童汉语学业语言语法发展体现了儿童第二语言学习与发展的基本特点，呈现逐步提升的基本面貌

本研究于 2012 年 4 月份开展，这意味着小班民族儿童已经进行了半年左右的双语教育，第一批数据显示他们的学业语言 MLU 基本接近 Brown 提出的第一阶段，即 MLU 为 1 - 1.99，这表明小班儿童的汉语学业语言刚刚起步，构句仍以词汇为基础特征。随着研究的进行，结果发现他们的 MLU 和 MLU5 都在逐渐增长，一年半后达到 Brown 提出的第四阶段，即从句开始出现，也意味着学业语言复杂逻辑语句的出现。但同儿童叙事语言发展相比，其语法发展显然非常落后，因为小班民族儿童第一批的 MLU 显示已经进入 Brown 提出的第二阶段，一年半后儿童的叙事语言 MLU 已经完全超过 Brown 提出的第五阶段（关于学业语言与叙事语言的语法发展对比，详见本书其他章节）。这些研究表明，新疆民族儿童的汉语表达体现了儿童第二语言学习与发展的基本特点与规律：学业语言表达能力随年龄增长而不断发展，但发展相对落后于叙事性语言。我们认为新疆学前双语教育需要不断总结民族儿童双语发展的一些基本规律，重视民族儿童在汉语学业语言发展上的特殊性和困难。

（2）与学业语言理解能力的发展特点相一致，不同地域、幼儿园质量类型和教育模式影响着儿童学业语言表达能力的发展，但教育支持和早期阅读干预能够弥补这种差距

研究发现，城市区幼儿园、高质量教育水平幼儿园和全浸入模式幼儿园里的民族儿童在汉语学业语言 MLU 和 MLU5 上的表现均优于农郊区、普通园和半浸入模式下的儿童。这种差异来源于教育资源配置和汉语浸润时间的共同影响，因此学前教育的相关改革能够缩小这种差异。本研究在教育实践总结和国际理论研究的基础上，开展了系统性的早期阅读教育干预，发现了教育干预的持续进行和教师专业性的逐步提高，能够对结构变量引起的儿童学业语言发展差异产生直接影响，证明了教育支持和干预对儿童发展的积极作用。因此，我们认为在开展因果关系上的科学研究的事实基础上，采取科学性和系统性的教育干预，两个方面都对民族儿童的汉语发展乃至全面发展具有重要意义。

本章主要参考文献

1. Aarts R. , Demir S. , Vallen T. Characteristics of Academic Language Register Occurring in Caretaker Child Interaction: Development and Validation of a Coding Scheme [J]. Language Learning, 2011,61(4): 1173 - 1221.

2. Aarts R. , Demir-Vegter S. , Kurvers J. , et al. Academic Language in Shared Book Reading: Parent and Teacher Input to Mono and Bilingual Preschoolers [J]. Language Learning, 2015.

3. Bailey A. L. , Butler F. A. , Stevens R. , Lord C. Further specifying the language demands of school [J]. The language demands of school: Putting academic English to the test, 2007: 103 - 156.

4. Barnes E. M. , Grifenhagen J. F. , Dickinson D. K. Academic Language in Early Childhood Classrooms [J]. The Reading Teacher, 2016.

5. Beck I. L. , McKeown M. G. Increasing young lowincome children's oral vocabulary repertoires through rich and focused instruction [J]. The Elementary School Journal, 2007, 107(3): 251 - 271.

6. Brown R. A first language: The early stages [M]. Harvard University Press, 1973.

7. Chen S. , Zhou J. Development of academic language in Chinese Mandarin speaking young children [A]. 2016 Annual Meeting of American Educational Research Association. 08 - 12 April, 2016, Washington, D. C. , USA.

8. Colorado, C. Cooperative learning strategies. Reading Rockets By WETA's Educational website, or WETA, Washington DC, 2007. www. colorincolorin. org/educator/content/cooperative.

9. Dickinson D. K. , Porche M. V. Relation between language experiences in preschool classrooms and children's kindergarten and fourthgrade language and reading abilities [J]. Child development, 2011,82(3): 870 - 886.

10. Dickinson D. K. , Smith M. W. Preschool talk: Patterns of teacher-child interaction in early childhood classrooms [J]. Journal of Research in Childhood Education, 1991,6(1): 20 - 29.

11. Fang Z. The language demands of science reading in middle school [J]. International Journal of Science Education, 2006,28(5): 491 - 520.

12. Fenner D. S. Advocating for English Learners: A Guide for Educators [M]. Corwin Press, 2013.

13. Heppt B., Henschel S., Haag N. Everyday and academic language comprehension: Investigating their relationships with school success and challenges for language minority learners [J]. Learning and Individual Differences, 2016,47: 244 – 251.

14. Huttenlocher J., Vasilyeva M., Cymerman E., et al. Language input and child syntax [J]. Cognitive psychology, 2002,45(3): 337 – 374.

15. Jalilevand N., Ebrahimipour M. Three measures often used in language samples analysis [J]. Journal of Child Language Acquisition and Development-JCLAD (ISSN: 2148 – 1997), 2014, 2(1).

16. Lawrence J. F., Capotosto L., Branum-Martin L., et al. Language proficiency, home-language status, and English vocabulary development: A longitudinal follow-up of the Word Generation program [J]. Bilingualism: Language and Cognition, 2012,15(3): 437 – 451.

17. Lonigan C. J., Purpura D. J., Wilson S. B., Walker P. M. & Clancy-Menchetti J. Evaluating the components of an emergent literacy intervention for preschool children at risk for reading difficulties [J]. Journal of experimental child psychology, 2013,114(1): 111 – 130.

18. Marzano R. J., Pickering D. J. The highly engaged classroom [M]. Solution Tree Press, 2010.

19. Price L. H., Kleeck A., Huberty C. J. Talk during book sharing between parents and preschool children: A comparison between storybook and expository book conditions [J]. Reading Research Quarterly, 2009,44(2): 171 – 194.

20. Rowe M. L. A longitudinal investigation of the role of quantity and quality of childdirected speech in vocabulary development [J]. Child development, 2012,83(5): 1762 – 1774.

21. Schleppegrell M. J. Academic language in teaching and learning [J]. The Elementary School Journal, 2012,112(3): 409 – 418.

22. Schleppegrell M. J. Linguistic features of the language of schooling [J]. Linguistics and education, 2002,12(4): 431 – 459.

23. Siegel, L. Introduction to the special issue. Reading and Writing: An Interdisciplinary Journal, 2009(22).

24. Snow C. E., Uccelli P. The challenge of academic language [A]. Olson, Torrance (eds.), The Cambridge handbook of literacy [C], New York, 2009: 112 – 133.

25. Snow C. E. Academic language and the challenge of reading for learning about science [J]. Science, 2010,328(5977): 450 - 452.

26. Snow C. Literacy and language: Relationships during the preschool years [J]. Harvard Educational Review, 1983,53(2): 165 - 189.

27. Townsend D., Filippini A., Collins P., et al. Evidence for the importance of academic word knowledge for the academic achievement of diverse middle school students[J]. The Elementary School Journal, 2012,112(3): 497 - 518.

28. Tsybina I., Eriks-Brophy A. Bilingual dialogic book-reading intervention for preschoolers with slow expressive vocabulary development [J]. Journal of Communication Disorders, 2010,43(6): 538 - 556.

29. Uccelli P., Barr C. D. Psychometric report of the academic language evaluation [R], Unpublished report, 2011.

30. Uccelli P., Galloway E. P., Barr C. D., et al. Beyond Vocabulary: Exploring Cross Disciplinary Academic Language Proficiency and Its Association With Reading Comprehension [J]. Reading Research Quarterly, 2015,50(3): 337 - 356.

31. 闵兰斌,刘宾.新疆促进学前双语教育发展的举措分析[J].学前教育研究,2015(2): 27 - 29.

32. 闵兰斌,周兢.新疆学前双语教育发展的回溯、现状与趋向[J].当代教育与文化,2016,8 (2): 52 - 59.

33. 王飞霞.新疆地区少数民族学前双语儿童汉语学业语言发展研究[D].华东师范大学,2013.

34. 张兴峰,吴卫东.幼儿语言习得过程中代词习得的个案研究[J].德州学院学报,2007,23 (1): 89 - 92.

35. 周兢,陈思,Snow, Uccelli.学业语言:教育必须重视的学习者语言能力构建[J].全球教育展望,2013(12): 75 - 81.

36. 周兢.对我国学前儿童英语教育定位的思考[J].学前教育研究,2004(12): 4 - 6.

37. 周兢.汉语儿童语言发展研究——国际儿童语料库研究方法的应用与发展[M].北京:教育科学出版社,2009: 40 - 58.

38. 周兢.论幼儿园整合课程的有机联系——兼谈幼儿教育整体观在课程实践中兑现的几个问题[J].学前教育,2008(4): 16 - 19.

第八章

新疆学前民族儿童语言与认知发展的相关分析 张 莉 周 兢

在讨论双语教育的时候，一个凸显的话题是儿童双语发展与认知发展的关系，尤其是少数民族儿童的双语学习，是否有利于他们的认知发展是国际国内社会普遍关注的问题。本项研究聚焦探讨少数民族学前儿童双语发展与入学认知准备的经验互动。研究以新疆4-6岁维吾尔族学前儿童为对象，希望揭示学前阶段少数民族儿童的双语学习与发展，对儿童的认知入学准备是否具有良好的促进作用。

第一节 研究背景与研究设计

一、研究背景

"入学准备"研究近年受到国际教育界的高度重视，这个伴随着义务教育制度而产生的入学准备（School Readiness）概念，是指学龄前儿童为从即将开始的正规学校中受益，所需要具备的各种关键特征或基础条件（Gredler，2000）；或指儿童能够适应小学学习环境和任务要求所达到的身心发展水平与状态（刘焱，2006）。国际研究结论证明，入学准备不仅对于儿童未来学习具有预测性，而且对于终身学习、终身发展具有重要意义。

1. 儿童入学准备

研究发现，学前儿童入学准备由五个相关的发展水平构成：认知准备、语言准备、学习行为准备、情绪与社会性准备以及健康体能准备（Kagan，Moore & Bredekam，1995）。早期儿童发展入学准备经验和能力获得，将会影响到儿童未来的学业成绩。而在所有的入学准备状态中，入学的语言和认知准备似乎对儿童发展具有更长期的影响。其中，认知入学准备主要包括儿童所掌握的知识和认知加工过程。前者主要指儿童对于事物的认知、数学逻辑能力、社会文化习俗方面的知识等等。而后者指儿童对信息的加工处理和问题解决的能力(Scott-Little,2009),包括注意力的保持、记住信息、控制冲动及对知识的应用等(Blair et al.,2007)。研究者从不同的角度寻找学前儿童入学准备状态中的关键特征,证明学前阶段儿童的入学认知准备对于小学和高中学业成绩具有显著预测作用,这种影响甚至延至成年(Baydar,Brooks-Gunn & Furstenberg,1993;Brooks-Gunn,2003;Hair et al.,2006;Traronotana,Hooper & Seizer,1988)。La Paro 和 Pianta(2000)的研究表明,学前儿童认知评估能够预测 25%的小学认知水平,支持认知入学准备对于学业成功预测的重要性。

学前儿童语言发展水平同样是对未来学业成功具有重要影响的经验准备。儿童的语言入学准备分为语言发展和阅读技能两个部分。前者指儿童学会倾听和理解他人,能够表达自己的观点、情绪和想法,并能够灵活使用语言(Kagan et al.,1995)。后者指儿童能够对印刷品有意识和兴趣,具备语音意思,能够理解故事,具备阅读兴趣和前书写能力等等(Child Trends,2000;Kagan et al.,1995;Scott-Little,2009;Snow & Van Hemel,2008)。特别地,学业语言是儿童语言入学准备的重要方面。掌握学业语言,对儿童的学习具有重要的意义(Francis et al.,2006)。学业语言的理解问题可能是造成阅读困难的根源之一(Snow & Uccelli,2009)。语言发展水平不足的儿童难以重述和转述相对复杂的观点,而这些技能是学校学习环境的必要条件(Kurdek & Sinclair,2000)。一些有关处境不利儿童发展的研究表明,儿童早期的认知和语言入学准备经验,对于来自家庭困难或者移民双语处境的儿童发展格外重要,教育机构提供的教育可以有效改善儿童的认知语言入学准备,同时可能提升父母的教育参与水平(Hill,2001;Saltaris,2002)。因此,语言与认知入学准备的问题,近年受到人们更多的关注,建议将之视为与儿童未来入学后学习直接相关的经验准备。

有关国际研究还指出,高质量的学前教育有益于每一个孩子,特别有利于处境不利环境中儿童的语言阅读和认知入学准备状态的改善(Magnuson & Waldfogel,2005)。Gullo 和 Burton(1992)以某城市 3-5 岁儿童为研究对象的一项研究,揭示了学前教育经历对低收入家庭儿童、开端计划儿童、有特殊需要的孩子和移民家庭双语儿童都具有显著的作用,入学准备的改善预测了这部分儿童未来的学业成功。Gorey(2001)的一项研究对美国 14 个州的 35 个 5 岁儿童进行了测试,发现了有质量的早期教育对于学前儿童的认知和行为发展的预防和干预具有显著影响。也有研究结果证明,有机会接受高质量开端计划项目的儿童,他们在入学时的词汇、拼读能力、前阅读技能方面较其他儿童有更快速的发展,同时这些儿童在 5 岁、8 岁的智商均比控制组高四个点(McCarton et al.,1997)。正是由于入学准备对于未来学业成功乃至终身发展的价值,一些国家以入学准备为核心推进学前教育改革,将该问题与普及学前教育、提升学前教育作为基础教育乃至终身教育的价值密切结合(柳倩,2008)。

2. 儿童入学准备的评估

儿童入学准备的评估通常包括直接评估和间接评估,其中,直接评估主要基于儿童在某项测试中的表现来考察儿童的入学准备水平,在研究中得到广泛使用。目前,关于儿童入学准备直接评估的工具很多,不同的研究往往采用不同的研究工具。然而,无论选择哪个研究工具,研究者都必须考虑评估内容的文化适宜性及儿童特征等(Maxwell & Clifford,2004)。当测试内容所反映的生活和文化要素并不为儿童所熟悉,则其入学准备能力可能被低估。当测试要求儿童进行口头回答,而被测试儿童性格内向,也可能导致其在测试中失败。同时,儿童是否能够理解测试中的指导语也是影响评估结果的重要因素。只有正确把握指导语的含义,儿童才能领会测查的要求和作答的方式并给出相应的反馈,也正是建立在这样的基础上,测试才能较真实地反映儿童的表现。由此,各测试指导语中所包含的概念是最基础也是最重要的,是评估儿童认知发展的核心。布莱根基本概念量表-修订版(BBCS-R,Bracken,1998)正融合了各智力量表指导语中的关键概念,对评估儿童早期的入学认知准备技能具有一定的有效性。该量表是评估学前儿童(2岁 6 个月到 7 岁 11 个月)基本概念发展的重要测评工具,涵盖了 11 项重要的认知概念。其中,前六项概念是入学准备组成部分(School Readiness Composite),用于评估儿童的"准备"概念知识获得状况(Bracken,1998)。所有这些概念在学前儿童认知以及成就测试中出现率较高,并且也频繁地见于教师对儿童的教学过程中(Bracken,1998)。有研究指出,Bracken 基本概念量表涵盖了 5 个常用儿童智力测验指导语中的大量概念,具有较高的信效度(Wilson,1999)。

此外,Bracken 基本概念量表具有多样性的特点,用该量表对学前儿童尤其是处境不利儿童入学认知准备状态进行评估具有一定的优越性。第一,该量表采用图片式的测评方式,所提供的图片色彩丰富,能提高儿童的答题兴趣。第二,儿童作答方式灵活,可以使用口头或者动作回答,因而适用于那些害羞、表现沉默或者有生理局限的儿童。第三,每项概念中各个题项是以由易到难的方式给出的,儿童后五项概念的答题基线水平由其前六项作答的综合情况决定,能够根据儿童的表现给以客观公正的评价。以上特征完全符合入学准备评估工具所具有的独立施测性、适宜性以及有较高的信度这三个基本的特征(Rock & Stenner，2005)。因此，Bracken 基本概念量表已被广泛用于考察儿童的入学认知准备。

3. 新疆学前民族儿童语言与入学认知准备研究现状

近年来，我国政府十分重视少数民族地区学前儿童的双语教育，将新疆这个多民族地区的学前儿童双语教育纳入国家计划予以重点投入，构建出新疆少数民族学前儿童双语学习与教育的环境。研究新疆学前双语教育情境中民族儿童语言及其他方面的发展现状，对提升新疆学前双语教育质量具有十分重要的意义。华东师范大学周兢教授带领的研究团队已对新疆学前民族儿童双语语言的发展作了全方位的探讨。研究发现，在双语语义方面，随着年龄的增长，民族儿童在维汉双语的礼节性和表达性语义上呈现了持续发展的状态，同时全天浸入式的汉语教育模式更有利于这些儿童维汉双语语义的习得(周兢等,2014)。在汉语学习方面，整体上，除理解性和表达性语义，民族儿童在叙事语言、学业语言及汉语平均语句长度等方面都表现出了逐渐发展的态势(周兢等,2014)。在汉语词汇方面，民族儿童汉语词汇的使用存在偏误，且呈现出显著的年龄差异；在句法方面，随年龄的增长，句子结构复杂度逐步增长，句子修饰程度逐步复杂化；在汉语语用方面，言语参与程度逐步提高，表达交流意图的言语倾向逐步增加，言语行动形式也不断丰富(辛宏伟,2011)。

国际研究已经证明，入学准备不仅对于儿童未来学习具有预测性，而且对于终身学习、终身发展也具有重要意义。在探讨新疆学前民族儿童双语情境下语言发展状况的同时，已有研究者开始关注学前双语教育及民族儿童入学准备的发展状况。比如，郭璇和盖笑松(2010)的研究发现，在汉语授课的幼儿园内，新疆民族儿童和汉族儿童在学习品质、认知和一般知识以及语言发展方面存在显著的发展差异。

以上研究分别考察了新疆学前民族儿童双语教育情境下两大核心的发展指标——儿童双语语言的发展以及入学准备能力的发展。然而，鲜有研究探讨这两大核心发展指标的关系。学前民族儿童早期双语教育经验是否能够促进其入学准备能力的发展？对于这一问题尚待实证研究的验证。周兢教授团队前期对民族儿童双语语义发展与入学认知准备的关系进行了研究，发现民族儿童汉语理解性和表达性语义水平对其认知准备发展具有显著的预测作用(周兢等,2014)。然而，该研究并未考察民族儿童其他语言发展方面与入学准备的关系。因此，本研究试图通过学前双语教育情境中民族儿童双语学习与入学认知准备两方面发展水平的分析，探究新疆少数民族儿童是否在早期形成可持续发展的良好基础，是否获得终身学习的起点经验的问题。这些基本问题,对于新疆学前双语教育事业的发展,对于新疆社会的和谐发展等均具有重要的价值。

二、研究设计

1. 研究对象

研究依据群组随机抽样的方法,选取乌鲁木齐市和托克逊县 12 所公立幼儿园 4 - 6 岁维吾尔族学前儿童 384 名,男女按照 1∶1 比例抽取。(1)每个班级随机抽取 8 名维吾尔族儿童,所选班级均为少数民族和汉族儿童混合班级,共计 48 个班级。(2)抽测班级实行汉语教学或以汉语教学为主,儿童在幼儿园接触到的语言以汉语为主。(3)由班级中汉语教师随机选取少数民族儿童,抽取儿童前未告诉老师测查内容,仅告知选取原则:小班抽取儿童的年龄为 48 个月(4 岁组),中班抽取儿童的年龄为 60 个月(5 岁组),大班抽取儿童的年龄为 72 个月(6 岁组),上下浮动 3 个月。

此外,研究随机选取 24 个班级作为实验班级,邀请儿童及所在班教师参与汉语早期阅读教育干预项目。然而,在研究实施干预后 5 个月,4 个班级退出研究,因此,参与教育干预项目的班级最终为 44 个,其中,21 个班级组成接受教育干预的实验组,23 个班级组成未参加干预的对照组。

研究采用追踪研究方式,在 2012 年 4 月至 2013 年 9 月期间分别对所选取儿童进行四次测查,共计获得四批研究数据。在追踪研究过程中,伴随儿童升级和离开幼儿园,研究人数和对象的情况见下表:

表 8-1　参与研究儿童人数变化

变量	分类	第一期	第二期	第三期	第四期
性别	男 女	195 184	195 184	115 112	85 74
园所级别	优质园 普通园	299 80	299 80	176 51	126 33
干预情况	干预组 对照组	167 212	167 212	100 127	73 86
总数		379	379	227	159

2. 研究工具

研究采用国际标准化并有汉语常模的儿童语言测试工具，主要有下列几种：

（1）汉语接受性词汇测验（PPVT-C）

研究选用汉语毕保德图片词汇测试修订版（Peabody Picture Vocabulary Test-R）测查儿童汉语接受性词汇即理解性语义发展水平。该测试向儿童呈现每页四幅图片，施测者说出目标词汇，儿童需要指出四幅图中哪一幅代表目标词汇。该测试共125题，每题记为1分，根据年龄确定起测点，连续8题中任意6题答错则结束测试。通过将答题最高项减去错误题数获得原始得分。

（2）汉语表达性词汇测验（EVT-C）

研究选用儿童表达性词汇测试量表（Expressive Vocabulary Test，华东师范大学儿童语言研究中心翻译和改编），测查被试儿童的表达性语义发展水平。在这一测试中，前38题是向儿童出示图片并提问"这是什么"，儿童说出的词汇需要代表图画的内容；后66题是根据图片和施测者提供的词汇，儿童需要说出同义词。该测试共104题，每题记为1分，连续7题中有5题答错则结束测试。通过将答题最高项减去错误题数获得原始得分。

（3）维语接受性词汇（PPVT-U）

本研究将汉语毕保德图片词汇测试翻译为维吾尔语，用以测试维族儿童的维语接受性词汇即理解性语义发展水平。课题组邀请了新疆师范大学维语系的教授和维吾尔族学生领衔完成维语版本接受性词汇测试的翻译、修改和预测试工作。测试的结构与汉语版本完全一致，但替换了部分不适合维语表达的题项。该测试题数和记分方法与汉语接受性词汇测试相同。

（4）维语表达性词汇（EVT-U）

本研究邀请新疆师范大学维语系和学前系的教授和学生将汉语版表达性词汇测试翻译为维吾尔语，并完成修订、预测试的工作。测试的结构与汉语版本完全一致，修订了个别不适合维语语境的测试题目。该测试题数和记分方法与汉语表达性词汇测试相同。

（5）汉语学业语言发展水平测验

汉语学业语言测量工具由哈佛大学教育研究院的研究团队与华东师范大学儿童语言研究中心基于"英语儿童学业语言发展水平测试"共同研发。测试关注儿童对学业语言中的指代关系、修饰限定关系、逻辑关系的理解程度。指代关系测试主要考察儿童对学业语言篇章结构中某些词之间的指称与被指称、替代与被替代关系的理解能力；修饰限定关系测试主要考察儿童对学业语言中起修饰作用的限定性程度副词和范围副词的理解能力;逻辑关系测试主要考察儿童对学业语言表达中语句的语序、虚词以及关联词语的理解能力。测试过程中,测试者向儿童出示图片,同时阅读各题题干,要求儿童根据问题从给定的图片中选择正确的答案。该测试共包含 21 题,每题使用 0、1 记分,总分为答对题项数量。

(6) 汉语叙事语言发展水平测验

选用 Schneider 等人(2004)编制的 The Edmonton Narrative Norms Instrument(简称 ENNI),通过图画故事阅读理解与表达评估儿童叙事语言的发展水平。该测试是由 A 和 B 两个平行的部分组成,每个部分由三个由浅入深的无文字连环画故事构成。测试中儿童自主阅读图画故事 5 分钟,然后依次复述 3 个故事并录音,施测者根据三个不同的故事,依次用汉语向儿童提问,测量儿童对阅读的理解程度。研究根据故事语法结构评估儿童故事讲述能力,分析故事中的情境设置、故事开端、内心动态、故事发展、故事结果和角色反应六大叙事结构要素。本研究中所用到的 ENNI 评测工具主要是:A 系列无字图画书和故事语法分析工具。在儿童叙述的过程中,研究者对照故事语法评分表中的得分点捕捉信息,根据 ENNI 故事语法评分表上给出的评分标准,对每个儿童叙述的故事进行打分。之后,研究者将每一名儿童的故事语法所得总分进行统计,这样每个儿童会得到三个故事(a1、a2、a3)语法的三个总得分以及各个故事语法结构点的得分情况。

(7) 入学认知准备测试(Bracken Basic Concept Scale-Revised, BBCS‐R)研究运用国际认同的 Bracken 基本概念表(修订版)测试儿童的认知入学准备状态。该量表是美国心理学家 Bracken 在 1984 年量表基础上修订的,主要用于评定 2 岁 6 个月到 7 岁 11 个月儿童的基本概念发展(Bracken,1998)。量表共包含 308 个题项,评估 11 个概念领域,包括颜色(11 题)、字母(16 题)、数字/计数(19 题)、量(12 题)、比较(10 题)、形状(20 题)、方向/位置(65 题)、自我/社会意识(38 题)、质地/材料(31 题)、数量(49 题)以及时间/顺序(37 题)。其中,前六项是入学准备组成部分(SRC),用以评估儿童"准备"概念知识的掌握。在实际测查过程中,由于字母分量表并不适用于本研究,故将该分量表删除。修改后的量表包含 10 项概念,共 292 个题项,分为两个部分。其中前五个项目为"入学认知准备的基本概念",包括颜色、数字/计数、量、比较和形状五大领域,包含 72 个具体的概念。后五个项目为"入学认知准备的综合概念",包括空间认知、社会认知、物质材料认知、数量认知和时序认知五大领域,共有 220 个具体概念。研究根据前五项测试得分确定第六至十项起测点,每题计 1 分,连续 3 题错误则结束所在分测试,进入下一分测试。所有答对题项相加即为总分。

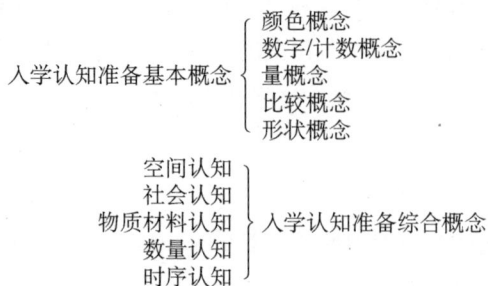

$$\text{入学认知准备基本概念}\begin{cases}\text{颜色概念}\\\text{数字/计数概念}\\\text{量概念}\\\text{比较概念}\\\text{形状概念}\end{cases}$$

$$\left.\begin{array}{l}\text{空间认知}\\\text{社会认知}\\\text{物质材料认知}\\\text{数量认知}\\\text{时序认知}\end{array}\right\}\text{入学认知准备综合概念}$$

图 8-1　入学认知准备基本概念和入学认
知准备综合概念的测试项目

3. 研究过程

研究为新疆参与研究的幼儿园每个班级提供了汉语图画书和维汉双语图画书,故事适宜儿童语言学习发展需要且具有较丰富的词汇和有趣的内容,丰富儿童在双语幼儿园中的阅读环境。

为教师提供培训。培训的内容包括对儿童语言学习与发展的认识和早期阅读教育的观念方法;在开始提供早期阅读活动设计的基础上,逐渐带领教师设计指导儿童阅读图画书的系列活动;经常通过网络形式组织教师开展对于阅读图画书指导活动的反思。

研究团队跟随研究进程,对参与研究的维族儿童进行追踪性的汉语和维语接受性和表达性词汇测试。四轮数据收集的时序分别为:2012 年 4 月(T1)、2012 年 9 月(T2)、2013 年 3 月(T3)和 2013 年 9 月(T4)。在第四批数据收集前对大班儿童进行入学前的认知准备水平测试,并与双语发展跟踪研究中收集的第四批数据进行相关分析。

第二节　学前民族儿童入学认知准备水平分析

如前所述,本研究采用 Bracken 基本概念量表(修订版)作为测试儿童入学认知准备水平的工具。该量表测试范畴包括颜色概念、数字/计数概念、量概念、比较概念、形状概念、空间认知、社会认知、物质材料认知、数量认知和时序认知 10 个项目。前五项考察评估儿童入学认知准备的基本概念水平,后五项则考察评估儿童入学认知准备的综合概念水平。

1. 民族儿童入学认知准备发展状况

表 8-2　学前民族儿童各项测试得分情况

测试项目	平均分	标准差	得分范围	各项测试总分	各项测试通过率
颜色概念	8.22	2.97	0-11	11	74.77%
数字/计数概念	16.63	3.67	2-19	19	87.55%
量概念	8.42	2.53	0-12	12	70.14%
比较概念	5.93	2.80	0-10	10	59.32%
形状概念	11.41	4.31	0-20	20	57.05%
入学认知准备基本概念	50.61	12.81	11-72	72	70.31%
空间认知	29.21	16.67	0-65	65	44.92%
社会认知	25.15	9.61	0-38	38	66.23%
物质材料认知	13.51	7.70	0-31	31	43.59%
数量认知	21.46	11.05	1-45	49	43.79%
时序认知	16.65	9.78	0-36	37	45.05%
入学认知准备综合概念	105.98	48.23	7-215	220	48.16%
入学认知准备整体概念	155.63	58.68	22-287	292	53.63%

由上表可知,在前五项入学准备基本概念的测试中,儿童平均得分均在各对应项测试题得分的 1/2 以上,尤其是颜色、数字以及量三个分测试。相对而言,在另五项基本概念的测试中,除社会分测试外,儿童在其他四项测试的平均得分均在各对应项测试总得分的 1/2 以下。为进一步考察儿童在入学认知准备各项测试上的得分情况,研究者将儿童各项测试得分的原始成绩进行转换。由于每个题项采用 0、1 记分方式,研究者将儿童在各分测试上的原始得分除以该测试的总得分,得出儿童在该测试上的正确率。

结果显示,经过三年的学前双语教育,民族儿童的入学认知准备整体概念水平的通过率平均达到 50% 以上。在入学认知准备基本概念方面,儿童的各项测试平均通过率水平达到 70%,其中表现特别突出的项目是数字/计数概念、颜色概念和量概念,而比较概念和形状概念认知水平的通过率平均水平略低(见图 8-2)。在入学认知准备综合概念测试方面,总体水平弱于入学认知基本概念水平,但是社会认知的得分高于空间认知、物质材料认知、数量认知和时序认知等,说明儿童需要增强在这些方面的学习经验。

对新疆民族儿童入学认知准备中具体概念水平的发展进行分析,从图8-2中,我们可以发现在新疆学前双语教育情境中,儿童入学认知准备经验有些部分平均得分较高,有些部分平均得分较低。这一现象是否暗示着我们的学前教育课程方案,在相关课程范畴内较多关注了某些方面的学习内容,例如颜色概念、数字/计数概念和社会认知等方面,而较少关注到有关物质材料认知、空间认知和时序认知方面的学习。这一现象值得我们进一步思考。

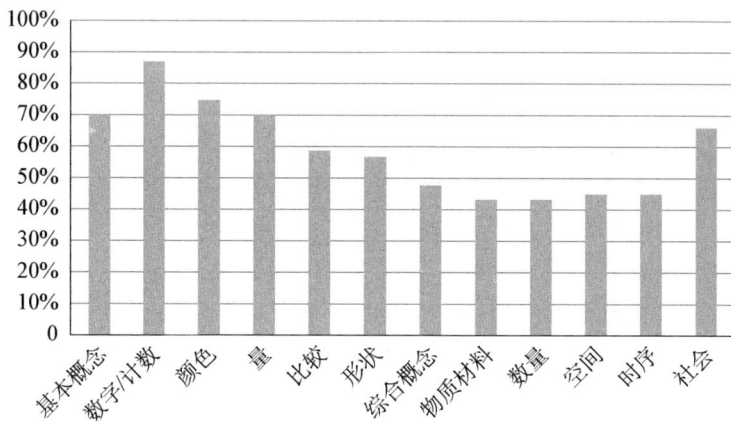

图8-2 学前民族儿童入学准备发展状况

2. 不同质量幼儿园民族儿童入学认知准备发展状况比较

研究进一步考察了幼儿园质量对儿童入学认知准备发展水平的影响。通过分析,研究再一次发现幼儿园教育质量决定着民族儿童的入学认知准备水平。图8-3显示在基本概念水平上,除了数字/计数概念水平以外,优质园儿童的颜色概念、量概念、比较概念和形状概念经验水平明显高于普通园儿童($p_s < .05$)。特别是比较概念和形状概念中,普通园儿童正确率均低于50%,而优质园儿童在以上两个分量表的正确率均在60%以上。从图8-4则可以看出,优质园与普通园儿童的空间认知、社会认知、物质材料认知、时序认知和数量认知水平均存在显著差异($p_s < .05$)。其中,来自普通园的儿童在空间认知上得分的正确率最低,不到30%。两组儿童在社会认知上得分差异最大,来自普通园儿童得分正确率不到47%,优质园儿童正确率约73%,两组儿童得分正确率差异约达26%,这些都说明教育环境质量对于儿童入学认知准备水平会产生重要的影响。普通园儿童与优质园儿童在数字/计数概念的发展概念上不存在差异,这或许表明这个方面在所有幼儿园课程教学中都获得较多关注。

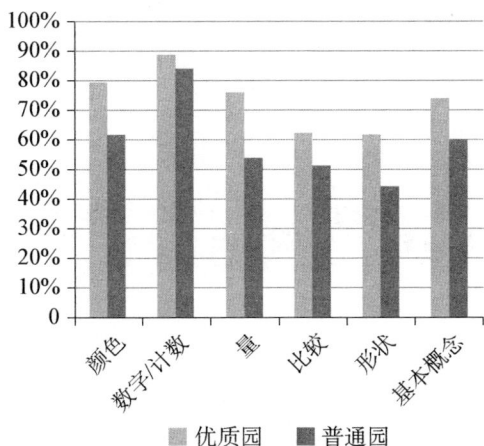

图 8-3　普通园和优质园儿童入学准备
认知基本概念得分

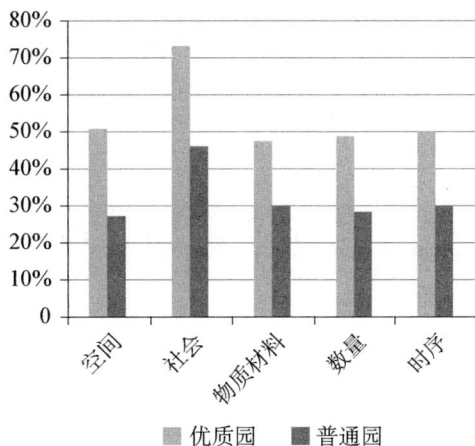

图 8-4　普通园与优质园儿童入学准备
综合概念得分

3. 干预组与控制组民族儿童入学认知准备发展状况比较

本项研究分干预组和控制组进行追踪,在研究最后一次测查收集数据时,对追踪对象的两组儿童进行入学认知准备的测查。结果表明,经过图画书阅读及相应语言教育活动的干预组儿童,在入学认知准备水平上,除数字/计数概念、空间认知、社会认知、物质材料认知与数量认知外,在颜色、量、比较、形状及时序概念方面的水平均显著高于控制组儿童($p_s < .05$)(见图 8-5 和 8-6)。特别在比较概念的发展上,参与干预的儿童得分

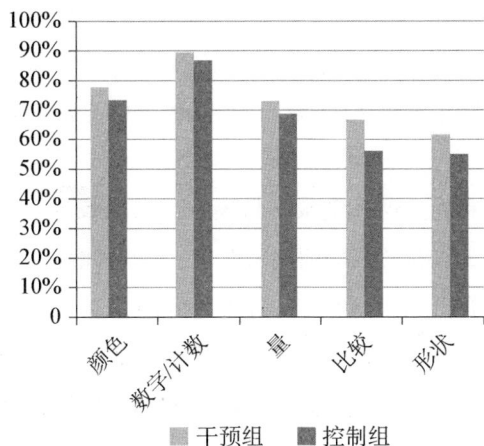

图 8-5　干预组和控制组儿童入学准备
基本概念得分

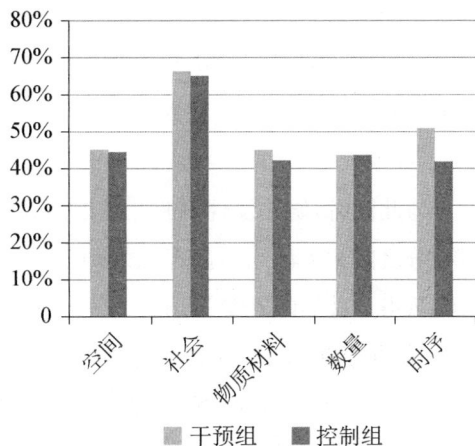

图 8-6　干预组和控制组儿童入学准备
综合概念得分

正确率接近70%,比控制组儿童高约17%。在时序概念的发展上,两组儿童得分正确率差异接近10%。该项结果分析再次证明,学前阶段儿童图画书阅读和良好的阅读指导,不仅是民族儿童双语学习的重要途径,而且也有利于促进儿童的认知发展。

第三节 学前民族儿童双语发展与入学认知准备的相关分析

有关少数民族儿童的语言发展是否与认知发展存在相关关系,双语学习是否有利于儿童的认知发展,一直是学前教育界以及民族教育界关注并存疑的问题。我们在此次研究中分析了少数民族儿童的语言发展与入学认知准备测验的相关关系,并考察了双语语义水平对入学认知准备是否具有预测作用。

1. 民族儿童维汉双语语义与入学认知准备发展的关系

通过探讨民族儿童汉语语义发展与入学认知准备水平的相关关系,研究发现学前民族儿童汉语理解性语义水平和表达性语义水平与入学认知准备均呈现显著正相关状态($.36 < r_{理解性语义水平 * 入学认知准备} < .61,\ p < .00;.34 < r_{表达性语义水平 * 入学认知准备} < .55,\ p < .00$)。表8-3显示,儿童汉语理解性语义和表达性语义水平越高,儿童在入学认知准备各项测试得分也越高。其中,儿童汉语理解性语义水平与空间认知得分的相关程度最高($r = .61$),其次为物质材料认知($r = .58$)、入学认知准备基本概念($r = .58$)和数量认知得分($r = .56$),而与数字/计数概念得分的相关程度最低($r = .36$)。儿童汉语表达性语义水平与入学认知的社会认知得分相关程度最高($r = .55$),其次为入学认知准备基本概念($r = .54$)和数量认知($r = .53$),而与数字/计数概念的得分相关程度最低($r = .34$)。

与此同时,研究发现民族儿童维语理解性和表达性语义水平与入学认知准备各子项目得分之间相关性均不显著($p_s > .05$)。由表8-3可知,学前民族儿童入学认知准备各项测试得分并不随其维语语义水平增长而提升。这一现象,我们认为可能存在两种原因,一是儿童在幼儿园的学习基本通过汉语进行,因此他们的认知经验基本通过汉语概念获得;二是入学认知准备的测查通过汉语进行,而民族儿童使用汉语回答问题,因此在相关分析上造成影响。

表8-3　学前民族儿童汉语与母语语义与入学认知准备相关

	PPVT-C4	PPVT-U4	EVT-C4	EVT-U4	颜色	数字/计数	量	比较	形状	空间	社会	物质材料	数量	时序	基本概念
PPVT-C4	1														
PPVT-U4	.11	1													
EVT-C4	.62**	.24**	1												
EVT-U4	.20*	.13	−.03	1											
颜色	.39**	.08	.47**	.04	1										
数字/计数	.36**	−.05	.34**	.12	.48**	1									
量	.48**	.03	.49**	.10	.56**	.44**	1								
比较	.46**	.13	.36**	.12	.55**	.52**	.59**	1							
形状	.52**	.10	.42**	.04	.58**	.35**	.61**	.59**	1						
空间	.61**	.04	.53**	.07	.53**	.44**	.64**	.65**	.60**	1					
社会	.49**	.04	.55**	−.03	.55**	.41**	.59**	.55**	.50**	.73**	1				
物质材料	.58**	.05	.46**	.10	.63**	.43**	.55**	.61**	.63**	.69**	.70**	1			
数量	.56**	.02	.53**	.03	.48**	.39**	.60**	.54**	.51**	.76**	.74**	.63**	1		
时序	.50**	.08	.40**	.08	.51**	.39**	.61**	.56**	.54**	.71**	.71**	.72**	.68**	1	
基本概念	.58**	.08	.54**	.24*	.80**	.72**	.79**	.81**	.82**	.72**	.65**	.72**	.63**	.65**	1

2. 民族儿童学业语言与入学认知准备发展的关系

学业语言的发展对儿童学习具有重要作用。为考察儿童早期汉语学业语言发展状况与入学认知准备的关系,研究者将民族儿童在第四次测查中各方面学业能力的表现与入学认知准备各领域得分作相关分析。

由表8-4可知,民族儿童学业语言总得分与入学准备各分量表得分均无显著相关($p_s > .05$)。但儿童在第二个学业语言分量表,即对修饰限定关系的理解程度与入学认知准备多个领域存在显著相关($p_s < .05$),并且与儿童在入学认知准备基本概念得分也存在显著正相关($r = .20,p < .05$)。由此可知,儿童对修饰限定关系理解程度越好,在入学认知准备各方面表现越好。这一结果提示教师,帮助民族儿童提升对修饰限定关系的理解将有助于促进儿童入学认知准备能力的发展。

表8-4　学前民族儿童学业语言与入学认知准备相关

	指代	修饰	逻辑关系	学业语言	颜色	数字/计数	量	比较	形状	空间	社会	物质材料	数量	时序	基本概念
指代	1														
修饰	−.04	1													
逻辑关系	.20**	−.02	1												
学业语言	.68**	.45**	.67**	1											
颜色	−.05	.23*	−.09	.04	1										
数字/计数	−.02	.09	.01	.04	.48**	1									
量	−.11	.20*	−.07	.01	.56**	.44**	1								
比较	.04	.07	−.13	−.01	.55**	.52**	.59**	1							
形状	−.03	.22*	−.05	.06	.58**	.35**	.61**	.59**	1						
空间	−.15	.27**	.10	.10	.53**	.44**	.64**	.65**	.59**	1					
社会	−.08	.22*	−.01	.07	.54**	.39**	.58**	.53**	.48**	.72**	1				
物质材料	.06	.25*	−.09	.11	.62**	.43**	.55**	.61**	.63**	.69**	.70**	1			
数量	−.06	.23*	.07	.13	.48**	.39**	.60**	.53**	.50**	.76**	.74**	.63**	1		
时序	−.11	.20*	−.03	.02	.51**	.39**	.61**	.56**	.54**	.71**	.71**	.71**	.67**	1	
基本概念	−.04	.20*	−.08	.04	.80**	.72**	.79**	.81**	.82**	.72**	.63**	.72**	.63**	.65**	1

3. 民族儿童叙事语言与入学认知准备发展的关系

叙事性讲述的过程是儿童语言、认知、情感和社会性等各方面能力的综合体现。叙事性语言是衡量儿童语言能力发展的一项重要指标。本研究借助 ENNI 故事语法测量，使用三个故事考察儿童在情景设置、故事开端、内心动态、故事发展、故事结果以及角色反应六大方面的得分情况，并以儿童在三个故事的总得分为评量指标。同时，本研究也将儿童在故事讲述中的总词汇数及不同词汇数作为考核儿童叙事能力的重要指标。在此基础上，研究者进一步考察民族儿童叙事语言与入学认知准备发展各方面的关系。

如表8-5所示，除量和形状概念外，儿童叙事能力得分与入学认知准备各方面均存在显著正相关（$p_s < .05$）。此外，除量概念外，儿童叙述故事所使用的总词汇数以及不同词汇数量也与入学认知准备各分量表得分呈正相关（$p_s < .05$）。由此表明，新疆学前民族儿童汉语叙事能力越强、叙事所使用的词汇越丰富，其入学认知准备发展水平越高。

因此,提升儿童叙事能力、拓展其汉语词汇的丰富性将有助于儿童入学认知准备能力的发展。

表 8-5　学前民族儿童叙事语言与入学认知准备相关

	叙事总分	词汇数	不同词汇数	颜色	数字/计数	量	比较	形状	空间	社会	物质材料	数量	时序	基本概念
叙事总分	1													
词汇数	.40**	1												
不同词汇数	.43**	.97**	1											
颜色	.34**	.34**	.34**	1										
数字/计数	.13	.25*	.27*	.48**	1									
量	.40**	.30**	.30**	.56**	.44**	1								
比较	.17	.28*	.30**	.55**	.52**	.59**	1							
形状	.33**	.32**	.32**	.58**	.35**	.61**	.59**	1						
空间	.41**	.45**	.42**	.53**	.44**	.64**	.65**	.59**	1					
社会	.29**	.28*	.29**	.54**	.39**	.58**	.53**	.48**	.72**	1				
物质材料	.30**	.38**	.38**	.62**	.43**	.55**	.61**	.63**	.69**	.70**	1			
数量	.33**	.37**	.36**	.48**	.39**	.60**	.53**	.50**	.76**	.74**	.63**	1		
时序	.31**	.36**	.39**	.51**	.39**	.61**	.56**	.54**	.71**	.71**	.71**	.67**	1	
基本概念	.34**	.39**	.40**	.80**	.72**	.79**	.81**	.82**	.72**	.63**	.72**	.63**	.65**	1

4. 民族儿童入学认知准备语言能力预测变量的回归分析

在之前的分析中,我们发现民族儿童的汉语语义发展水平、学业语言中修饰限定关系的掌握以及叙事能力及叙事时的词汇总量与丰富性均与入学认知准备能力呈显著正相关。在本部分中,研究将进一步使用回归分析考察这些语言能力对儿童入学认知准备能力的预测作用。上述这些变量将同时被纳入回归模型,逐一检验各语言能力对入学认知准备基本概念和整体概念的预测作用。通过两个模型的回归分析,研究首先将预测作用不显著的变量进行剔除,再将有显著预测性的变量放入回归模型重新分析。

表 8-6　学前民族儿童入学认知准备预测变量的回归分析

被预测变量	预测变量	回归系数	标准误差	标准回归系数	t 值	F 值	相关系数	标准化决定系数
入学准备基本概念	PPVT-C4	.38	.10	.39	3.95***	31.51***	.62	.38
	EVT-C4	.22	.07	.30	2.99**			
入学准备整体概念	PPVT-C4	2.02	.37	.47	5.41***	56.34***	.73	.52
	EVT-C4	1.08	.28	.33	3.82***			

表 8-6 结果显示,尽管民族儿童学业语言及叙事语言能力与其入学认知准备存在显著正相关,但对入学认知准备能力的预测作用不显著。而儿童汉语理解性语义水平和表达性语义水平是重要的变量,对入学认知准备具有显著的预测作用。民族儿童汉语的这两种语言水平分别解释入学认知准备基本概念得分的 38% 及整体概念得分的 52%。这一结果表明民族儿童汉语语义水平对于入学认知准备发展水平的重要作用。这提示我们,在学前双语教育中应注重民族儿童汉语语义水平的促进和加强。

基于国际研究有关儿童入学准备对未来学习具有预测性,并对儿童终身学习与发展具有重要意义的认识,本研究聚焦新疆学前双语教育情境中的少数民族儿童,探讨入学准备在双语发展与认知准备的经验互动情况。研究获得下列结论:

第一,研究选择"入学准备"的视角探讨新疆少数民族儿童的语言发展与认知发展互动经验,发现新疆学前民族儿童的双语语义发展和入学准备水平均呈现良好的发展态势。

近年来国际教育界高度重视的关于入学准备的研究,提醒我们为帮助学龄前儿童从即将开始的正规学校中受益,儿童语言发展与认知发展需要达到一些具备关键特征或基础条件的状态。语义发展是儿童语言能力的基础,被视为语言发展与认知发展密切相关的因素,而认知基本概念和综合概念的准备同时被认定为儿童入学准备的关键要素。本研究中的新疆学前民族儿童,经过 18 个月以汉语为主的双语教育和图画书阅读学习,他们的汉语理解性语义和汉语表达性语义水平快速提高;学前民族儿童的维语理解性语义和维语表达性语义发展速率缓于汉语,但是也在双语教育情境中呈现逐渐提高的态势。与此同时,经过三年的学前双语教育,民族儿童的入学认知准备整体概念水平的通过率均达到 50% 以上,在基本概念获得方面呈现良好水平。研究结果证明,学前民族儿童在双语教育情境中可以获得双语的共同发展,同时获得良好的入学认知准备经验。(正如有关处境不利儿童发展的国际研究所述，儿童早期的认知和语言入学准备经验，对于因为来自家庭困难或者移民双语处境的儿童发展格外重要，而教育机构提供的教育可以有效改善儿童的认知语言入学准备，具有补偿性的功能作用。)新疆学前双语教育中儿童的语言和认知发展状态，让我们看到民族儿童未来学业发展的良好前景，这样的双语教育工作应当具有"筑牢兜底的安全网"的价值意义，是我们必须重视的国家学前儿童全面发展与教育的工作组成部分。

第二，研究发现儿童汉语理解性语义水平和表达性语义水平对其入学认知准备具有显著的预测作用，进一步证明了少数民族地区儿童双语学习与教育，对儿童认知发展和入学准备的特别价值。

迄今为止，在国际和国内文化情境中存在着的某些质疑：学前阶段少数民族儿童的双语学习，是否影响儿童的认知发展？本研究通过分析民族儿童汉语语义发展与入学认知准备水平的相关关系，发现学前民族儿童汉语理解性语义水平和表达性语义水平，与入学认知准备均呈现显著正相关状态。回归分析进一步证明，儿童汉语理解性语义水平和表达性语义水平对入学认知准备具有显著预测作用。虽然儿童学业语言以及叙事语言能力及叙述词汇的丰富性对儿童入学认知准备能力的预测作用不显著，但相关分析显示这些重要的语言能力与入学认知准备呈显著正相关。儿童的语言发展水平，尤其是指向学业的语言水平，可以帮助儿童在学习过程中获得相对复杂的认知概念，并能够在学习过程中进行流程的重述和转述。一些曾经在国际相关研究中发现的结果，在新疆少数民族儿童研究中得到验证。研究同时揭示出，儿童用什么语言进行"学业"学习，便用什么语言获得"学业"知识概念的基本学业思维发展路径。我们的研究结果为国际相关研究提供了我国民族儿童双语发展与认知发展的研究经验，同时也回应了在国内文化情境中存在着的某些质疑：学前阶段少数民族儿童的双语学习，对儿童的认知发展和未来学业发展均具有良好的促进作用。

第三，研究结果反映新疆学前双语教育，未来提升学前教育机构的教育质量将是保障民族儿童全面发展和入学准备的关键。

研究揭示了不同类型幼儿园儿童的双语语义水平存在差异，在优质园儿童汉语语义能力的发展水平优于普通园儿童的同时，他们的维语语义理解能力的发展水平也显著高于普通园儿童，但维语语义表达水平与普通园儿童水平相当。研究发现，学前民族儿童入学认知准备水平的 10 个方面，民族儿童在入学认知准备的综合概念水平上，存在着不均衡发展状态，这不仅提示我们关注幼儿园课程教学内容的革新，也证明幼儿园教育质量影响着民族儿童的入学认知准备水平。因此,我们指出,在新疆学前双语教育事业发展的进程中,幼儿园教育质量已经成为双语教育发展的一个关键词。从实际出发不断提升幼儿园教师的专业发展水平,以本土儿童学习与发展为中心加强幼儿园双语课程建设,真正以符合学前儿童发展规律的方式开展双语教育,将是新疆学前双语教育事业成功的保证。

总之,研究通过学前双语教育情境中民族儿童双语学习与入学认知准备双方面发展水平的分析,回应了有关新疆少数民族儿童是否在早期形成可持续发展的良好基础,获得终身学习的起点经验的问题。希望可以引起研究者进一步关注,对我国新疆学前儿童发展和双语教育事业发展作更加深入的探讨。

本章主要参考文献

1. Baydar N. , Brooks-Gunn J. , Furstenberg F. F. Early warning signs of functional illiteracy: Predictiors in childhood and adolescence [J]. Child Development, 1993,64: 815 - 829.

2. Blair C. , Knipe H. , Cummings E. , Baker D. P. , Gamson D. , Eslinger P. , & Thorne S. L. A developmental neuroscience approach to the study of school readiness [A]. In R. C. Pianta, M. J. Cox, & K. L. Snow (Eds.), School readiness and the transition to kindergarten in the era of accountability [M]. Baltimore, Md. : Paul H. Brookes Publishing, 2007,149 - 174.

3. Bracken B. A. Bracken Basic Concept Scale-Revised [M]. San Antonio, TX: The Psychological Corporation, 1998.

4. Brooks-Gunn J. Do you believe in magic? What can we expect from early childhood intervention programs? [R]. Social Policy Report of the Society for Research in Child Development, 2003,17(1).

5. Child Trends. (2000). School Readiness: Helping Communities Get Children Ready for School and Schools Ready for Children [R]. Child Trends Research Brief. Retrieved from Washington, DC: http://www. childtrends. org/files/schoolreadiness. pdf.

6. Copple C. Getting a good start in school [R]. Washington, DC. : National Education Goals Panel, 1997.

7. Francis D. , Rivera M. , Lesaux N. , et al. Practical guidelines for the education of English language learners: Research-based recommendations for instruction and academic interventions No. 2 [R]. Portmouth, NH: Center on Instruction, 2006.

8. Gorey K. M. Early childhood education: A meta-analytic affirmation of the short and long-term benefits of educational opportunity [J]. School Psychology Quarterly, 2001,16(1): 9 - 30.

9. Gredler G. R. Early childhood education-assessment and intervention, what the future holds [J]. Psychology in the Schools, 2000,37(1): 73 - 79.

10. Gullo D. F. , Burton C. B. Age of entry, preschool experience, and sex as antecedents of academic readiness in kindergarten [J]. Early Childhood Research Quarterly, 1992, 7: 175 - 186.

11. Hair E. , Halle T. , Terry-Humen E. , Lavelle B. , Calkins J. Children's school readiness in the ECLS-K: Predictions to academic, health, and social outcomes in first grade [J]. Early Childhood Research Quarterly, 2006,21: 431 - 454.

12. Hill N. Parenting and academic socialization as they relate to school readiness: The roles of ethnicity and family income [J]. Journal of Educational Psychology, 2001,93(4): 686 - 697.

13. Huckin T. , Haynes M. , & Coady J. Second language reading and vocabulary learning [M]. Norwood, NJ: Ablex, 1978.

14. Kagan S. L. , Moore E. , Bredekam S. Reconsidering children's early development and learning: Toward common views and vocabulary [R]. Washington, DC: National Education Goals Panel, 1995.

15. Kurdek L. A. , Sinclair R. J. Psychological, family, and peer predictors of academic outcomes in first-through fifth-grade children [J]. Journal of Educational Psychology, 2000,92(3): 449 - 457.

16. La Paro K. M. , Pianta R. C. Predicting children's competence in the early school years: A meta-analytic review [J]. Review of Educational Research, 2000,70(4): 443 - 484.

17. Laufer B. The development of Passive and Active Vocabulary in a Second Language: Same or Different? [J]. Applied Linguistic, 1998,(2).

18. Magnuson K. A. , Waldfogel J. Early childhood care and education: Effects on ethnic and racial gaps in school readiness [A]. The Future of Children[C]. 2005,15(1): 69 - 180.

19. Maxwell K. L. Clifford R. M. School readiness assessment [J]. Young Children, 2004,59

(1),42 - 46.

20. McCarton C. M. , Brooks-Gunn J. , Wallace I. F. , Bauer C. R. , Bennett F. C. , Bernbaum J. C. , Broyles S. , Casey P. H. , McCormick M. C. , Scott D. T. , Tyson J. , Tonascia J. , Meinert C. L. Results at Age 8 Years of Early Intervention for Low-Birth-Weight Premature Infants [J]. Journal of the American Medical Association, 1997,277(2): 126 - 132.

21. Nation I. S. P. Teaching and Learning Vocabulary [M]. New York: Newburry house Publishers, 1990.

22. Saltaris C. Psychopathy in juvenile offenders: Can temperament and attachment be considered as robust developmental precursors? [J]. Clinical Psychology Review, 2002,22(5): 729 - 752.

23. Schneider P. , Dubé R. V. , Hayward D. The Edmonton Narrative Norms Instrument [M]. Retrieved from http://www. rehabmed. ualberta. ca/spa/enni/, 2004.

24. Scott-Little C. Children's readiness for success in school [A]. In S. Feeney, A. Galper, & C. Seefeldt (Eds.), Continuing issues in early childhood education (3rd ed.) [M]. Upper Saddle River, N. J. : Merrill/Pearson, 2009: 100 - 128.

25. Snow C. E. , & Van Hemel S. B. Early childhood assessment: why, what, and how [M]. Washington, D. C. : National Academies Press, 2008.

26. Snow C. E. , Uccelli P. The Challenge of Academic Language [A]. In D R Olson & N Torrance (Eds.) The Cambridge Handbook of literacy [M]. Cambridge, New York: Cambridge University Press, 2009: 112 - 133.

27. Traronotana M. G. , Hooper S. R. , Seizer S. C. Research on the preschool prediction of later academic achievement: A review [J]. Developmental Review, 1988,8: 89 - 146.

28. Williams K. T. Expressive vocabulary test [M]. Circle Pines, Minn. : American Guidance Service, 1997.

29. Wilson P. An Evaluation of a Functional Analysis Assessment of Preschool Conceptual Development: Examining the Intervention Efficacy of the Bracken Concept Development Program and the Bracken Basic Concept Scale — Revised with Head Start Students [D]. Unpublished doctoral dissertation, The University of Memphis, 1999.

30. 郭璇,盖笑松.新疆少数民族与汉族儿童入学准备的差异研究[J].新疆大学学报(哲学·人文社会科学版),2010(1): 83 - 86.

31. 华东师范大学儿童语言研究中心.毕保德图片词汇测试—维语版[M].2011a.

32. 华东师范大学儿童语言研究中心.表达性词汇测试—维语版[M].2011b.

33. 刘焱.入学准备在美国：不仅仅是入学准备[J].比较教育研究,2006(11)：28－32.

34. 柳倩.农村学前儿童入学认知准备研究[D].华东师范大学,2008.

35. 陆莉,刘鸿香.修订毕保德图画词汇测验[M].台北：心理出版社,1994.

36. 辛宏伟.3－6岁维吾尔族儿童汉语语言发展研究[D].华东师范大学,2011.

37. 周兢,李传江,杜丽君,王飞霞,陈思,张莉.新疆学前双语教育情境中民族儿童的汉语发展研究[J].华东师范大学学报(教育科学版),2014(1)：11－19.

38. 周兢,张莉,闵兰斌,陈思.新疆民族儿童学前双语语义发展与入学认知准备的相关研究[J].华东师范大学学报(教育科学版),2014(2)：25－33.

第九章
新疆学前双语教育的师幼互动质量分析

张文洁

师幼互动质量是国际早期教育范畴中评价质量的核心指标，也是学前教育质量评估的重要内容。近年的研究发现，幼儿教育机构的师幼互动质量，对学前儿童发展的影响高于其他的环境条件，因而被认为是决定学前教育质量的关键因素。本章聚焦新疆学前双语幼儿园的教师与幼儿，观察和评价教育场景中的师幼互动水平，分析师幼互动质量与学前民族儿童语言学习、发展的关系，力图为提高新疆学前双语教育质量提供有效建议。

第一节 研究背景与研究设计

随着新疆学前双语教育的大发展，新疆自治区政府教育部门一再强调要加强双语教育的质量评测和监控，实现发展速度与质量的"双提高"。然而，很少有研究者或评估者思考新疆学前双语教育质量与中小学双语教育质量的评估有什么差异，新疆学前双语教育质量的考察重点是什么，以及应当采用什么样的工具能有效地对其进行评估。

一、研究背景

1. 双语教育质量成为新疆学前早期教育实现跨越式发展的关键环节

学前教育是基础教育的重要组成部分。《国家中长期教育改革和发展规划纲要（2010－2020年）》及"国十条"指出，我国学前教育中长期发展的战略方向是"基本普及学前教育"。2005年7月，新疆自治区出台《关于加强少数民族学前"双语"教育的意见》，将新疆双语教育的起始点正式下移至学前教育阶段。2008－2012年，国家总投入40.02亿用于新疆自治区实施双语幼儿园建设工程和学前双语教育发展保障工程，其中 20.95 亿用于基础设施建设。覆盖新疆七地州及九县市的农村学前双语幼儿园建设项目共计 2237 个，其中第一批与第二批项目都于 2011 年年内完工，并在 2012 年 9 月全部投入使用。至此，新疆基本普及少数民族学前两年双语教育，接受学前两年双语教育的少数民族幼儿(43.82 万)占同年龄段少数民族幼儿的 85% 以上。

在学前教育普及发展的形势下，处理好扩大规模和提高质量之间的关系，已经成为社会各界普遍关注的问题。学者们指出，目前我国学前教育的发展在不少地区是低水平的普及；教师队伍不稳定，整体素质不高；城乡学前教育发展差距大，不少农村幼儿园条件很差，教育质量低(沙莉等，2007)。随着新疆学前双语教育的大发展，新疆自治区政府教育部门一再强调要加强双语教育质量评测和监控，实现发展速度与质量的"双提高"。因此，有效地评估新疆双语幼儿园托幼质量，了解新疆学前双语教育的质量现状，研究如何提升新疆双语幼儿园的质量状况，已经成为新疆学前双语教育实现跨越式发展的重大课题。

2. 师幼互动水平成为早期教育质量评估的核心因素

互动是过程性质量的核心要素，是教育质量评估的重要内容。已有研究发现，包括师幼互动质量在内的过程性质量比结构性质量对儿童发展的影响更大。因此，过程性质量才是托幼机构质量评价中最重要的部分，而师幼互动质量则是衡量学前教育过程性质量的重要指标。在许多国家及地区的教育质量标准中，师幼互动质量都占有重要的地位。美国幼儿教育研究中心负责人、弗吉尼亚大学心理学教授 Robert C. Pianta 认为，相较于教室设施、师幼比例、教师学历、幼儿园课程等，评估幼儿园时最应该关注的因素是师幼互动的质量。也就是说，师幼互动质量是决定学前教育质量的关键因素。

然而，我国大部分学前教育机构教育质量的评价相对忽视了教育活动部分的内容，往往只注重幼儿园管理、幼儿发展、人员条件、物质条件等。许多地方教育行政部门颁布的幼儿园分级分类验收标准，通常侧重于评估静态的制度建设而非动态的师幼互动过程，新疆地区也是如此(刘瑛，任春红，2009)。简要言之，当前我国的相关评估过于注重结构因素，却忽视了以互动为核心的过程质量。

3. CLASS(课堂互动评分系统)是专门用于评估课堂互动质量的有效工具

弗吉尼亚州大学 Pianta 的研究团队研发的 CLASS(课堂互动评分系统)，已成为国际上专门运用于评估课堂互动质量的观察工具。CLASS 最早在美国早期教育研究中得到广泛运用，主要包括 NCEDL(全国早期发展及学习中心)负责的 MSSP(六个州幼儿园的跨区调查)和 SWEEP(五个州的州级早期教育项目研究)、弗吉尼亚大学 Pianta 主持的

MTP(教学伙伴)研究和入学支持研究、纽约大学 Aber 主持的 4Rs 课题、弗吉尼亚大学 Kaufman 主持的活跃课堂策略研究、NICHD 负责的 ECCYD(婴幼儿保育-青少年发展)等长期研究。上述这些大规模的课堂观察研究证明：CLASS 的各个维度具有良好的内部一致性,它们能够有效地评估课堂互动的质量;CLASS 在不同时间、不同地点、不同周期、不同评分者之间能够达到较高的稳定性;CLASS 与其他课堂质量评估工具(如 ECERS)的相关维度具有较高的相关性(Pianta et al., 2005)。同时,研究表明 CLASS 测量的课堂互动质量对幼儿各方面的发展具有良好的预测作用。近几年,CLASS(课堂互动评分系统)被迅速地运用于多种文化情境中早期教育机构的质量研究,如美国双语(英语-西班牙)幼儿园、芬兰幼儿园(Pakarinen et al., 2010)、希腊托幼机构(Rentzou, Sakellariou, 2011)、葡萄牙幼儿园(Cadima et al., 2010)、泰国幼儿园(Udommana, 2011)。其中,CLASS(课堂互动评分系统)在单一文化情境(La Paro et al., 2004)、双语文化情境(Downer et al., 2012)和美国以外的其他文化情境中的信效度、预测作用都得到了有效的验证。

2009 年,作为创始人之一的 Pianta 在我国华东师范大学就 CLASS 及其研究作了专场报告(罗伯特等,2009)。此后,华东师范大学的一批研究者利用 CLASS 观察研究贵州、上海等地区的幼儿园课堂互动质量。研究者们发现,上海幼儿园课堂互动质量的 CLASS 分数情况与美国幼儿园的研究结果类似(刘畅,2012;田芳,2012),即上海幼儿园 CLASS 三大领域中情感支持得分最高,课堂组织次之,教育支持最低,呈现依次递减的梯度分布格局。另有研究者(王晓芬,2009)运用 CLASS 对贵州农村地区早期教育机构进行观察评估,发现贵州农村早期教育机构中 CLASS 得分情况也呈现如上述般递减梯度的分布格局,但整体水平低于美国、上海等地托幼机构。

二、研究设计

(一) 研究方法

为了客观地评估新疆双语幼儿园集体活动的课堂互动质量,准确地描述新疆双语幼儿园集体活动中师幼互动的特征,研究者采用了课堂观察、语料库分析、访谈、文献梳理等方法。

1. 课堂观察法

观察法指人们有目的、有计划地通过感官和辅助仪器,对处于自然状态下的客观事物进行系统考察,从而获取经验事实的一种科学研究方法(裴娣娜,1994)。20 世纪五六十年代,研究者开始运用观察法开展教育研究。所谓课堂观察法,就是研究者或观察者带着明确的目的,凭借自身感官和辅助工具,从课堂情境中收集资料,并依据资料进行相应研究的一种教育科学研究方法。根据观察者是否参与课堂,可将课堂观察分为参与式观察和非参与式观察。本研究旨在在自然的课堂情境中收集资料,因此观察者采取的是非参与式课堂观察。根据各个幼儿园的作息时间,观察者选择在幼儿园正常集体活动时间进入教室,采用摄像机收集各个班级集体活动的视频。观察者在集体活动开始之前开始录像,直到活动顺利过渡到下一个活动后停止。根据幼儿园集体活动的时间,每个活动视频时长在15-30分钟之间。

2. 语料库分析法

语言互动是师幼互动的主要途径。为了更好地分析新疆双语幼儿园集体活动中教师与幼儿的语言特征,研究按照 CHILDES 系统(国际儿童语料库数据储存和分析系统)中的 CHAT 格式(Brain,2010)对每个集体活动视频进行转录,并对集体活动中教师与幼儿的对话加以分析。

3. 访谈法

访谈法是通过研究者与被研究者直接接触、直接交谈的方式来收集资料的研究方法。相对于其他研究方法,访谈法具有较好的灵活性和适应性。访谈法分为正式访谈和非正式访谈两种。作为"新疆学前儿童汉语读写能力萌发与早期汉字习得"(项目编号:11JJD740024)课题组成员,研究者长期参与新疆双语幼儿园的调研工作,经常与新疆双语幼儿园的园长、教师进行交流沟通。在本研究正式开展之前,研究者通过与这些园长、教师随机的、非正式的访谈,初步了解了新疆双语幼儿园一日活动安排、集体活动开展情况、在园少数民族幼儿比例等。

4. 文献法

文献法是根据一定的研究目的或课题,通过查找文献来获得资料,从而全面地、正确地了解和掌握研究问题的一种方法。研究者通过书籍、期刊、数据库、搜索引擎等搜集、整理有关托幼机构质量评估、基于 CLASS 的课堂互动质量的文献。梳理这些文献,一方面是为了全面地认识托幼机构质量评估的整体趋势,另一方面是为了综合多种文化情境下 CLASS 质量评估的结果,便于之后客观评价新疆幼儿园少数民族文化情境下的课堂互动质量。

(二)研究对象

研究者将已实现民汉合园的乌鲁木齐市作为研究的观察点,因此本研究将不论幼儿园中民汉幼儿比例、是否采用双语教学,只要为民汉双语少数民族幼儿提供服务的幼儿园均界定为"新疆双语幼儿园"。

首先,研究者采用随机抽样的方法,从乌鲁木齐市接收少数民族幼儿的公立幼儿园中随机抽取 10 所"新疆双语幼儿园"。

然后,研究者采用分层抽样的方法,从上述 10 所幼儿园中按照班级年龄阶段随机抽取小班、中班和大班各 10 个,总共 30 个班级。

最后,研究者进入以上每个班级,在幼儿园正常集体活动时间内拍摄收集一次集体活动的视频录像。(为了测试 CLASS 评估的稳定性,其中有两个班级,研究者拍摄收集了 2 次集体活动的视频录像。)

综上,本研究的研究对象是来自新疆双语幼儿园 32 个集体活动的视频录像。32 个视频录像来自乌鲁木齐市 10 所公立幼儿园中的 30 个班级,其中包括小班、中班和大班各 10 个。

(三)研究工具

本研究将借助课堂互动评分系统(CLASS)分析新疆双语幼儿园集体活动课堂互动质量。

CLASS(课堂互动评分系统)以儿童发展理论及研究为基础,强调成人与儿童的互动是儿童学习和发展的主要机制(Greenberg,Domitrovich,& Bumbarger,2001;Hamre & Pianta,2007;Morrison & Connor,2002;Pianta,2006;Rutter & Maughan,2002)。CLASS(课堂互动评分系统)中每个维度的评分不再基于物理环境、材料的有无、特定的课程,而是聚焦于师生互动,主要关注教师如何使用材料,怎样与儿童互动。

根据师生互动理论和数据验证分析(Hamre,Mashburn,Pianta & Downer,2006),Pianta 等人建立了 CLASS 的三大框架,即从情绪支持、课堂组织和教育支持三个方面来评估课堂互动质量。CLASS 的三大领域又可以分为 10 个维度。如图 9－1 所示,情感支持分为积极氛围(PC)、消极氛围(NC)、教师敏感性(TS)、尊重儿童观点(RSP),课堂组织分为行为管理(BM)、产出性(PD)、学习活动组织(ILF),教育支持分为概念发展(CD)、反馈质量(QF)、语言示范(LM)。

(1)情感支持(Emotional Support)

CLASS 中的情感支持领域包括以下四个维度:积极氛围(PC)、消极氛围(NC)、教师敏感性(TS)、尊重儿童观点(RSP)。CLASS 手册对每个维度都给出了详细的解释,并提供了一些观察项目作为每个维度等级评定的依据。

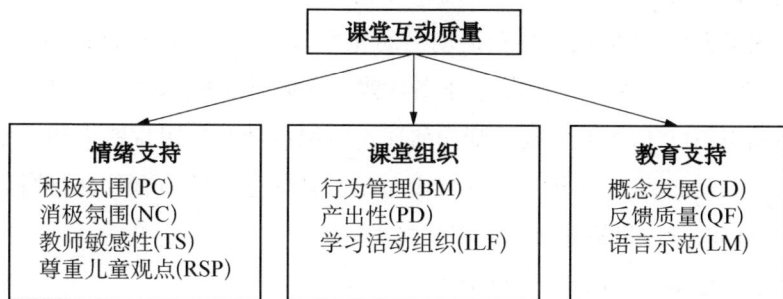

图 9-1 CLASS 的基本框架

积极氛围(PC)反映的是教师与儿童之间、儿童与儿童之间所呈现的情感关系,以及通过语言或非语言的互动传递热情、尊重和愉快,评定主要综合了师生关系、积极情感、积极交流、尊重四个观察项目。

消极氛围(NC)反映的是课堂中出现的消极情感(如愤怒、对立或者攻击),重点观察教师和幼儿出现消极情感的频率、质量和强度。观察者可以根据消极情感、控制惩罚、嘲讽轻视、严重否定这四个观察项目综合评定。

教师敏感性(TS)指教师注意到幼儿学习及情感需要并及时做出反应的有效程度,如高敏感性的教师总是能为幼儿提供安慰、支持和鼓励,因此能够有效地促进儿童探索及学习的能力。教师敏感性(TS)的评估主要基于教师意识、回应、问题处理及幼儿自如表现这四个观察项目。

尊重儿童观点(RSP)主要通过观察课堂活动及师幼互动,考察教师对儿童兴趣、动机、观点、责任感、自主性的尊重程度及激发力度。CLASS 手册为尊重儿童观点(RSP)这一维度提供了尊重儿童教学灵活、支持幼儿自主性、鼓励幼儿表达、限制幼儿移动这四个观察项目。

(2)课堂组织(Classroom Organization)

课堂组织维度主要涉及与组织管理幼儿行为、注意力和学习时间有关的一系列过程。组织良好的课堂往往幼儿行为表现得当、有事可做、喜欢并积极参与学习活动,这样的课堂能够为幼儿提供的学习机会最多。课堂组织领域包括行为管理(BM)、产出性(PD)、学习活动组织(ILF)这三个维度。

行为管理(BM)涉及教师怎么监管、防止和修正幼儿行为,考察教师提出清晰的行为期望、有效防止和纠正不当行为的能力。观察者可以根据行为期望清晰性、行为预见性、不当行为的纠正、儿童行为这四个观察项目进行评估。

产出性(PD)反映了教师组织学习活动和利用常规管理时间的有效性,确保教师能够使学习时间最大化,并提供了各种活动供幼儿参与学习。产出性(PD)主要根据学习时间最大化、课堂常规、活动过渡、活动准备这四个观察项目进行评定。

学习活动组织(ILF)主要考察教师如何通过组织活动及运用材料来调动幼儿兴趣、促进幼儿参与、增加幼儿学习机会。该维度包括教师促进活动的有效性、材料形式的多样性、儿童的兴趣、学习目标的澄清这四个观察项目。

(3) 教育支持(Instructional Support)

CLASS 教育支持的理论基础主要来自儿童认知及语言发展理论。CLASS 教育支持领域关注的焦点不是课程内容,而是教师实施课程的方式,即教师如何利用这些课程来支持、促进儿童认知和语言发展。CLASS 教育支持领域包括概念发展(CD)、反馈质量(QF)、语言示范(LM)这三个维度。

概念发展(CD)反映了教师如何通过组织讨论、开展活动来促进儿童认知能力、高级思维能力的发展,为此教师需要关注如何促进儿童的理解而非仅仅机械地教学。CLASS在概念发展(CD)上提供了分析解释、创造性、融会贯通、联系现实生活四个观察项目。

反馈质量(QF)主要观察教师如何对儿童的观点、评论、表现进行反馈,以及教师给予的反馈在多大程度上能拓展幼儿的学习、加深幼儿对知识的理解、激励幼儿持续投入活动。观察者可以从提供支架、持续性反馈、推进思考、拓展信息、肯定鼓励这五个观察项目评估反馈质量。

语言示范(LM)关注教师提供语言刺激的数量和质量,反映了教师促进及鼓励儿童语言发展的程度。该维度包括频繁的对话、开放式问题、复述延伸、自我描述与平行描述、高级语言这五个观察项目。

此外,在 CLASS 手册上,每个观察项目都提供了一些具体的行为指标辅助评估。评分者一般先判断每个观察项目的等级水平,然后参考所有观察项目的等级水平,最后综合给出每个维度的分数。CLASS 采用 7 分制评定每个维度的质量水平,1-2 分为低、3-5 分为中、6-7 分为高。CLASS 手册对每个维度在不同水平上的表现进行了非常详细的描述。

(四) CLASS 的信效度

信度主要是指测量结果的可靠性、一致性和稳定性,即测验结果是否反映了被测者的稳定、一贯的真实特征。效度(Validity)即有效性,它是指测量工具或手段能够准确测出所需测量事物的程度。效度是指所测量到的结果反映所想要考察内容的程度。

已有研究表明,不管观察时间、地点、周期如何变化,CLASS(课堂互动评分系统)都能保持较高的稳定性(Curby et al.，2010；Henry，2010)。

基于大规模的课堂观察研究显示，CLASS 各个维度之间也具有较好的一致性。如基于 1998－2005 年期间的美国四项大型研究(涵盖学前到小学五年级)中对多达 4000 多个的课堂观察发现：第一，课堂互动包括情感、组织、教育指导三大成分；第二，相比任意单因素或双因素模型，CLASS 的三因素框架更加符合观察的数据；第三，CLASS 三因素的结构普遍适用于学前阶段到小学五年级的课堂。

CLASS 与其他课堂质量评估工具(如 ECERS)的相关维度也具有较高的一致性。如 La Paro 等人(2004)利用 ECRES (Harms et al.，1998)与 CLASS 评估课堂质量，结果显示，CLASS 分数与早期教育环境质量等级评定量表(Early Childhood Environmental Rating Scale，ECRES)分数显著相关。McGuire(2010)研究发现，CLASS 与 COEMET (Classroom Observation of Early Mathematics-Environment and Teaching，早期数学活动课堂观察)的评估结果高度相关。

近期大量追踪研究表明，CLASS 测量的课堂互动质量对幼儿各方面的发展具有良好的预测效度。CLASS(课堂互动评分系统)已经成为当前国际上广泛运用的专门评估课堂互动质量的观察工具。

此外，CLASS(课堂互动评分系统)被迅速地运用于多种文化情境中早期教育机构的质量研究，并且其信效度也获得较高的认可。比如，美国双语(英语-西班牙)幼儿园、芬兰幼儿园(Pakarinen et al.，2010)、希腊托幼机构(Rentzou，Sakellariou，2011)、葡萄牙幼儿园(Cadima et al.，2010)、泰国幼儿园(Udommana，2011)、中国上海幼儿园(田方，2012)和贵州幼儿园(王晓芬，2009)。

因此，CLASS(课堂互动评分系统)具有较高的信效度，是具有普遍适用性的、专门评估幼儿园课堂互动质量的可靠工具。

(五) CLASS 培训与编码评分

CLASS(课堂互动评分系统)是一个较为全面的观察工具，需要经过专业培训才能正确使用。因此，本研究邀请了参加过 CLASS 专业培训并获得 CLASS 评估资格的博士研究生参与指导。研究团队中两名具有七年学前教育专业训练的硕士生接受了该名博士有关 CLASS 的再培训。在培训的最后阶段，两名硕士生与具有 CLASS 评估资格的博士利用已有培训视频进行评分一致性的检测，直至三人达到较高的一致性之后，评分者才正式开始评估本研究收集的新疆双语幼儿园集体活动视频。

CLASS 手册中建议在评估课堂活动质量时最好使用"双重编码"，即至少两个评分者对同一班级进行观察或者对录像进行编码,并检查编码的一致性。为了保证研究的信度,本研究采用"双重编码"的方式,要求两位评分者在同一时间内观看视频并完成编码,评分者在编码过程中遇到不确定的地方,可以重新观看活动视频,务必确保编码评分的客观性。

两位评分者在完成所有集体活动视频的编码工作之后,研究者检测了两位评分者编码的一致性。从表9-1中可以看出,两位评分者的编码具有较高的一致性,如情感支持维度的一致性信度达到0.844,课堂组织维度的一致性信度达到0.747,教育支持维度的一致性信度达到0.741。

表9-1 评分者一致性(32个集体活动)

CLASS 的维度	N	相关系数	Sig.
情感支持-评分者1 & 情感支持-评分者2	32	.844**	.000
课堂组织-评分者1 & 课堂组织-评分者2	32	.747**	.000
教育支持-评分者1 & 教育支持-评分者2	32	.741**	.000

**. 在.01水平(双侧)上显著相关

(六)资料分析,撰写报告

在CLASS视频拍摄记录单以及两位评分者的CLASS观察单全部回收后,将所有原始数据录入SPSS软件并进行统计分析。本研究的重点是描述新疆双语幼儿园集体活动中课堂互动质量的现状,因此主要采用描述统计分析的方法。为了深入分析新疆双语幼儿园集体活动课堂互动质量各个方面的特点,研究者一方面将两位评分者CLASS观察单上备忘栏的行为指标记录也全部录入,另一方面将所有活动视频中师幼对话按照CHILDES系统的CHAT格式进行转录。

最后,研究者根据统计分析结果和质化分析结果,加以讨论分析,完成研究报告的撰写。

第二节 双语幼儿园集体活动课堂互动质量的整体概况

有关新疆学前双语教育情境中师幼互动水平的分析,研究者首先从师幼互动的整体情况入手,分析新疆双语幼儿园集体活动课堂的师幼互动质量。

(一)三大领域的整体概括

根据 CLASS 手册,首先评分者分别给出十个维度的分数,然后经过一定公式计算出所观察的活动在 CLASS 三大领域上的得分。最后,研究者得到所选取的 32 个集体活动在 CLASS 三大领域的得分,并就此进行分析。由图 9-2 可知,新疆双语幼儿园集体活动中课堂互动质量的整体分布趋势是情感支持水平高于课堂组织水平、课堂组织水平高于教育支持水平,CLASS 三个领域分数的分布趋势与美国、上海、贵州等地幼儿园情况相似。

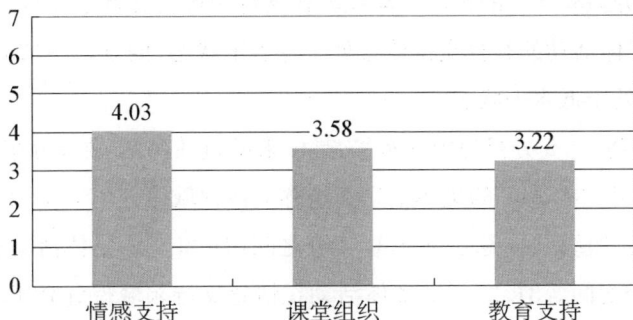

图 9-2　新疆双语幼儿园集体活动课堂互动质量整体概况图

比较上海幼儿园(田方,2010)、贵州幼儿园(王晓芬,2009)集体活动的 CLASS 分数可以发现,尽管新疆幼儿园集体活动课堂的 CLASS 分数整体分布趋势与上海、贵州两地类似,但新疆幼儿园集体活动课堂在 CLASS 三大领域上的得分均低于上海幼儿园,也略低于贵州幼儿园。

从具体分数上来看,由对三个领域打分的描述统计(表 9-2)可知,这些集体活动课堂的 CLASS 情感支持领域得分最高,为 4.03 分,得分范围在 2.38-5.50 分之间;课堂组织得分次之,为 3.58 分,得分范围在 1.67-5.17 分之间;教育支持得分最低,为 3.22 分,得分范围在 1.83-4.67 分之间。CLASS 7 分制的质量等级标准认为,1-2 分为低水平、3-5 分为中等水平、6-7 分为高水平。因此,本研究中 32 个集体活动的 CLASS 得分可以说明新疆幼儿园 CLASS 三大领域质量的等级水平,即情感支持处于中等水平,课堂组织处于中等偏低水平,教育支持处于中等偏低水平。

表 9-2　新疆双语幼儿园集体活动课堂互动质量整体概况表

CLASS 领域	极小值	极大值	均值	标准差
情感支持	2.38	5.50	4.03	0.86
课堂组织	1.67	5.17	3.58	0.85
教育支持	1.83	4.67	3.22	0.84

进一步分析新疆双语幼儿园 32 个集体活动的三大领域得分在不同分数区间（CLASS 以 1-7 分表示课堂互动质量由低到高）的分布情况发现：

15.63%的集体活动在情感支持领域得分低于 3 分,25.00%的集体活动在课堂组织领域得分低于 3 分,43.75%的集体活动在教育支持领域得分低于 3 分。也就是说,将近半数(43.75%)集体活动的教育支持质量处于低水平状态,四分之一(25.00%)集体活动的课堂组织质量处于低水平状态。

CLASS 手册将 3-5 分视为中等水平,具体来说,它们的分数段分布情况如何呢？从表 9-3 中可以看出,34.38%的集体活动在情感支持领域得分介于 3-4 分之间,37.50%的集体活动在课堂组织领域得分介于 3-4 分之间,31.25%的集体活动在教育支持领域得分介于 3-4 分之间。31.25%的集体活动在情感支持领域得分介于 4-5 分之间,同样 31.25%的集体活动在课堂组织领域得分介于 4-5 分之间,25.00%的集体活动在教育支持领域得分介于 4-5 分之间。从中可以发现,无论是情感支持、课堂组织还是教育支持领域,都有半数以上集体活动的质量等级水平处于中等水平(3-5 分之间)。

然而,就高水平而言,18.75%的集体活动在情感支持领域得分介于 5-6 分之间,仅 6.25%的集体活动在课堂组织领域得分介于 5-6 分之间,没有任何一个集体活动在教育支持领域得分高于 5 分。也就是说,一小部分集体活动的情感支持质量处于中等水平和高水平之间,少数集体活动的课堂组织质量处于中等水平和高水平之间,但没有集体活动的教育支持质量能超越中等水平状态。

表 9-3　新疆双语幼儿园集体活动课堂互动质量整体分布表

CLASS 领域	分数区间	频率	百分比	累积百分比
情感支持	<3	5	15.63	15.63
	[3,4)	11	34.38	50.00
	[4,5)	10	31.25	81.25
	[5,6)	6	18.75	100.00

CLASS 领域	分数区间	频率	百分比	累积百分比
课堂组织	<3	8	25.00	25.00
	[3,4)	12	37.50	62.50
	[4,5)	10	31.25	93.75
	[5,6)	2	6.25	100.00
教育支持	<3	14	43.75	43.75
	[3,4)	10	31.25	75.00
	[4,5)	8	25.00	100.00

以上分析说明,新疆双语幼儿园集体活动课堂互动质量在 CLASS 三大领域的得分分布趋势与其他地区幼儿园调查结果类似,即情感支持质量最高,课堂组织质量次之,教育支持质量最低,但三大领域整体水平均低于我国其他地区同类幼儿园师幼互动水平(上海、贵州)。无论是从这些集体活动的 CLASS 分数均值来看,还是从这些集体活动的 CLASS 分数在各分数区间的分布情况来看,都可以发现,在 CLASS 课堂互动质量的三大领域中,新疆双语幼儿园集体活动的情感支持质量处于中等水平、课堂组织质量处于中等偏低水平、教育支持质量处于中等偏低水平。

(二) CLASS 各维度得分的相关性

上文根据 CLASS 评估结果呈现了新疆双语幼儿园集体活动课堂互动质量的整体面貌,即大体处于中等水平,情感支持质量稍优于课堂组织、教育支持质量。不过,CLASS 这一工具是否真实有效地反映了新疆双语幼儿园集体活动课堂互动质量呢? 接下来,我们将通过 CLASS 各维度之间的相关性来说明这一问题。

1. 新疆双语幼儿园 CLASS 三大领域得分的相关性

首先,我们将考察新疆双语幼儿园样本数据在三大领域上的相关关系。统计学上,一般相关系数在 0.8-1 之间则视为极强相关,在 0.6-0.8 之间视为强相关,在 0.4-0.6 之间视为中等程度相关,在 0.2-0.4 之间视为弱相关,在 0-0.2 之间视为极弱相关或无相关。研究者采用皮尔逊积差相关进行分析发现,本研究中的新疆双语幼儿园样本数据在情感支持、课堂管理、教育支持三大领域上的得分都存在较强的相关性。如表 9-4 所示,情感支持与教育支持之间的相关系数为 0.827,呈现极强相关;课堂组织与教育支持之间的相关系数为 0.811,也呈现极强相关;情感支持与课堂组织之间的相关系数为 0.779,呈现强相关。这说明 CLASS(课堂互动评分系统)三大领域的评估具有较高的一致性,新疆双语幼儿园的观察评估结果再次验证了 CLASS 框架在评估课堂互动质量上的可靠性。

表 9-4　新疆双语幼儿园 CLASS 三大领域得分的相关性

CLASS 领域	项目	情感支持	课堂组织	教育支持
情感支持	Pearson 相关性	1	.779**	.827**
	显著性(双侧)		.000	.000
课堂组织	Pearson 相关性	.779**	1	.811**
	显著性(双侧)	.000		.000
教育支持	Pearson 相关性	.827**	.811**	1
	显著性(双侧)	.000	.000	

** . 在 .01 水平(双侧)上显著相关

2. 新疆双语幼儿园 CLASS 十个维度得分的相关性

CLASS 三大领域分数是基于 CLASS 十个维度的得分进行计算获得的,因此,研究者也分析了新疆双语幼儿园样本数据中 CLASS 十个维度得分之间的相关性。

研究结果(见表 9-5)显示,32 个集体活动在 CLASS 十个维度——积极氛围(PC)、消极氛围(NC)、教师敏感性(TS)、尊重儿童观点(RSP)、行为管理(BM)、产出性(PD)、学习活动组织(ILF)、概念发展(CD)、反馈质量(QF)、语言示范(LM)上的得分都存在不同程度的相关。首先,教师敏感性(TS)与学习活动组织(ILF)的相关系数最高,为 0.868,表现出极强相关。其次,反馈质量(QF)与语言示范(LM)之间相关系数为 0.853,同样表现出极强相关。教师敏感性(TS)与概念发展(CD)之间相关系数为 0.842,也表现出极强相关。学习活动组织(ILF)与语言示范(LM)之间相关系数为 0.833,表现出极强相关。积极氛围(PC)与尊重儿童观点(RSP)的相关系数为 0.819、与学习活动组织(ILF)的相关系数为 0.818,均表现出极强相关。此外,行为管理(BM)与产出性(PD)的相关系数为 0.806,同样表现出极强相关。

表 9-5　新疆双语幼儿园 CLASS 十个维度得分的相关性

维度	项目	P PC	N NC	T TS	R RSP	B BM	P PD	I ILF	C CD	Q QF	L LM
P PC	Pearson 相关性	1	−.706**	.794**	.819**	.626**	.631**	.818**	.756**	.707**	.737**
	显著性(双侧)		.000	.000	.000	.000	.000	.000	.000	.000	.000

维度	项目	P PC	N NC	T TS	R RSP	B BM	P PD	I ILF	C CD	Q QF	L LM
N NC	Pearson 相关性	-.706**	1	-.505**	-.538**	-.540**	-.523**	-.666**	-.455**	-.498**	-.526**
	显著性(双侧)	.000		.003	.001	.001	.002	.000	.009	.004	.002
T TS	Pearson 相关性	.794**	-.505**	1	.726**	.559**	.635**	.868**	.842**	.745**	.779**
	显著性(双侧)	.000	.003		.000	.001	.000	.000	.000	.000	.000
R RSP	Pearson 相关性	.819**	-.538**	.726**	1	.403*	.438*	.718**	.749**	.648**	.607**
	显著性(双侧)	.000	.001	.000		.022	.012	.000	.000	.000	.000
B BM	Pearson 相关性	.626**	-.540**	.559**	.403*	1	.806**	.668**	.433*	.621**	.660**
	显著性(双侧)	.000	.001	.001	.022		.000	.000	.013	.000	.000
P PD	Pearson 相关性	.631**	-.523**	.635**	.438*	.806**	1	.786**	.500**	.635**	.795**
	显著性(双侧)	.000	.002	.000	.012	.000		.000	.004	.000	.000
I ILF	Pearson 相关性	.818**	-.666**	.868**	.718**	.668**	.786**	1	.739**	.789**	.833**
	显著性(双侧)	.000	.000	.000	.000	.000	.000		.000	.000	.000
C CD	Pearson 相关性	.756**	-.455**	.842**	.749**	.433*	.500**	.739**	1	.746**	.663**
	显著性(双侧)	.000	.009	.000	.000	.013	.004	.000		.000	.000
Q QF	Pearson 相关性	.707**	-.498**	.745**	.648**	.621**	.635**	.789**	.746**	1	.853**
	显著性(双侧)	.000	.004	.000	.000	.000	.000	.000	.000		.000

维度	项目	P PC	N NC	T TS	R RSP	B BM	P PD	I ILF	C CD	Q QF	L LM
L LM	Pearson 相关性	.737**	−.526**	.779**	.607**	.660**	.795**	.833**	.663**	.853**	1
	显著性(双侧)	.000	.002	.000	.000	.000	.000	.000	.000	.000	

**. 在 .01 水平(双侧)上显著相关

*. 在 0.05 水平(双侧)上显著相关

以上十个维度的相关性分析显示,除了消极氛围之外,其他维度之间都呈现不同强度的正相关,消极氛围维度与其他维度呈现不同程度的负相关。因此,CLASS 十个维度之间的相关性分析结果,再次说明 CLASS(课堂互动评分系统)具有广泛的适用性。

基于 CLASS(课堂互动评分系统)的应用,本部分内容以量化的形式呈现了新疆双语幼儿园集体活动中课堂互动质量的整体概况,即情感支持处于中等水平、课堂组织处于中等偏低水平、教育支持处于中等偏低水平。研究发现,新疆双语幼儿园集体活动中课堂互动质量 CLASS 三大领域的分布趋势与其他地区幼儿园类似,即情感支持质量最高,课堂组织质量次之,教育支持质量最低,但三大领域整体水平均要低于其他地区幼儿园(上海、贵州)。无论是从这些集体活动的 CLASS 分数均值来看,还是从这些集体活动的 CLASS 分数在各分数区间的分布情况来看,都可以证明这一点。另新疆双语幼儿园集体活动不论是在 CLASS 三大领域分数之间,还是十个维度分数之间,均呈现了不同程度的相关性,也验证了 CLASS 框架的有效性。

新疆双语幼儿园集体活动课堂互动质量在三大领域、十个维度的具体情况如何、具有哪些特征?接下来,结合两位评分者评定的 CLASS 等级分数和 CLASS 观察单备忘录栏的行为指标记录,研究者将逐一呈现和分析新疆双语幼儿园集体活动在情感支持、课堂组织、教育支持等维度的详细情况及基本特征。

第三节　双语幼儿园集体活动课堂互动质量之情感支持

在师幼互动质量分析中,研究者从积极氛围(PC)、消极氛围(NC)、教师敏感性(TS)

和尊重儿童观点(RSP)四个维度来描述课堂互动质量的情感支持。上文已谈及新疆双语幼儿园集体活动的情感支持维度是师幼互动质量三大领域中平均得分最高的维度,下面我们来具体分析新疆双语幼儿园集体活动在情感支持领域四个维度的得分情况,并结合评分者的行为指标记录详细描述新疆双语幼儿园集体活动情感支持在这四个维度上的基本特征。

1. 师幼互动情感支持维度基本分析

就新疆双语幼儿园集体活动中课堂互动质量的整体水平而言,情感支持维度的均值为4.03分,处于中等水平。具体分析情感支持的四个维度得分,从图9-3中可以看出,虽然情感支持的综合水平处于中等水平,但情感支持四个维度的平均分数均低于4分。这提示我们,教师在与儿童互动的时候,要营造课堂活动的积极氛围、提高对儿童表现的敏感性、尊重儿童的观点等,这些都需要予以高度关注和提升。

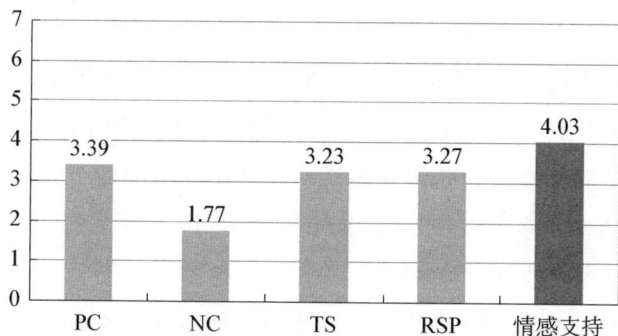

图9-3 新疆双语幼儿园集体活动课堂互动质量之情
感支持具体情况图

为了进一步说明新疆双语幼儿园集体活动中课堂互动质量在情感支持四个维度上的得分情况,研究者对情感支持四个维度的得分情况进行深入分析,如表9-6所示。积极氛围(PC)维度的平均分数为3.39分,标准差为1.13,最小值为1.50,最大值为5.50。消极氛围(NC)维度的计分为反向计分,分数越低即表示课堂出现的消极情绪越少。消极氛围(NC)维度平均分数为1.77分,标准差为1.05,最小值为1.00,最大值为4.50。教师敏感性(TS)维度平均分数为3.23分,标准差为0.82,尊重儿童观点(RSP)维度平均分数为3.27分,标准差为0.96,两者的得分变化范围均在2-5之间。

表 9-6　新疆双语幼儿园集体活动课堂互动质量之情感支持具体情况表

CLASS 维度	极小值	极大值	均值	标准差
积极氛围（PC）	1.50	5.50	3.39	1.13
消极氛围（NC）	1.00	4.50	1.77	1.05
教师敏感性（TS）	2.00	5.00	3.23	.82
尊重儿童观点（RSP）	2.00	5.00	3.27	.96
情感支持	2.38	5.50	4.03	.86

* 情感支持 = [PC + (8 − NC) + TS + RSP]/4

以上数据表明，新疆双语幼儿园集体活动的情感支持领域中，积极氛围（PC）水平稍优于尊重儿童观点（RSP），尊重儿童观点（RSP）水平略高于教师敏感性（TS），但新疆双语幼儿园集体活动在情感支持的这三个维度上的分数差距不大，均处于中等偏低的水平。其中，积极氛围（PC）维度的标准差最大，说明不同集体活动在积极氛围（PC）方面水平差距较大。此外，情感支持中采用反向计分的消极氛围（NC）维度的标准差也较大，说明不同集体活动在消极氛围（NC）方面也存在一定差距。情感支持四个维度的极值数据分析表明，研究者观察的新疆双语幼儿园集体活动在情感支持的四个方面均存在低水平状态，没有一个集体活动能够在情感支持的四个维度达到高水平状态。

2. 师幼互动情感支持维度具体观察

研究进一步分析了新疆双语幼儿园集体活动中情感支持各个维度的 CLASS 分数情况，还在 CLASS 观察单行为指标记录的基础上，总结概括出新疆双语幼儿园集体活动情感支持在积极氛围（PC）、消极氛围（NC）、教师敏感性（TS）、尊重儿童观点（RSP）等维度的基本特征。

第一，新疆双语幼儿园集体活动中情感支持领域积极氛围（PC）水平稍优于尊重儿童观点（RSP）水平，尊重儿童观点（RSP）水平略高于教师敏感性（TS）水平，但新疆双语幼儿园集体活动在这三个维度的分数差距不大，均处于中等偏低的水平。此外，反向计分的消极氛围（NC）分数趋近 2 分，说明少数集体活动中仍可以观察到师幼的一些消极情绪。

第二，结合评分者的行为指标记录，发现新疆双语幼儿园集体活动在情感支持各个维度呈现以下基本特征：（1）一些集体活动中教师与幼儿关系较为亲近、友爱，但也有一些集体活动并没有表现出这样的关系；（2）不同集体活动中所观察到的积极情绪存在一定差异；（3）部分教师尚缺乏以积极的方式与幼儿进行交流的习惯，特别是通过身体语言、积极期望等;(4)一些集体活动中教师与幼儿能够做到彼此尊重,而有些集体活动中却没有。

第三,新疆双语幼儿园集体活动存在着消极氛围的行为表现:(1)少数集体活动中教师与幼儿出现了诸如烦躁、哭泣、尖叫、攻击之类的消极情绪或行为;(2)不少教师有时会采用消极的方式控制幼儿的行为,如训斥、恐吓威胁幼儿;(3)个别集体活动中出现嘲笑、挖苦、不尊重的现象,但大多数集体活动并不存在这一现象;(4)新疆双语幼儿园集体活动中没有出现诸如歧视、欺负、殴打等之类的严重否定性行为。

3. 有关师幼互动情感支持的建议

研究据此提出一个提升新疆学前双语幼儿园师幼互动质量的建议,即关注幼儿的情感需求,构建积极的师幼关系。

在上述研究分析中,我们发现新疆双语幼儿园课堂的情感支持整体质量虽处于中等水平,但除消极氛围(NC)之外的三个维度均处于中等偏低的水平,尤其是教师敏感性(TS)非常低。结合情感支持四个维度的具体表现,可以看出教师很少关注幼儿的情感需求,对于幼儿的需求缺乏敏感性。比如,幼儿遇到困难时,不少教师有时并没有及时回应幼儿,也没有提供有效的帮助。大多情况下,教师关注的并不是幼儿的需求,而是活动方案是否按照预设程序执行。正因为如此,教师与幼儿之间难以建立比较积极的关系。虽然一些课堂中师幼关系比较亲近,但很少有教师通过摸头、轻拍、微笑等肢体语言对幼儿加以肯定或鼓励。相反,研究者还观察到少数课堂中教师采用训斥、威胁等消极方式控制幼儿,偶尔幼儿还会出现哭泣、尖叫等消极情绪。

因此,教师首先应当转移关注的重点。眼中先有幼儿,而后才有教育。一些课堂中幼儿神情木然,没有笑容,也很难听到幼儿的笑声。当幼儿出现哭泣等消极情绪时,许多教师往往置之不理或敷衍应对。当幼儿出现尖叫或攻击行为时,教师通常采取消极控制的方式,很少尝试理解幼儿出现的问题。对于这些课堂而言,教师最重要的是要学会关注幼儿的情感需求。

在关注幼儿情感需求的基础上,教师要与幼儿建立积极的师幼关系。积极的师幼关系不仅有利于营造积极的课堂氛围,减少课堂上的消极情绪,还能增加师幼互动的机会,提高师幼互动的质量。学者指出,有什么样的师幼关系就会相应出现什么样的师幼互动行为(刘晶波,2006)。研究者在调研过程中也发现,一些课堂中,教师与幼儿关系比较亲近,幼儿就会经常主动回答问题,向教师寻求帮助。

除了情感支持,CLASS(课堂互动评分系统)框架还包括课堂组织、教育支持两大领域,本部分将具体分析 CLASS 框架的第二个领域——课堂组织。

1. 教师课堂组织互动的基本情况

根据 CLASS 观察评估的结果可知,新疆双语幼儿园 CLASS 课堂组织领域综合均值为 3.58 分,处于中等偏低水平。CLASS 框架对于课堂组织的评估主要包括行为管理(BM)、产出性(PD)、学习活动组织(ILF)三个维度。如图 9-4 所示,新疆双语幼儿园课堂互动在课堂组织三个维度的平均得分差距不大,且得分均趋近于均值 3.58 分。其中,行为管理(BM)维度分数均值最高,为 3.67 分,产出性(PD)、学习活动组织(ILF)分数均值都为 3.53 分。也就是说,新疆双语幼儿园集体活动在 CLASS 课堂组织的三个维度基本处于同一水平。

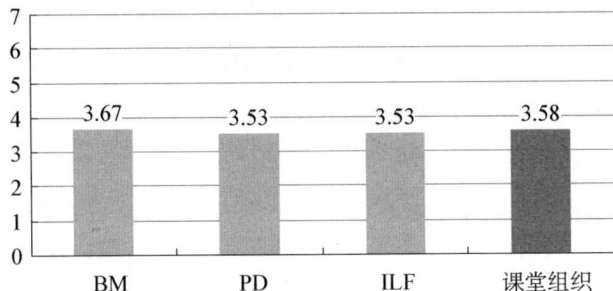

图 9-4　新疆双语幼儿园集体活动课堂互动质量之课堂组织具体情况图

结合上海幼儿园、贵州幼儿园集体活动的数据发现,上海幼儿园集体活动在 CLASS 课堂组织的三个维度的得分差不多也处于同一水平,均在 4.6 分左右;贵州幼儿园集体活动在 CLASS 课堂组织的三个维度的得分几乎也处于同一水平,均趋近 4.0 分左右。上海、贵州、新疆幼儿园集体活动在 CLASS 课堂组织的行为管理(BM)、产出性(PD)、学习活动组织(ILF)的得分上均由高至低依次呈现 0.5 分左右的差距。因此相比而言,新疆双语幼儿园集体活动在 CLASS 课堂组织的行为管理（BM）、产出性（PD）、学习活动组织（ILF）均要落后于贵州幼儿园，更加落后于上海幼儿园。

新疆双语幼儿园在 CLASS 课堂组织各个维度的详细数据分析（见表 9-7）显示，行为管理（BM）维度分数均值为 3.67 分，最小值为 2.00，其均值和最小值均高于产出性（PD）和学习活动组织（ILF）维度的均值（3.53 分）和最小值（1.50）。这说明，新疆双语幼儿园集体活动课堂组织的行为管理（BM）方面稍优于产出性（PD）和学习活动组织（ILF）。另外，课堂组织三个维度的最大值均为 5.50，也就意味着存在少数集体活动课堂在 CLASS 课堂组织的行为管理（BM）、产出性（PD）或学习活动组织（ILF）上超过了中等水平，接近高水平。

表 9-7　新疆双语幼儿园集体活动课堂互动质量之课堂组织具体情况表

CLASS 维度	极小值	极大值	均值	标准差
行为管理（BM）	2.00	5.50	3.67	.84
产出性（PD）	1.50	5.50	3.53	.96
学习活动组织（ILF）	1.50	5.50	3.53	.98
课堂组织	1.67	5.17	3.58	.85

＊课堂组织＝[BM＋PD＋ILF]/3

以上就新疆双语幼儿园集体活动在课堂组织各个维度的 CLASS 分数进行分析，结果表明，新疆双语幼儿园集体活动在 CLASS 课堂组织的三个维度上的得分几乎处于同一水平线上，均趋近 3.5 分。其中，行为管理（BM）方面稍优于产出性（PD）和学习活动组织（ILF）。此外，存在少数集体活动课堂在 CLASS 课堂组织的行为管理（BM）、产出性（PD）或学习活动组织（ILF）上超过了中等水平，接近高水平。

2. 教师课堂组织行为的具体分析

研究者在呈现了新疆双语幼儿园集体活动在课堂组织领域三个维度的得分情况时，结合了评分者 CLASS 观察单上的行为指标记录，试图从行为管理（BM）、产出性（PD）、学习活动组织（ILF）三个维度，进一步描述课堂组织质量的基本特征。

首先，新疆双语幼儿园集体活动在 CLASS 课堂组织领域行为管理（BM）方面具有以下几个特征：（1）大多数教师在活动前期能够较为清晰地说明课堂规则和行为期望，但不少教师在执行过程中并没有保持一致；（2）大部分教师较为关注全局，具有一定预见性,但是少数教师也常常无视个别幼儿的不当行为;(3)大部分教师主要通过阻止、禁止、训斥、恐吓等消极方式纠正幼儿的不当行为,很少以强调正面行为的方式加以引导;(4)教师发出指令或提出要求后,大部分幼儿的表现符合教师的期望。

其次,从CLASS课堂组织领域产出性(PD)维度观察,在新疆双语幼儿园集体活动中教师的主要表现是:(1)多数教师能够有效利用集体活动时间开展活动,很少偏离预设的活动主题。不过,在集体活动的不同时段,如活动前期、后期、过渡期,教师们如何利用时间增加幼儿的学习机会这一方面表现出较大的差异。(2)许多教师建立了良好的课堂常规,大部分幼儿清楚地知道自己什么时候该干什么。(3)许多集体活动的过渡环节缺乏有效的规划,过于缓慢、拖沓。(4)一些教师没有认真组织集体活动,临时翻看活动教案,活动准备不足。

此外,观察新疆双语幼儿园的集体活动组织情况,教师在学习活动组织(ILF)维度具有以下一些不足:(1)不少教师只是机械地执行活动方案,并没有积极地促进活动的开展及深入;(2)大多数集体活动形式单一,教师没有注意到活动形式的多样性与活动材料的丰富性;(3)除少数艺术活动之外,似乎大部分幼儿对集体活动内容缺乏兴趣,难以真正投入活动;(4)许多教师在整个活动过程中都高度关注活动目标,但他们经常无法有效引导幼儿实现活动目标。

3. 有关教师课堂组织行为的建议

在分析师幼互动质量的课堂组织情况的基础上,我们建议新疆学前双语幼儿园开展园本教研来帮助教师建立活动常规,从而培养教师管理课堂的观念和行为,有效利用课堂时间开展较高质量的活动。针对上述发现的在课堂中教师行为管理方面存在的问题,例如教师行为规则表述比较清晰,但在执行过程中经常出现不一致的问题,或者出现教师采用训斥、恐吓等消极方式纠正幼儿不当行为的问题,建立良好的活动常规是有效管理课堂幼儿行为的重要途径。由于少数民族幼儿汉语理解水平的限制,我们观察到一些教师采用钢琴节奏、拍手、固定口令等多种形式,比一般语言指令能更加有效地管理幼儿。因而,相比口头语言(汉语),在幼儿语言水平有限的情况下,通过钢琴节奏、拍手、固定口令、手势等有助于民族儿童理解教师的指令,能够迅速有效地纠正幼儿的不当行为。

新疆双语幼儿园课堂组织领域存在的其他问题,包括活动准备不足、活动内容枯燥乏味、活动过渡环节拖沓、活动实施过于刻板,这些问题导致产出性(PD)、学习活动组织(ILF)水平不高。在幼儿园正常集体活动时间内,一些教师临时翻阅教案或者随意安排活动内容；许多活动内容不符合幼儿的年龄特征，存在严重小学化的倾向（如识字、减法算式）；教师经常要求幼儿反复跟读，但学习效果不明显；不少教师经常严格执行活动方案，忽视幼儿的反应，活动实施缺乏灵活性；由于活动常规较差或者教师安排不当，许多课堂活动过渡拖沓，占用幼儿学习活动时间。针对上述问题，新疆地区幼儿教师需要加强活动准备工作，根据幼儿特征选择活动内容，合理组织活动的过渡环节，灵活调整活动方案，从而实现时间利用最大化，提高活动开展的有效性。

第五节　双语幼儿园集体活动课堂互动质量之教育支持

当前有关 CLASS 的观察研究均表明，教育支持是 CLASS 三大领域（情感支持、课堂组织、教育支持）中得分最低的一个维度。这一节，研究者将重点分析新疆双语幼儿园集体活动 CLASS 评估中的教育支持质量。

1. 师幼互动的教育支持水平

无论国外、国内的 CLASS 观察研究均发现，教育支持是 CLASS 三大领域得分最低的。新疆双语幼儿园集体活动情况亦是如此（见图 9-5），CLASS 教育支持维度综合均值为 3.22 分，处于中等偏低水平，且在 CLASS 三大领域中得分最低。CLASS（课堂互动评分系统）主要从概念发展（CD）、反馈质量（QF）、语言示范（LM）这三个维度评估课堂互动的教育支持。调查数据表明，新疆双语幼儿园集体活动课堂在教育支持三个维度上的水平差距不大，均趋近 3 分。

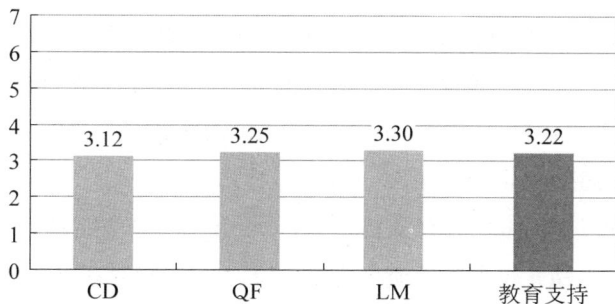

图 9-5　新疆双语幼儿园集体活动课堂互动质量之教育支持具体情况图

表9-8具体呈现了新疆双语幼儿园集体活动在CLASS教育支持领域各个维度得分的详细情况,从中可以看出,CLASS教育支持领域中概念发展(CD)维度均值在三个维度中得分最低,为3.12分,其最小值为2.00,最大值为4.50,标准差也是三个维度中最小的。CLASS教育支持领域中反馈质量(QF)维度均值次之,为3.25分。得分最高的是CLASS教育支持领域的语言示范(LM)维度,为3.30分。从变化范围上来看,CLASS教育支持领域反馈质量(QF)维度和语言示范(LM)维度得分的最小值、最大值相同,分别为1.50和5.00,最大值与最小值之间有一定差距。这些数据说明,CLASS教育支持领域三个维度中,概念发展(CD)维度水平最低,分数等级区间分布比较集中,各个集体活动的差距不大;反馈质量(QF)和语言示范(LM)维度水平稍高,但是各个集体活动之间存在一定差距。

表9-8 新疆双语幼儿园集体活动课堂互动质量之教育支持具体情况表

CLASS维度	极小值	极大值	均值	标准差
概念发展(CD)	2.00	4.50	3.12	0.78
反馈质量(QF)	1.50	5.00	3.25	0.97
语言示范(LM)	1.50	5.00	3.30	0.98
教育支持	1.83	4.67	3.22	0.84

* 教育支持 = [CD + QF + LM]/3

结合上述量化描述分析,可以归纳总结新疆双语幼儿园集体活动在CLASS教育支持领域三个维度的基本情况,即新疆双语幼儿园集体活动在CLASS教育支持领域三个维度的水平差距不大,均趋近3分,属于中等偏低的水平。此外,这三个维度水平都远远低于上海幼儿园,概念发展(CD)维度水平甚至还不如贵州幼儿园。因此,新疆双语幼儿园集体活动在CLASS教育支持领域的质量状况不容乐观。其中概念发展(CD)维度分数集中分布在2.0-4.5分之间,反馈质量(QF)和语言示范(LM)维度分数分布相对分散,既有1.5分低水平状态,又有5.0分趋近高水平的状态。

2. 师幼互动的教育支持行为特征

具体观察师幼互动质量的教育支持范畴,针对教师教育支持质量偏低的问题,我们进一步观察新疆双语幼儿园集体活动的教师行为,可以发现存在以下几个方面的特点:

第一,在教育活动中,大部分教师能够通过自己的语言和行动,引导幼儿关注活动中的事实信息和简单内容,但是缺乏对提升幼儿分析推理能力、问题解决能力的关注。许多教师的教学过程中,有简单机械地组织活动的现象,幼儿在集体活动中较少自由地表达想法、创作作品。部分教师有时会尝试将新旧概念加以整合,但这种整合一般仅出现在活动过渡环节。不少教师有时尝试将新知识或新概念与幼儿实际生活联系起来,但在促进幼儿将新知识或新概念运用于实际生活方面尚显不足。

第二,教师在教学活动过程中,给予幼儿的反馈质量不够高。首先,不少教师经常对幼儿的"错误"反应和理解困难视而不见,很少为这些需要帮助的幼儿提供指导或支持;其次,大部分教师提供的反馈主要关注幼儿的回答是否正确,几乎没在幼儿回答的基础上加以追问,因此无法形成良好的反馈回路;再次,大部分教师的提问很少关注幼儿如何阐明自己的想法、说明自己的某些行为或反应。与此同时,许多教师通常只会对幼儿的正确反应提供简单宽泛的表扬,很少提供具体的有针对性的反馈,对于幼儿的不正确反应视而不见、没有加以澄清。此外,教师的表扬侧重于幼儿的守纪行为,活动后期有时也会评价幼儿的作品或成果。但是,许多教师很少肯定或鼓励幼儿在学习过程中付出的努力,因而无法提高幼儿参与活动的积极性和持久性。

第三,观察新疆双语幼儿园集体活动,教师的语言示范水平需要予以关注。(1)虽然在集体活动中师幼能够进行对话,但师幼间的对话基本上由教师主导控制,并没有形成真正意义上的师生平等交流;教师比较强调新词汇、新概念的学习,却很少关心幼儿的理解程度。(2)教师提出的问题大多是封闭性的,幼儿只需要用简单的词语或话语就能进行回答。在提问的过程中,大多教师经常提出一些"是不是"、"对不对"之类封闭性的问题,很少提出一些可以促进幼儿深层思考的开放性问题。(3)教师有时会通过简单地重复对幼儿的回答表示肯定,但也经常忽视幼儿的回答,尤其是那些不符合教师预设答案的回答。(4)许多教师有时通过描述自己的行为,简单地说明自己在干什么,将自己的行为与语言联系起来。(5)一些教师经常使用高级词汇,但不少教师并没有关注幼儿的理解程度,只是简单机械地让幼儿跟读词汇。

3. 有关提高师幼互动教育支持质量的建议

本研究发现新疆双语幼儿园师幼互动质量中,特别需要关注教师的教育支持行为。根据以上呈现的问题,建议在新疆学前双语教育工作中,注意提高师幼互动的教育支持质量,教师需要做到以下几点:

首先,需要重视幼儿的理解水平。引入新概念、新词汇时,简单机械地跟读无法帮助幼儿真正理解概念的内涵。教师需要将新概念、新词汇与幼儿已有概念联系起来、与幼儿实际生活联系起来,帮助幼儿理解习得概念。教师需要关注幼儿的反应,重视幼儿的理解程度。根据幼儿的理解程度,调整活动内容或者活动组织方式。当幼儿出现不一致的反应或无法回答问题时,教师需要找出幼儿理解之困难所在,提供支持帮助。

其次,需要改变提问的方式,鼓励幼儿思考。开放式问题的答案灵活、多样、不确定,能提升幼儿思维的多元性、发散性。教师需要改变原来的提问方式,多提"怎么(样)"、"为什么"等开放式问题。为了促进幼儿深入思考,教师不仅需要增加开放性问题的比重,还需要把握从幼儿思考的角度进行提问(张文洁,2013)。美国加利福尼亚州立大学索诺漠分校"批判性思维与道德性批评中心"所长保尔(Paul,1984)认为,幼儿展开思考的四个角度就应是教师"提问"的角度,即关于思考的契机、思考的根据、同其他思考的对立、思考的影响与结果。

最后,需要鼓励幼儿发起对话,实现平等交流,提供具体反馈。研究发现,许多教师牢牢把握集体活动课堂话语的主导权,幼儿很少主动发起对话。为此,教师需要树立师幼平等交流的理念,尊重幼儿的不同观点,鼓励幼儿主动发问,并及时给予反馈。当前新疆双语幼儿园教师提供的反馈往往是比较大而空的表扬,如"真棒!"、"真聪明!",很少就幼儿的反应提供具体详细的反馈。因此,教师需要根据幼儿的反应提供具体反馈,比如,指出幼儿在说什么、在干什么,哪些地方好、哪些地方需要改进,等等。此外,教师可以通过重复、拓展、追问等与幼儿深入交流,形成师生间的来回反馈。

综上所述,纵观国际托幼机构质量评估的趋势,"师幼互动"为核心的过程性质量已经成为各国托幼机构质量评估的重要内容。随着新疆学前双语教育的大发展,新疆自治区政府教育部门一再强调要加强双语教育质量评测和监控,实现发展速度与质量的"双提高"。因此,重视以"课堂互动质量"为核心的过程质量,有效地评估新疆双语幼儿园托幼质量,了解新疆学前双语教育质量现状,研究如何提升新疆双语幼儿园的质量,有针对性地为教师提供培训支持,已经成为新疆学前双语教育实现跨越式发展的重大课题。

本章主要参考文献

1. Berman R. A. & Slobin D. I. Relating events in narrative: A crosslinguistic developmental study. Hillsdale, NJ: Lawrence Erlbaum, 1994.

2. Bornstein M. H. , Haynes O. M. , Painter K. M. , et al. Child language with mother and with stranger at home and in the laboratory: method logical study. J Child Lang, 2000, 27 (2): 407 – 420.

3. Cadima, J. , T. Leal & M. Burchinal. The quality of teacher-student interactions: Associations with first graders' academic and behavioral outcomes [J]. Journal of School Psychology, 2010. 48(6): 457 – 482.

4. Courtenay Frazier Norbury and Dorothy V. M. Bishop. Narrative skills of children with communication impairments [J]. VoL. 38, No. 3, 2003: 287 – 313.

5. Cummins J. Language, Power and Pedgogy: Bilingual Children in the Crossfire. Clevedon: Multilingual Matters, 2000.

6. Curby T. W. , Grimm K. J. , Pianta R. C. Stability and change in early childhood classroom interactions during the first two hours of a day [J]. Early Childhood Research Quarterly, 2010, 25(3): 373 – 384.

7. Downer J. T. , López M. L. , Grimm K. J. , et al. Observations of teacher-child interactions in classrooms serving Latinos and dual language learners: Applicability of the Classroom Assessment Scoring System in diverse settings [J]. Early Childhood Research Quarterly, 2012, 27(1): 21 – 32.

8. Eisenberg A. R. (1985). Learning to describe past experiences in conversation. Discourse Processes, 8, 177 – 204.

9. Henry A. E. Advantages to and challenges of using ratings of observed teacher-child interactions [D]. US: University of Virginia, 2010.

10. http://www. moe. edu. cn/publicfiles/business/htmlfiles/moe/moe_1485/201107/122228. html.

11. Hughes D. , McGillivray L. & Schmidek M. (1997). Guide to narrative language: Procedures for assessment. Eau Claire, WI: Thinking Publications.

12. John Heilmann, Jon F. Miller, Claudia Dunaway. Properties of the Narrative Scoring Scheme Using Narrative Retells in Young School-Age Children [J]. Vol. 19, May 2010: 154 – 166.

13. Kaderavek J. N. & Sulzby E. (2000). Narrative production by children with and without Specific Language Impairment: Oral narratives and emergent readings. Journal of Speech, Language, and Hearing Research, 43: 34 – 49.

14. Karmiloff-Smith A. (1986). Some fundamental aspects of language development after age 5. In P. Fletcher & M. Garmen (Eds.), Language acquisition (pp. 455 – 474). Cambridge, MA: Cambridge University Press.

15. Klatter-Folmer, Jetske, vanHout, Roeland, Kolen, Esther, Verhoeven, Ludo. Language Development in Deaf Children's Interactions With Deaf and Hearing Adults: A Dutch Longitudinal Study, 2006,11(2): 238 – 251.

16. La Paro K. M., Pianta R. C., & Stuhlman M. The classroom assessment scoring system: Findings from the prekindergarten year [J]. The Elementary School Journal, 2004: 409 – 426.

17. McCabe A. (1996). Chameleon readers: Teaching children to appreciate all kinds of good stories. New York: McGraw-Hill.

18. Mcguire P. Supporting high quality teacher-child interactions in pre-k mathematics [D]. US: Virginia: University of Virginia, 2010.

19. Pakarinen E., Lerkkanen M. K., Poikkeus A. M., et al. A validation of the Classroom Assessment Scoring System in Finnish kindergartens [J]. Early Education and Development, 2010, 21(1): 95 – 124.

20. Paul R. W. Thinking D. Critical thought essential to the acquisition of rational knowledge and passions [C]//Connecticut Conference on Thinking, Sponsored by the Connecticut State Department of Education,1984.

21. Phyllis Schneider, Kara Kvile, Nikki Dooley, Kelly Millar and Carla Monteleone. Animated versus static picture stimuli as story elicitation contexts. Speech Pathology & Audiology, University of Alberta.

22. Rentzou K. & Sakellariou M. The Quality of Early Childhood Educators: Children's Interaction in Greek Child Care Centers [J]. Early Childhood Education Journal, 2011, 38 (5): 367 – 376.

23. Sachs J. (1982). Talking about the there and then: The emergence of displaced reference in parent-child discourse. In K. E. Nelson (Ed.), Children's language (pp. 1 – 28). Hillsdale, NJ: Lawrence Erlbaum.

24. Schneider P., Dubé R. V. & Hayward D. (2005). The Edmonton Narrative Norms Instrument. Retrieved [date] from University of Alberta Faculty of Rehabilitation Medicine website: http://www. rehabresearch. ualberta. ca/enni. Mandler JM. A code in the node:

the use of story schema in retrieval [J]. Discourse Processes, 1978,1: 14.

25. Siegel L. Bilingualism and reading. In Handbook of Children's Literacy (pp. 673 - 689). Springer Netherlands, 2004.

26. Stein N. L. & Glenn C. G. (1979). An analysis of story comprehension in elementary school children. In R. O. Freedle (Ed.), New directions in discourse processing Norwood, NJ: Ablex, (1985): 53 - 120.

27. Stein N. L. The development of children's story telling skill [M]. In: Franklin MB, Barten SB, Eds. Child language: A reader. New York: Oxford University Press, 1988: 282 - 297.

28. Udommana P. Measuring Classroom Quality: Lessons Learned from Applying Western Measures in Thai Early Childhood Classrooms [D]. University of California, Los Angeles, 2011.

29. Williams L., DeThornc L., Galvanoni T. [References to MLU: Review of JS LHR articles from 1999 - 2003]. Unpublished raw data.

30. Wolf, Dennie Palmer. (1993). There and Then, Intangible and Internal: Narratives in Early Childhood. In B. Spodek (Ed.) Handbook of Research on the Education of Young Children. Hillsdale, NJ: Lawrence Erlbaum Associates: 42 - 54.

31. Brian Mac Whinney 著,许文胜,高晓妹译.国际儿童语言研究方法——CHILDES 国际儿童语料库数据存储和分析系统[M].北京:教育科学出版社,2010.

32. 杜丽君.4-6岁新疆维吾尔族双语儿童汉语看图叙事能力发展研究[D].华东师范大学,2013.

33. http://www.altedu.gov.cn,2010-09-19.("关于对《新疆维吾尔自治区少数民族学前和中小学双语教育发展规划(2010—2020年)》征求意见的通知"[E].阿尔泰教育网)

34. 李林慧,周兢,刘宝根,等.学前儿童图画故事书阅读理解研究[J].中国特殊教育,2011(2).

35. 李甦,李文馥,杨玉芳.3-6岁儿童图画讲述能力的发展特点[J].心理科学,2006(1):25-29.

36. 刘畅.两种教育情境下的师幼互动研究[D].华东师范大学,2012;田芳.幼儿园半日活动情境下的师幼互动研究[D].上海:华东师范大学,2012.

37. 刘晶波.社会学视野下的师幼互动行为研究:我在幼儿园里看到了什么[M].南京:南京师范大学出版社,2006:217.

38. 刘瑛,任春红.对新疆幼儿园课程发展性评价的几点认识[J].乌鲁木齐成人教育学院学报,2009,17(4).

39. 罗伯特,皮雅塔,涂阳慧.师幼互动研究［J］.幼儿教育:教育科学,2009 (6)：9-11.

40. 裴娣娜.教育研究方法导论［M］,合肥:安徽教育出版社,1994:184.

41. 沙莉,庞丽娟,刘小蕊.通过立法强化政府在学前教育事业发展中的职责［J］.学前教育研究,2007(2):15-17.

42. 田方.幼儿园半日活动情境下的师幼互动研究［D］.华东师范大学,2012.

43. 王晓芬,农村混读班早期教育现状研究［D］.华东师范大学,2009.

44. 王益文,张文新.3-6岁儿童"心理理论"的发展［J］.心理发展与教育,2002(1)：11-15.

45. 吴鸿业,朱霁青.2-6岁儿童言语发展的调查研究［J］.儿童心理与教育心理,1980.

46. 辛宏伟.3-6岁维吾尔族儿童汉语语言发展研究［D］.华东师范大学,2011.

47. 杨宁.叙事性思维和儿童道德教育［J］.南京师范大学学报(社会科学版),2005(5).

48. 曾维秀,李甦.儿童叙事能力发展的促进与干预研究［J］.中国心理卫生杂志,2006(9).

49. 张放放.4-6岁汉语特定型语言障碍儿童叙述语言发展研究［D］.华东师范大学,2010.

50. 张鑑如.汉语儿童叙事语言发展研究［M］.汉语儿童语言发展研究(5),2009.

51. 张文洁,解析幼儿园语言活动中的教师提问——以绘本《敌人》的公开教学观摩活动为例［J］,幼儿教育:教育科学,2013 (1)：48-51.

52. 张燚.2005-2009新疆少数民族"学前双语教育"政策措施综览［J］.新疆大学学报(哲学·人文社会科学版),2010(1).

53. 赵寄石,楼必生.学前儿童语言教育［M］.北京：人民教育出版社,2004.

54. 周兢.对我国学前儿童英语教育定位的思考［J］.学前教育研究,2004(12).

55. 周兢.汉语儿童语言发展研究——国际儿童语料库研究方法的应用与发展［M］.北京：教育科学出版社,2009.

56. 周兢,李传江,杜丽君,等.新疆学前双语教育情境中民族儿童的汉语发展研究［J］.华东师范大学学报,2014(1).

57. 周兢,张莉,闵兰斌,等.新疆学前双语教育中两种语义习得研究［J］.新疆师范大学学报(哲学社会科学版),2014(6).

第十章
展望新疆学前双语教育的未来

周 兢

本书是新疆学前民族儿童双语学习与教育研究的结果,聚焦关注新疆学前民族儿童在双语学习与发展过程中,如何在口头语言发展中逐步获得双语的同步发展,获得双语读写的早期经验,从而为进入小学之后汉语书面语言学习打下坚实基础。根据一系列研究的结果,我们希望为新疆学前双语教育提供切实可供参考的教育建议,为新疆学前民族儿童双语教育的国家战略管理提供准确有效的依据,同时还可为国际多元文化背景下的新疆学前民族儿童双语教育提供有效的中国经验。

第一节 对新疆学前双语教育和阅读指导的建议

在探讨新疆学前双语教育情境下民族儿童早期两种语言发展的研究中,我们发现了民族儿童早期汉语学习的良好态势与存在的问题。从儿童语言学习和发展的规律来探讨语言教育,我们认为新疆学前双语教育中,需要认真研究和实践早期阅读教育的问题。

一、从新疆学前双语教育现状看早期阅读教育的需要

第一,新疆学前双语教育情境中民族儿童的汉语学习呈现不断递升的发展图景。通过分析新疆学前民族儿童汉语学习与发展的现状研究结果,我们可以明确看到这一发展图景:民族儿童的汉语理解性语义和表达性语义发展水平随着年龄变化而逐渐提高;民族儿童存在着和以汉语为母语的儿童相似的实词在先的发展模型;随着年龄的增长,民族儿童汉语词汇理解和运用的错误率出现逐渐下降的趋势。同时民族儿童的叙事语言发展水平,在叙事故事结构各个要素的习得和运用方面有着非常清晰的发展态势,存在

着几个属于学前阶段叙事核心能力的构建过程。观察他们看图叙事微观结构的发展趋势，可以发现他们运用汉语讲述故事的水平也在教育情境中不断提升。民族儿童汉语学业语言的发展水平，在体现学业语言核心能力的几个要素，如指代关系词汇、限定修饰关系词汇和关联词语与句子逻辑关系，以及学业语言运用于说明性讲述句法等方面都逐渐提高，这都预示了民族儿童的汉语学业语言将在学前双语教育情境中获得良好发展。通过语料库方法分析民族儿童平均语句长度和最长 5 句话语的平均语句长度，显示其在组间存在显著差异，这反映了民族儿童汉语句法水平不断发展的趋势。通过现状研究分析发现，新疆学前双语教育情境中的民族儿童汉语学习，已经获得了良性的发展。经过学前阶段双语教育的民族儿童，将为入学后使用汉语接受正式的学业教育做好准备，也为他们的终身学习和发展打下坚实的基础。

第二，新疆学前双语教育情境中民族儿童的汉语学习需要整合有序的教育模式。研究结果提示我们，新疆学前双语教育情境中民族儿童的汉语学习，是在整合的状态下逐步习得发展的。汉语是民族儿童的第二语言，在儿童来到幼儿园之前，他们每天在家里与父母及其他家人互动，母语水平已经达到一般交流使用的水平，来到幼儿园学习汉语后，他们仍然保持着与周围的母语互动交往的环境。儿童原有的母语可能成为他们学习汉语的"门槛"，支持他们跨过这道门槛进入汉语学习的良性状态。值得我们关注的是，研究已经展示出作为第二语言的汉语学习，民族儿童的语言发展在理解性语义和表达性语义、句法结构、叙事能力和说明能力等各个方面，都有着良好的发展态势。研究结论进一步证实了儿童语言发展的整体性特点，即使在民族儿童第二语言汉语学习方面也不例外。可以从中获得的重要信息是，第二语言的学习也必须遵从儿童语言学习的规律，不能将儿童局限在单词和句型的框架中机械枯燥地学习。

研究结果告诉我们，新疆学前双语教育情境中的民族儿童汉语学习，在考虑整合学习的同时还应当考虑有序的问题。有序是民族儿童汉语学习的特点和发展规律。比如，研究结果中发现新疆民族儿童的叙事语言发展与学业语言发展速率不同步。虽然学前民族儿童的说明性讲述句法水平也在逐渐提升，但是不同于叙事讲述语言的发展速率。这个结果从另一个角度证明，早期儿童学业语言的学习难于叙事语言，对于第二语言学习者来说尤其困难。这点需要教育工作者予以充分重视，并在教育情境的课程教学内容和方法的设计组织上予以反映。

第三，新疆学前双语教育情境中民族儿童的汉语学习需要高质量的语言输入过程。研究结果体现学前民族儿童理解性语义和表达性语义逐渐提升发展趋势的同时，也反映出他们汉语的语义发展与以汉语为母语的儿童之间的差距。国际有关研究也已证明,双语儿童词汇量在发展过程中可能落后于单语儿童。如果没有获得良好的正规双语教育,双语人口的第二语言水平在词义理解和词汇广度等方面都会明显落后于单一母语人群。因此,民族儿童汉语学习的语义发展水平的提升,可能是新疆学前双语教育的一个瓶颈性问题,必须引起教育研究和教育实践双层面的高度关注。研究发现,新疆学前民族儿童汉语早期阅读教育干预显著地提高了民族儿童的汉语理解性和表达性语义发展水平。研究采用分层线性模型进行分析,在干预之后,实验组的儿童与对照组相比,汉语理解性语义水平得分平均提高了 35% 个标准差,汉语表达性语义水平提高了 17% 个标准差。与国际同类研究使用群组随机对照实验设计进行的语言教育干预项目相比,新疆学前民族儿童汉语早期阅读教育干预产生的效应大小是十分显著的。在教育经费投入有限的情况下,对民族儿童语言学习的资源配置,应该特别考虑能在实际的学习环节中改变,将资源投入到能真实改变儿童语言学习的关键环节中去,增加高质量语言输入的元素,可以最大限度地改变儿童语言学习与发展的轨迹。

因此,我们认为,解决新疆学前双语教育情境中民族儿童语义学习与发展的问题,需要教育工作者创设良好的双语教育环境,为民族儿童汉语学习提供高质量的语言输入过程。将早期阅读教育理念和丰富有趣的图画书资源带入新疆学前双语教育,真正做到"为幼儿提供丰富、适宜的读物,经常和幼儿一起看图书、讲故事,丰富其语言表达能力,培养阅读兴趣和良好的阅读习惯,进一步拓展学习经验"。通过高质量图画书与高质量汉语信息输入与学习过程,从根本上促进新疆学前双语教育情境中民族儿童的汉语学习与发展。

二、对新疆学前双语教育情境中早期阅读教育的建议

有关儿童早期阅读和读写能力发展的科学研究,已经给予儿童早期阅读教育足够的支持。研究表明,儿童早期读写开始于图画书阅读,他们在阅读过程中逐步提升阅读水平并获得读写文字的经验。当儿童拥有高质量的语言和丰富的读写信息环境时,他们将通过这样的认知学习机会获得有利于学前阶段和后期阅读发展所必需具有的基础知识与技能。因此,近年来国际早期教育界将早期阅读教育置于改革和发展的前沿,提倡早期阅读和读写教育,给儿童提供丰富多元的阅读机会,引导儿童从阅读图画书开始进行早期阅读,在具有丰富文字信息的学习中获得口头语言和书面语言对应关系的认知,在

自然而然的阅读过程中获得文字和书写的经验。在新疆学前双语幼儿园中开展早期阅读教育活动,应当关注在中国文化情景下新疆学前双语教育的特殊需要,注意在以下几个方面提升早期阅读教育的质量。

首先,要选择适合儿童阅读需要的学习内容,在新疆学前双语幼儿园里提供丰富的图画书资源。研究证明,图画书是最适合儿童语言和阅读学习的内容,选择高质量的图画书并使之成为幼儿园早期阅读教育的主要资源,是每一位教师开展早期阅读教育工作的重要内容。一本优秀的图画书,应当是文学语言、美术语言和教育语言的有效结合,可以多维度地帮助儿童在学习阅读中获得思考的机会,同时也能帮助汉语儿童在口头语言和书面语言中统整学习的内容。从多元阅读的角度看,幼儿园提供给儿童阅读的图画书,还应当包含儿童故事图画书、儿童诗歌图画书、儿童散文图画书和儿童科学知识图画书。这些不同类型的图画书在阅读内容、价值观念、文体形式和审美表现等方面具有独特功能。特别是科学知识类图画书,被国际早期阅读教育界认为是儿童阅读教育的一个新兴重点,已有研究发现,科学知识类图画书所包含的科学性的语言学习机会,对于儿童未来的学业发展具有不可忽视的作用。在保证寻找和提供优质的图画书的前提下,我们的教师需要注意做到以下几个优先:

(1)教师阅读优先。我们的教师需要分析每一本图画书的内容和形式特征。如果教师自己没有优先阅读,特别是没有理解图画书的深层内容,就不能很好地帮助儿童通过阅读理解图画书。

(2)教师欣赏优先。教师要体悟每一本图画书的美术语言特色。每一本图画书都是用图画的方式呈现的,图画书的用色、构图、画家想传达的美术语言都承载了深层的意义,教师首先要能够欣赏图画书,找到每本书中美术语言的特色。

(3)教师理解优先。教师要把握每一本图画书阅读教育的切入点。每一本图画书都有独特的构思和呈现结构,教师需要琢磨如何寻找到符合本班儿童阅读学习的点。

其次,教师需要考虑把握新疆双语儿童语言学习和读写发展的关键经验,制定恰当的早期阅读教育活动目标。近几年来的跨学科研究告诉我们,汉语儿童早期语言学习与读写发展的关键经验由口头语言、早期书面语言和文学语言三个板块共十个条块的核心经验组成:

(1)谈话经验。谈话是人们最常使用的语言运用形式,也是儿童交流能力发展的重要途径。在学前阶段,儿童应当获得运用口头语言进行日常谈话交流的经验。他们需要学习使用恰当的语句谈话,能够注意倾听并轮流对话,掌握交谈过程结构,采用策略达成交往。

（2）辩论经验：辩论是运用语言交流表达不同意见的一种经验。学前阶段儿童可以学习运用语言解释己见，能够坚持个人表达想法，尝试不同方式证明自己的观点，并逐步学习运用策略说服对方。

（3）叙事讲述：叙事讲述是一种脱离语境进行有组织表达的语言能力（张放放，周兢，2006）。叙说者需要由记忆系统启动与叙说主题相关的知识，选择适当的词语表达概念，选择适当的句子表达判断，也需要考虑所叙说内容的合理组织，如有条不紊地叙说内容，交代清楚角色、事件背景或前因后果，考虑听者的注意力与感受等等（齐宝香，2004）。儿童在学前阶段逐渐使用丰富多样的词句讲述，能够逐步学习有条理地组织讲述内容，同时能够感知独白语言的语境。

（4）说明讲述：说明性讲述是独立讲述的一种类型，是用简单明了、规范准确的独白语言，说明与解释事物的形状、特征、功用或操作过程的讲述形式。学前阶段儿童说明性讲述学习的核心经验，主要包括以独白语言的形式进行说明性讲述，使用规范准确、简洁明了的说明性词句，以及理解说明性讲述的内容及组织方式等。

（5）前阅读经验：儿童在学前阶段重点需要建立阅读行为习惯，学习理解阅读图画书，通过画面和口头语言的连接去理解图画书的深层内容，在早期阅读中获得图画、文字和口语对应关系的感知，获得创意阅读的学习策略。

（6）前识字经验：尽管在学前阶段不提倡大量地、集中地识字，但是在儿童学习阅读的过程中应当自然获得与母语书面语言相关的早期文字经验。比如，关于汉字的特殊视像的认知，对汉语文字符号功能的体验，积累有关汉字构成的意识，学习创意辨识文字的策略。

（7）前书写经验：在早期图画和文字未能完全区分的情况下，儿童需要在进行早期阅读的过程中热爱书写并建立初步的书写行为习惯。儿童需要逐步感知汉字的方块结构，这是与前识字的特殊视像认知相对应的经验。儿童需要获得基本的母语文字书写技巧，还应当不断体验创意的书写表达，也就是儿童还没有写字的时候，可以通过各种各样的方式体验创意书写表达的快乐，并知道可以用各种方式表达自己的想法。

（8）文学语汇：文学语汇是指文学作品中所运用的全部的语词总和，包括词汇、语言句式以及修辞方式。语汇是儿童语言的内容，也是儿童语言的材料。学习文学作品是儿童扩展词汇的重要途径。文学词汇的学习要求儿童理解、掌握作品中出现的新词汇以及描述人物或事件发展的关键性词汇的含义，并尝试在仿编和讲述中运用。

（9）文学形式：学前儿童在经常接触、学习文学作品的过程中，感知并获得汉语儿童诗歌、故事、散文等文学作品的形式，理解儿童诗歌、散文和故事的结构基本特征，感受汉语儿童诗歌的不同节奏韵律，了解汉语散文语言形式，理解故事的情节发展过程，尝试用语言按照诗歌、散文和故事结构进行仿编。

（10）文学想象：文学想象是儿童学习依据语言进行想象的经验。文学作品是以想象为基础的作品，想象是文学作品的基础和灵魂。儿童在阅读文学作品时，会自然地跟随作者的描写、抒情、叙述形成相应的画面印象；在欣赏诗歌和散文时，会形成优美的景色、动人的情形；在理解故事时，会形成作品所描写的人物形象，会形成对情节的生动再现。由于每个人生活经验的不同，所想象的情形也会有差异，一个有着良好作品理解和欣赏能力的儿童，必须具备良好的通过语言理解并进行文学想象的能力。因此，儿童要学习通过口头语言或者图画画面想象理解文学作品内容；想象儿童诗歌或者散文的画面意境；调动个人生活经验想象理解故事的情节发展与主要人物特征；尝试用自己的经验想象和编构故事，并尝试创意仿编儿童诗歌。幼儿园基于图画书的早期阅读教育活动，需要在帮助儿童获得高质量的口语词汇、口语表达和倾听理解能力的基础上，提供机会让儿童获得各个方面的语言学习和读写发展经验，从而为进入小学之后的正式读写学习做好经验准备。

再次，建议教师采用符合学前教育规律的方式组织活动，真正让儿童快乐阅读、快乐成长。幼儿园早期阅读教育活动，首先应当符合学前儿童学习规律的三个基本特征：(1)在活动中学习阅读。幼儿园早期阅读教育活动的核心概念是，创造一个和谐融洽的师幼互动环境，组织儿童在轻松、愉快的学习氛围中学习阅读；采用灵活多变的教学方法，激发儿童阅读的兴趣，让儿童带着乐意的、愉快的心境在活动中学习，在学习中活动，从而达成积极主动、卓有效率的学习效果。(2)在游戏中学习阅读。图画书的情境内容可以延展为儿童游戏的场景，儿童在游戏中可以更好地理解阅读内容，帮助儿童连接个人的经验与阅读内容之间的联系，通过游戏促进儿童阅读和书写的动机愿望，并在过程中不断获得阅读的快乐。(3)在操作中学习阅读。幼儿园早期阅读教育中现有的一个教学误区是，教师专注于阅读本身，出现"一读到底"、"一问到底"和儿童"一答到底"的现象；有的时候，教师为了活跃课堂气氛，一会儿读大书，一会儿读小书，一会儿又读电子书，以为这样做就能达到阅读要求，但实际上教师可能脱离了对早期教育基本要求的考虑。在操作中学习是学前儿童学习的一个基本特点，也是早期教育所有课堂均需要关注的基本问题。早期阅读教育活动中，有关儿童前阅读经验、前识字经验和前书写经验的建立,都离不开在操作中学习。如何为儿童提供这样的学习机会,将直接影响儿童早期阅读和读写发展等关键经验的获得。

研究发现,新疆学前民族儿童汉语早期阅读教育干预显著地提高了民族儿童的汉语理解性和表达性语义发展水平。研究采用分层线性模型进行分析,在干预之后,实验组的儿童与对照组相比,汉语理解性语义水平得分平均提高了 35% 个标准差,汉语表达性语义水平提高了 17% 个标准差。与国际同类研究使用群组随机对照实验设计进行的语言教育干预项目相比,新疆学前民族儿童汉语早期阅读教育干预产生的效应大小是十分显著的。因此,研究认为新疆学前早期阅读教育干预促进了民族儿童的语言发展。

同时,研究也为相同类型的教育改革提供了较好的实践经验。教育干预使用的图画书、教师培训和课程设计的投入性价比高,仅从最关键的环节改变课堂教学面貌,就能明显地帮助儿童的语言发展。这一结果对政策制定者来说具有特别的意义:在教育经费投入有限的情况下,对民族儿童语言学习的资源配置,应该考虑能让儿童在实际的学习环节中发生改变,将资源投入到能真实改变儿童语言学习的关键环节中去,增加高质量语言输入的元素,可以最大限度地改变儿童语言学习与发展的轨迹。

第二节　对新疆学前双语教育课程和教学质量的建议

在开展新疆学前双语儿童语言发展的研究中,我们发现了不同地域不同水平幼儿园儿童的发展差异。研究结果显示不仅儿童的汉语学习与发展可能受到园所地域和园所质量因素的影响,儿童母语的保持与发展,也可能会更多地受到有质量的教育环境而非语言物质环境的影响。对于新疆学前双语教育,我们应当认识到,新疆幼儿园课程教学质量的提升,是确保双语教育成效最终落实到儿童全面发展的重要途径。

在过去若干年中,中国学前教育界不断吸收国际研究的成果,学习国际学前教育的新观念和新知识,试图建立起一套初步的中国学前教育的理论与实践体系。从教育部《3-6岁儿童学习与发展指南》颁布起始,中国学前教育已经不能满足于原有的理论积淀,需要在重视学前教育内涵提升的过程中,认真梳理并确立中国学前教育的核心价值观念,将其转化为适合我国国情、符合我国儿童成长需要的幼儿园课程内容与方法,并落实到儿童的学习与发展过程中去。新疆学前双语教育,是在幼儿园开展的早期教育,在课程教学方面必然要遵循幼儿园教育的基本规律。展望新疆学前双语教育的课程教学质量提升,我们提出"大力推进幼儿园课程教学的整体观念"。

在进入 2000 年以后,中国幼教界有关课程改革的中心话题转向整合课程的实践问题。幼儿教育理论研究的工作者,特别是课程研究的工作者启用了整合课程的概念,其中一个突出的想法是希望通过这个概念来强调幼儿园课程知识观的变革,强调课程内部的有机联系。整合课程将课程的各个部分、各个要素有机地组织形成一个整体,体现了当代儿童学习、儿童发展、儿童教育的新观念。整合课程为幼小的学习者构造的是一种情境相连的课程内容,这是现代课程知识观变革的突出体现之一。

第一,关注幼儿园双语教育课程的融合关联度。

在课程实践中,从构造有利于儿童经验成长的整体教育环境出发,如何构建和实现整合课程内容的有机联系是不可忽视的重点问题,同时也是我国幼教工作者需要从分科教学跨越到整合课程的鸿沟所在。从新的课程知识观出发,我们的课程设计必须首先考虑整合课程内容的关联性问题。在整合课程阶段,无论编者用什么样的名称命名,各种不同的整合课程无论以什么方式,都要在集聚相关内容的前提下呈现学习内容。于是,整合课程的内容是否关联以及关联程度如何,基本可以作为评价课程状态和水平的标准之一。

幼儿园中整合课程的出现,是我国幼儿教育课程研究对于整合课程探索的结果,其中包含着一种希望,即通过整合课程概念来强调幼儿园课程知识观的变革,强调现有课程内部的有机联系,体现当代儿童学习、儿童发展、儿童教育的新观念。在尝试通过整合课程将课程的各个部分、各个要素有机地组织形成一个整体的探索过程中,我们发现不同领域活动的渗透融合,是现阶段我国幼儿园整合课程的主要工作模式。这里我们必须借用国际课程研究"反思性实践"的概念,以此为基点来重新思考整合课程领域中渗透的种种概念。对新疆学前双语教育情境中的幼儿教育工作者来说,整合课程领域渗透的主要挑战在以下几个方面:

(1)课程的再定义——课程重新界定为"学习经验之履历"。课程作为个人的经验轨迹,学习得以形成、展开的过程,与个体的学习经验在课堂中相互冲突与妥协的过程,有必要当作课程研究的对象加以设定。这种教育经验的过程是多层的认知的文化的过程,同时又是社会的政治的过程,伦理的实存的过程。

(2)学习的再定义——把学习作为"意义与关系"之重建的实践重新定义。学习是"三位一体论"的对话实践,即构成客体世界(教育内容)的认知关系、人际关系和自我反思关系三个维度互动的过程。

（3）教学的再定义——教学作为"反思性实践"加以重新定义。教师在课堂中展开"意义和关系的重建"，教师通过与教育内容对话，与儿童的多样认识对话，与自身对话而开展教学，因此教学过程需要不断省察和反思。

（4）学科的再定义——把学科作为"学习的文化领域"重新界定。借助世界范围内对新的知识探求重新审视学科领域内容，并将其转换为具备综合性、现实性的学习。

（5）学校的再定义——把学校作为"学习共同体"重新定义。

从上述角度来审视幼儿园活动的整合课程，会发现每一个主题每一个课程活动，都已经不再是纯粹的学科教学。主题课程其中的集体活动标注"重点领域"的提示字样，但很多已经是包含一个以上"领域"的活动。换言之，集体活动不再单纯是某一个"语言"或者"社会"单一领域的教学活动，而是渗透融合的活动内容。一首儿歌《小纸船》的学习，重点是语言和艺术两个领域渗透的内容；而古诗《悯农》的学习，又可以将重点置于语言和社会领域融合的学习过程。但究竟是哪几个领域之间相互渗透融合更加合适，取决于课程学习内容的关联状态。可以说，主题课程设计为教师提供了课程实践中展开意义和关系的工作思路。

第二，关注幼儿园双语教育课程的全课程环境。

近年来，我国的课程研究开始关注"中国文化情境"，并据此重新定义课程中"整合的活动"，创设无处不在的教育环境。教育的最终目标是促进儿童的全面发展。在贯彻实施《指南》的过程中，我国幼儿教育工作者日益重视根据儿童发展规律创设良好的幼儿园教育环境。研究告诉我们，创设无处不在的教育环境，可以有效促进儿童的全面发展。研究以此为依据，重新定义幼儿园活动整合课程或者主题课程的活动类型，将之分为集体活动、区域活动、日常活动和亲子活动。

（1）集体活动——是我国幼儿园教师最为熟悉的活动类型。根据我国幼儿教育文化取向和基本条件，幼儿园集体教学活动是过去、现在和将来受到持续关注的重要课程组织形式。在这样的集体教学活动中，教学过程的有效性是教育者需要加以关注的重点。

（2）区域活动——是我国幼儿园课程常见但容易忽略指导的活动类型。在幼儿园工作中，教师已经设置不同区域，幼儿也经常会在不同区域里活动。但是，当幼儿在区域中活动和游戏的时候，教师同样需要予以关注并采用一定策略加以指导。

（3）日常活动——主要指幼儿园开展主题课程期间一日活动环节的学习。用语言教育无处不在的观点观察幼儿园的一日生活各个环节,教师可以发现许许多多的教育机会。从幼儿入园开始,教师就跟他们生活学习在一起,晨间谈话、游戏活动、点心时间、课间转换,包括幼儿如厕、吃饭、散步和午睡前后,都有各种机会与幼儿进行交流与互动。

(4) 亲子活动——是开展有目的的家园联系和课程延伸的活动。家长参与幼儿课程学习的过程可以有效帮助幼儿的发展,考虑到中国文化情境的特别需求,帮助家长建立正确的幼儿教育观念,用符合儿童学习规律特点的方式和幼儿一起学习十分必要。我们认为,在新疆学前双语教育幼儿园的课程发展过程中,将幼儿园教师的课程关注点从集体活动拓展开来,为教师提供创设无处不在教育环境的思路,是我们重新定义整合活动并将之付诸教育实践阶段的工作特点。

第三,关注开展提升教师课程领域教学知识的培训工作。

近年来,教师专业化发展逐渐成为国际教师教育改革的趋势。如何提升教师专业化水平,美国斯坦福大学著名学者舒尔曼提出了"领域教学知识"(Pedagogical Content Knowledge,简称PCK)的概念,他认为领域教学知识是包含在学科知识中的一种属于教学的知识,是一种最适于"可教性"的学科知识,是"教师个人教学经验、教师学科内容知识和教育学的特殊整合"。舒尔曼认为领域教学知识是教师教学知识的基础,是教师专业性的体现,是教师与其他学科专家得以区分的一个重要指标。诸多研究者认同领域教学知识的价值,将领域教学知识视为教师知识的核心,因此,国际范围有关教师专业发展方面掀起了研究不同领域教学知识的热潮。

研究告诉我们,教师的领域教学知识主要由三个部分构成:第一,有关教学内容的知识(what),即教师掌握儿童领域学习核心概念的能力,教师在众多的核心概念中理解它们之间的关系,以了解学科领域知识的发展顺序。第二,有关教育对象的知识(who)。教师能否判断当前儿童对所学核心概念理解的水平,并且为儿童进一步的学习安排恰当适宜的学习内容,同时能在课程学习过程中预测出学习者可能出现的错误。第三,有关教学方法的知识(how),主要指教师能否鉴别教学策略对学习的有效性,能否调整课程和教学策略来适应能力较弱的儿童,能否促进更有学习能力的学习者获得足够经验。教师领域教学知识的三要素之间,存在着密不可分的关系。

众所周知,学前教师的主要课程教学工作是以整合方式进行的。因此,幼儿园教师如同医学界的全科医生,需要拥有五个儿童学习体验发展领域的教学知识。研究结论指出,大部分幼儿园教师处于笼统且有限地理解领域教学知识的水平,这样的状况毫无疑问将直接影响到幼儿园教师日常教育教学的有效性（汤杰英,2013;万黎,2012）。考虑到当前我国幼儿园教师课程教学的需求,我们认为,当教师对于课程教育活动中儿童应该获得什么样的关键经验有了把握之后,教师可以将这样的认识与对儿童的了解连结起来,转化为对课程教育活动的目标、内容等一系列组成因素的进一步认知,找到合适的教育教学方法,从而形成完整的有关活动的策划和组织,最终在课程实践中不断获得专业教学知识能力的成长。因此,新疆学前双语教育教师的培训工作,在相当长的一段时间内,需要重点考虑围绕课程领域的教学专业知识和能力培养,否则提升学前教育课程教学质量的目的将无法达成。

第三节　对提升新疆学前双语教育的师幼互动质量的建议

师幼互动(Teacher-child interactions)是教师和幼儿之间发生的人际互动,是幼儿园学习生活影响幼儿发展的主要方式。大量的研究证明,高质量的师幼互动对幼儿发展具有促进作用。近年来,随着各国教育改革对教育质量的持续关注,师幼互动作为教育过程中的关键因素,受到了研究者的日益重视。欧美国家对师幼互动质量进行了广泛而深入的研究(如 Hamre et al. , 2007; Denny, 2012; Pakarinen et al. , 2010 等),该领域的研究已成为国际学前教育研究的新趋势。

在本项目研究中,呈现了新疆学前双语幼儿园课堂师幼互动质量的现状。研究采用国际广泛认可的 CLASS(课堂互动评分系统),呈现了研究者对新疆乌鲁木齐市 30 个班级集体活动的课堂质量进行观察的评估结果。研究发现新疆双语幼儿园集体活动中课堂互动质量 CLASS 三大领域的分布趋势与其他地区幼儿园的调查结果类似,即情感支持质量最高,课堂组织质量次之,教育支持质量最低,呈递减的阶梯状分布。但是,其CLASS 三大领域均处于中等偏低的水平,集体活动中课堂互动质量不容乐观。此外,结合每个集体活动的课堂情境,本书前章还详细剖析了新疆双语幼儿园集体活动课堂互动质量在 CLASS 十个维度的基本特征,力图揭示新疆双语幼儿园集体活动课堂互动质量存在的主要问题。上述研究报告揭示出新疆学前双语教育未来发展值得关注的走向,即充分重视师幼互动质量提升的重要性。

我们展望未来新疆学前双语教育的师幼互动质量发展,具体提出以下建议：

1. 重视以"课堂互动质量"为核心的过程质量

托幼机构教育质量主要由两个相互关系密切的要素组成：一个是"过程质量"，它反映儿童在托幼机构中所感受到的体验和获得的经验方面的要素；另一个是"结构质量"（或称条件质量），它是反映儿童所处周围环境状况的要素（Helburn & Howes，1996）。尽管结构质量会影响托幼机构整体的质量，但并不意味着好的结构质量必然会带来好的过程质量。纵观国际托幼机构质量评估的趋势，"师幼互动"为核心的过程质量已经成为各国托幼机构质量评估的重要内容。

如同我国大部分学前教育机构对教育质量的评价，目前新疆双语幼儿园教育质量的评估一般只注重幼儿园管理、幼儿发展、人员条件、物质条件，仍然相对忽视教育活动部分的内容。随着新疆双语幼儿园建设工程的完成，新疆双语幼儿园的结构质量整体得到改善。本次调查研究说明，新疆地区不少幼儿教师并没有充分利用这些资源有效组织活动、与幼儿进行互动等，主要表现在集体活动中师幼互动水平不高。因而，在新疆学前双语教育的大发展大推进时期，新疆双语幼儿园外部环境及设施等逐渐改善，物质环境质量已不再是制约新疆学前双语教育发展的主要因素。以"课堂互动质量"为核心的过程质量，才是今后新疆双语幼儿园教育质量评估关注的重点。

我们的教育质量评估，并非为"评估"而"评估"。"评估"，一方面要反映教育的现状及问题，另一方面还要改进、提升教育的质量。为了提升师幼的互动质量，基于 CLASS 的观察评估，本文已呈现新疆幼儿教师在集体活动中与幼儿互动质量的水平及存在的主要问题。此外，研究者通过与这些教师的随机访谈交流也初步了解了本研究师幼互动水平不高的根源。比如，许多幼儿教师对师幼互动的概念缺乏了解，没有意识到师幼互动的重要性，也很少察觉自己在与幼儿互动时存在的问题。再如，不少教师表示，他们在师幼互动方面的知识主要来源于早期学校书本知识的学习以及工作实践中的摸索积累，很少有机会接受相关的专业培训。因此，提供有针对性的专业培训，在教师培训体系中纳入师幼互动质量的要素，将是新疆学前双语教育工程的重要任务。

2. 提升新疆学前双语教师对师幼互动质量的认识

高质量师幼互动的前提是教师对儿童的尊重。这种尊重不仅包括师生之间建立平等、相互尊重的师幼关系，也包括教师尊重儿童在学习中的主体地位，对儿童能力的信任，尊重儿童的年龄特点、发展特点，以及尊重儿童的个体差异。因此，尊重儿童体现在以下几个方面。

尊重儿童体现在建立平等、相互尊重的师幼互动关系中。儿童在平等、相互尊重的关系中,能够建立足够的安全感,幼儿园会成为一个儿童敢于探索、求取新知的充满爱的安全港湾。但是,现实生活中,常常不尽如人意。刘晶波发现,教师的某些不尊重儿童的行为,包括教师在互动中向儿童表现出的不满、厌恶甚至恼怒、愤恨的情感特征,"在某种程度上,剥夺着幼儿的被爱感、安全感、被信任感与自尊感,助长着幼儿的自卑、自我感觉弱小无能等有碍于他们人格健康和谐发展的心理体验"(刘晶波,2003,P264)。当然,这种现象在十年前的中国幼儿园比较普遍。十年后的今天,中国的学前教育有了较大的改变,教师对儿童的负面情绪已经少了很多。本研究发现,上海市最普通的幼儿园的师幼互动质量在消极氛围维度上得分为 6 分,可见教师在观察时间段内表现出的消极情感、惩罚性控制、嘲笑、不尊重、严重的否定等负面情绪很少。当然也不排除教师在观察时段内的虚假表现,但是在研究者与这些幼儿园教师的接触中,发现他们的负面情绪比几年前的幼儿园教师,确实少了很多。但在中国的文化背景下,师生之间建立平等、相互尊重的关系的任务还是比较艰巨的(韩春红,2016)。

尊重儿童体现在尊重儿童的年龄特点和个体差异。高质量的师幼互动不仅能够给儿童提供安全的情感归属,更能够支持儿童的发展。为了提供高质量的师幼互动,教师需要根据儿童的年龄特点、发展特点、个性差异来提供不同的互动。

尊重儿童体现在尊重儿童在学习中的主体地位,对儿童能力的信任。尽管师幼互动的主体双方是教师和幼儿,但是在学习中,幼儿是主体。提高师幼互动质量,需要尊重儿童在学习中的主体地位。在高质量的师幼互动中,教师非常关注儿童的学习兴趣和学习动机,充分尊重儿童在学习中的主体地位,相信儿童有能力完成适合的任务。因此,儿童的观点和想法能够充分地表达,并受到教师的赞同和采纳。儿童在学习中掌握了自主性和主导权,能有机会进行选择、主导活动,承担一些工作,如在晨间谈话活动中,由儿童来播报今天的新闻,帮助教师分发玩具等。在这种充分被信任、被尊重的情况下,儿童才会更加积极地表达、表现,从而促进自身的发展。

3. 不断发展教师在师幼互动过程中的教育支持能力

教师的教育支持在儿童学习过程中起重要的作用。优质的教育支持能够有效促进学前儿童读写和语言的发展。教师的教学支持水平与幼儿的学业、语言和社会发展有直接的联系(Burchinal, Cryer, Clifford, & Howes, 2002)。教育支持是指教师如何支持、协助幼儿将知识相互连接、组织、运用,获得认知发展。这一过程,主要通过教师与幼儿的互动而完成。已有的研究指出,师幼互动中教育支持的质量决定了幼儿园的经历对儿童发展的作用。汉姆等人认为幼儿园经历为儿童提供了多样化的学习机会,这些经验将支持儿童社会、情绪和学业的发展（Hamre，2007）。而在方方面面的互动经验当中，在同样的预测模型当中，教育支持对学业成就的预测比情感支持对学业成就的预测要大得多（Howes et al.，2005）。如果幼儿能够获得与教师互动的积极经验，那么这些积极经验将能够促使他们更好地适应环境，并且对他们以后的学业成绩有较强的预测作用。因此，师幼互动质量评价要求告诉我们，一个教师对孩子仅仅有爱还不够，还需要在教育过程中不断提高自己的教育支持能力。

反思我国学前教育领域，教师在师幼互动中的教育支持质量普遍存在不足。使用CLASS（课堂互动评分系统）对教育教学实践活动当中的各项得分显示，在情感支持、课堂组织、教育支持的三大领域得分当中，教育支持的得分最低，反馈质量作为教育支持领域的三大维度之一，得分同样偏低。黄瑾、田方的研究显示，上海市幼儿教师的教育支持得分为3.9084分；韩春红（2015）的研究同样发现，教师的教育支持得分最低，仅为3.5分。有关新疆学前双语教育幼儿园师幼互动研究发现，新疆双语幼儿园集体活动在CLASS教育支持领域三个维度水平差距不大，均趋近3分，属于中等偏低的水平（张文洁，2014）。但也有研究表明，师幼互动中教育支持维度得分小于3.5分的前提下，师幼互动过程对儿童认知发展可能不会产生任何显著的影响（王磊）。

因此，我们建议在未来的师幼互动中，关注提升教师的教育支持能力建设，重点考虑以下三个方面的水平提升。

第一，提高教师在师幼互动过程中的提问水平。

在师幼互动质量的提升中，需要关注教师的提问是否给幼儿建构了一个合适的支架。教师的提问不能仅仅考虑开放性问题或者封闭性问题，不能只是特殊疑问句或者是否疑问句问题，从教育支持的角度来看，教师的课堂提问应充分考虑是否对儿童具有适当的认知挑战性，教师和幼儿的互动是否在儿童的最近发展区内进行，需要能够鼓励儿童思考的提问。教师的提问也要充分考虑到不同儿童的个别差异，比如对于一些比较内向的儿童，可能需要先鼓励儿童表达自己的想法，从敢于回答问题开始，进而再提一些具有挑战性的问题。

除了集体教学活动以外，教师还可以关注在区角活动中顺应幼儿的话题提问。这样的互动比起教师单独开启一个话题，更能大大提升幼儿的语言量。教师与幼儿之间产生的持续的、推断性的对话，对幼儿的语言提升有比较积极的推动作用（Barnes, Gutfreund, Satterly, & Wells, 1983；Hoff-Ginsberg, 1991；Nelson, 1989）。

第二,提高教师在师幼互动过程中的反馈能力。

教师在师幼互动中的反馈,主要表现在对幼儿提问、回答行为的反应,通常有肯定、否定、追问和评价等具体反馈策略。从提高师幼互动的教育支持质量的角度来看,有几个基本原则可以考虑:(1)教师在给予幼儿反馈时,要尽量少用评价类言语的习惯。教师不要急于判断幼儿回应的正确与否,而是要多角度地丰富幼儿的回答。(2)给幼儿尽可能详细的具体的信息,为他们的思考打开新的路径,这样才可能提供发展需要的支持。(3)运用追问的方式,就某一单独的话题展开丰富的对话。这样不仅可以促进幼儿的认知概念发展,幼儿可以从推断性问题当中获益,包括获得推断、预测、推理或者解释等能力,提高幼儿问题解决能力,而且能够促进幼儿的词汇语言发展。(4)当教师采用肯定的表扬的反馈策略的时候,一定要注意采用真表扬的方式。研究结果早已发现,详细的表扬形式确实可以提高幼儿的任务表现,教师可以考虑从内容、情感、与未来相联系等方面肯定幼儿的回答,此外还需要关注鼓励幼儿学习的持续性,加深他们对学习过程的理解和承诺。

第三,提高教师在师幼互动过程中的语言示范水平。

教师在师幼互动中使用的语言,对幼儿的语言及其他方面发展会产生极大的影响。需要注意的问题是,不少教师将语言示范单纯视为教师能用饱含感情的声音、正确的语音、华美的辞藻表达讲述。其实不然,教师的语言绝不仅仅是语言表演。语言表演的问题在于忽略了幼儿的存在,幼儿的主体性在教师的语言表演当中荡然无存。

我们建议教师在师幼互动中关注以下几点:一是教师要善于进行自我描述和平行描述,用通俗易懂的语言描述自己正在进行的行动,或者描述幼儿的心情和行动。教师的自我描述和平行描述能有效地填补活动当中的空白,使得教师的行为能够被幼儿所察觉并模仿。二是教师在与幼儿语言互动中使用丰富的词汇,当教师自然而然地说出新颖的词汇和句式的时候,无论发生在正式或是非正式的场合当中,无论是在集体教学活动还是在区域活动的时候,幼儿都会对新词汇非常敏感,这对他们的语言和整体发展十分有益。三是教师的语言使用要注意重视幼儿的理解水平,帮助幼儿建立"新"与"旧"的联系。引入新概念、新词汇时,简单机械地跟读无法帮助幼儿真正理解概念的内涵。教师需要将新概念、新词汇与幼儿已有概念联系起来、与幼儿实际生活联系起来,帮助幼儿理解习得概念。教师需要关注幼儿的反应,重视幼儿的理解程度,用幼儿相对熟悉的语言解释新的词汇,使用"新"的概念解释"旧"的幼儿已知的概念,可以帮助语言成长中的幼儿连接他们的经验。此外,在师幼互动的过程中,教师的语言示范还应当包含鼓励幼儿发起对话、实现平等交流的作用。如何通过教师自己的语言示范,给予幼儿积极平等对话的明示或暗示,引导教师与幼儿之间开展频繁的延伸的对话,是需要认真研究的问题。

总之,在新疆学前双语教育的快速发展时期,在新疆双语幼儿园外部环境及设施等逐渐改善的阶段,注意提升幼儿园师幼互动的质量,是新疆学前双语幼儿园发展和教育质量评估的关注重点。

本章主要参考文献

1. Helburn S. W. , Howes C. Child care cost and quality [J]. The future of children, 1996:62-82.

2. 齐宝香.国小低阅读能力学童与一般阅读能力学童的叙事能力:篇章凝聚之分析[J].特殊教育研究学刊,2004:24.

3. 张放放,周兢.儿童叙事能力发展研究综述[J].幼儿教育:教育科学,2006(6):47-52.